DEMAIN,
SEULS AU MONDE ?

DU MÊME AUTEUR

Il était une fois la forêt. Rencontre avec les Pygmées Baka, peuple de l'éphémère, Fleurus, 2009.

L'homme est un singe comme les autres (avec des photographies de Cyril Ruoso et Dominique Fontenat), Hachette Pratique, 2008.

Grands singes (avec Cyril Ruoso), Empreinte et Territoires, 2008.

Ces forêts qu'on assassine, Calmann-Lévy, 2007.

Être singe (avec des photographies de Cyril Ruoso), La Martinière, 2002.

Pour aller plus loin :

www.bientotseulsaumonde.fr

EMMANUELLE GRUNDMANN

DEMAIN, SEULS AU MONDE ?

L'homme sans la biodiversité

calmann-lévy

ISBN 978-2-7021-3979-0

Note sur la fabrication du livre

Le livre que vous avez entre les mains a été imprimé sur du papier Cyclus 90g, papier recyclé à 100 %.

Il est fabriqué à base de pâte issue de vieux papier récupéré après usage, sans apport de pulpe de bois, c'est-à-dire de fibres de bois vierges. Le désencrage est effectué au savon noir et un agent blanchissant non chloré est utilisé, ce qui explique sa teinte très légèrement grisée.

L'utilisation d'un papier 100 % recyclé peut entraîner quelques contraintes : suivant la nature du papier utilisé pour confectionner la pâte, qui varie quelque peu selon les arrivages, la teinte et la tenue du papier peuvent subir des variations légères. Quelques imperfections visuelles peuvent donc être observées, témoins caractéristiques de la production naturelle du papier.

Nous comptons sur votre compréhension si vous en rencontrez dans cet exemplaire. Il nous a paru essentiel d'utiliser, pour fabriquer cet ouvrage, des techniques et des matériaux en cohérence avec son contenu.

L'éditeur

À mes grands-parents, Charles et Jeanne Lorne.

« This is the way the world ends
This is the way the world ends
This is the way the world ends
Not with a bang but a whimper. »

T.S. Eliot, *The Hollow Men*, 1925.

INTRODUCTION

« À l'envers des nuages, il y a toujours un ciel », écrivait Mûhammad Al-Faytûry, un poète soudanais.

Dans un mouvement de masse invisible, les vapeurs aqueuses de l'atmosphère se condensèrent en d'immenses amas anthracite venant caresser, griffer, puis envelopper la canopée. Un ciel obscurci. Une ambiance de nuit. Dans un terrible fracas, les nuages se mirent alors à vomir le tonnerre, les éclairs, et un rideau de gouttes obèses s'abattit sur l'*Eduardo 3*, notre bateau-bus voguant mollement vers Lagunas, une petite ville nichée au cœur de la basse Amazonie péruvienne. Si certains de ces nuages, dénommés poétiquement « radeaux du vent », sont des voyageurs au long cours, poussés par le souffle des alizés par-delà l'océan Atlantique, il en est aussi qui naissent ici, de la respiration d'un océan de feuilles gorgées de chlorophylle. C'étaient ceux-là que nous étions venus chercher et, sur le fleuve Huallaga, dans nos hamacs détrempés, n'arrivant plus à nous protéger des rafales de vent gavées de pluie, nous les avions trouvés. Le bateau dut ralentir, s'arrêtant presque à cause de la violence et de la densité du rideau de pluie qui brouillait la vue, et des troncs d'arbre dérivant au gré du courant. Un immense voile blanc, impénétrable, enveloppa le paysage et le fleuve. Puis, aussi rapidement qu'elle était arrivée, la pluie nous quitta. Les nuages charbonneux s'adoucirent, délavés par l'averse, laissant place à une étendue gris perle. De ces couleurs qui rehaussent l'étonnante palette verdoyante de la sylve tropicale.

Les nuages font partie du paysage, ils lui sont essentiels. À la manière de sculpteurs un rien évanescents, ils modèlent et façonnent flore et climat pour créer et modifier les décors du monde. Démonstration ici, au Pérou à travers un périple allant de la forêt amazonienne à l'est jusqu'au désert côtier à l'ouest, en traversant les Andes. Par sa topographie, ce pays s'avère des plus passionnants : c'est ici, plus de deux siècles auparavant, qu'un éminent explorateur, Alexander von Humboldt, jeta les bases d'une nouvelle discipline en devenir : la biogéographie. Fasciné par la diversité du monde vivant et surtout les différences d'une zone à l'autre, il consacra une partie de sa vie et de sa fortune à d'ambitieux voyages destinés à découvrir et à comprendre l'influence de l'environnement géographique sur la répartition des espèces végétales et animales.

Alors que l'orage n'était plus qu'un souvenir, la nuit s'est emparée du fleuve, rapidement, comme une voleuse, le couvant d'un éclatant manteau violet et rose. Des excuses colorées pour pardonner la colère céleste. Après trois jours d'attente et deux jours de navigation, nous étions donc aux portes de l'Amazonie. Forêt de mes rêves et de mes lectures d'enfant, mais aussi réservoir de la biodiversité. Ne dit-on pas que les forêts tropicales renferment dans leur écrin verdoyant près de 50 % des espèces de notre planète ?

À bord d'une pirogue, nous nous sommes laissés engloutir dans le dédale aquatique de la réserve de Pacaia Samiria. Deux millions d'hectares d'une forêt ancrée à 60 mètres au-dessous du niveau de la mer. Bordée par le Marañón au nord et l'Ucayali au sud, cette *varzéa*, ou forêt inondée, n'a, en proportions, pas son pareil en Amazonie. Au cœur de la réserve, trois bassins fluviaux zigzaguent et dessinent un enchevêtrement de méandres, bras morts, bassins et cours d'eau miniatures débordant de toute part dès le mois d'octobre et jusqu'en avril, fin de la saison des pluies. Sans un bruit, nous glissons sur les eaux ébène teintées de reflets cuivrés. L'inextricable imbroglio de lianes et de branches se referme sur notre passage. La forêt nous avale, nous digère. Là, un paresseux avachi, dans son costume de poils drus mités, tout grouillant d'algues vertes, tourne d'un imperceptible mouvement la tête dans notre direction. Ici, une cohorte de cassiques cul-jaune jacassent à tue-tête tandis que nous surprenons quelques capucins venus manger des fruits sur une branche surplombant le bras d'eau.

Vue du fleuve Huallaga, l'Amazonie est d'une monotonie déroutante. Le relief immuablement plat a raison de notre imaginaire et nous plonge dans une lassitude accentuée par l'ambiance de vivarium. Mais de la monotonie, il faut se méfier. Ici, tout n'est que tromperie et apparences. À peine sommes-nous engloutis par le sous-bois que la timide diversité apparaît ici et là, avant de se révéler dans toute son exubérance. Là, une tortue mata-mata et son air hargneux, les yeux d'un caïman dépassant à peine de la surface aquatique ; au loin, un vol d'aras bigarrés ; ici, un jeune anaconda s'abritant du soleil zénithal, sans oublier un petit groupe de tamarins en goguette. Aux palmiers ponas dont les racines échasses forment des cages hérissées d'épines succèdent d'immenses acajous et autres émergents venant griffer le ciel ivre de nuages. Une biodiversité dont les origines remontent au milieu du miocène, comme en témoignent ces fragments d'ambre retrouvés par une équipe du CNRS en Amazonie péruvienne, dans lesquels insectes, arachnides et autres micro-organismes étaient restés piégés depuis plus de 12 millions d'années, tous d'espèces encore inconnues des scientifiques. Une découverte venant contredire la thèse jusqu'alors privilégiée d'une origine récente de la biodiversité en Amazonie.

Dans cette forêt aux proportions marines, c'est justement l'existence de mers intérieures successives, et les changements progressifs et cycliques liés à leur apparition et à leur disparition qui ont été les moteurs de la biodiversité. Ce sont les Andes qui écrivent l'histoire de cette sylve tropicale et plus généralement du bassin amazonien, les nuages constituant en quelque sorte l'encre de ce passionnant roman. En effet, cette colonne vertébrale de l'Amérique du Sud ne s'est pas contentée de piéger les nuages et de redistribuer les molécules d'eau qui les forment. Sous l'effet de poids de la chaîne montagneuse naissante, dont le soulèvement résulte du glissement de la plaque océanique de Nazca sous la plaque continentale américaine, cette dernière s'est petit à petit infléchie et enfoncée, créant ainsi le bassin amazonien. Une subduction et une orogenèse débutées au cours du crétacé, il y a environ 90 millions d'années, qui ont formé une vaste cuvette de plus de 7 millions de kilomètres carrés, s'enfonçant au fil du temps sous la masse des sédiments arrachés aux Andes en devenir, par différents phénomènes d'érosion. L'étude des sédiments a montré que ce bassin a été à de multiples reprises occupé par des mers intérieures peu profondes, qui se formaient lorsque l'activité tectonique et donc les apports sédimenteux des Andes étaient faibles, puis se comblaient lorsque le soulèvement andin reprenait. Il y a 15 millions d'années, l'Amazonie était ainsi en partie marine. Bien que d'apparence calme, la vaste mer intérieure Pebas abrita, outre des dauphins, tortues et siréniens, de nombreuses espèces de crocodiliens, dont le *Purussaurus*, un caïman géant de 12 mètres de long et fort de 15 tonnes de muscles. Sur les berges gambadaient des glyptodontes, quelques crocodiliens terrestres et des paresseux géants. Puis, il y a environ 5 millions d'années, l'arche de Fizcarald, perpendiculaire aux Andes – devant son nom au baron du caoutchouc Brian Fitzgerald, qui fit transporter un bateau à travers la forêt, du fleuve Ucayali au fleuve Madre de Dios[a] –, a commencé à se soulever,

a. Voir le film *Fitzcarraldo*, de Werner Herzog.

déformant le bassin amazonien et faisant disparaître la mer Pebas et sa faune associée. Ne subsistait plus qu'un immense réseau fluvial, l'Amazone et son cortège d'affluents. Bien que suivant au cœur de son bassin une pente très faible, l'Amazone, une fois l'immense forêt traversée, jaillit sur la côte Atlantique avec un débit si puissant qu'aucun delta ne lui est permis. Avec un débit, à son estuaire, de plus de 200 000 mètres cubes à la seconde en pleine saison des pluies, l'Amazone, responsable de près de 20 % du volume total de l'eau douce déversée dans les océans, mérite bel et bien son surnom de *Rio Mar*, « le fleuve mer ». Enfin, si les Andes et l'orogenèse de manière générale ont modelé, façonné l'Amazonie en distribuant nuages et précipitations, le climat a joué un rôle clé dans la subduction de la plaque océanique de Nazca et donc dans la naissance des Andes. Une relation décidément intriquée, intime et à bénéfices réciproques. Au cénozoïque, un refroidissement des eaux du Pacifique aurait entraîné une baisse de l'évaporation des molécules d'eau et donc une raréfaction des pluies sur les Andes en pleine croissance. Moins de précipitations implique une diminution de l'érosion et donc de la quantité de sédiments arrachés aux Andes et venant s'immiscer au cœur de la faille, jonction des deux plaques en bisbille, comme un lubrifiant. Leur absence a provoqué une augmentation des frictions au cœur de la zone de subduction, poussant les Andes vers de nouvelles hauteurs et créant une esthétique particulièrement accidentée.

La mécanique des gouttes de pluie

Les nuages nous narguent, vont, viennent, s'essoufflent. C'est la fin de la saison sèche et la pluie rate parfois son rendez-vous journalier, mais bientôt cette petite plage où nous nous sommes arrêtés pour relâcher plusieurs couvées de petites tortues *Podocnemis expansa*, devenues rarissimes et menacées, sera submergée, la forêt inondée. En Amazonie, ce sont environ 2 mètres d'eau qui s'abattent annuellement sur la forêt, avec des records de 6 mètres sur les versants orientaux des Andes, notre prochaine étape. Ici, la végétation, les nuages, le climat vivent une passion dévorante. La forêt est essentielle au système climatique et l'eau, l'essence même des nuages, est en retour vitale pour la sylve. Poumon de la planète, capteur d'énergie et de pluie, climatiseur… la forêt amazonienne ne s'adapte pas à son environnement, elle le fabrique. La canopée, océan de feuilles façon panneaux solaires miniatures, absorbe une grande majorité de l'énergie radiative solaire et consomme du dioxyde de carbone en quantité, principalement dans sa phase de croissance. Puis, via les feuilles, les arbres rejettent oxygène, ozone et hydroxyl – en plus du CO_2 –, trois substances très utiles pour débarrasser l'air de ses polluants. Elles respirent mais transpirent également, évacuant d'importantes quantités d'eau vaporeuses qui vont se condenser, devenir nuages puis pluies. Retour à l'expéditeur. Cinquante pour cent des précipitations versées sur le bassin amazonien proviennent du recyclage effectué par la forêt elle-même. Je ne peux décidément plus regarder les nuages de la même manière, imaginant la longue histoire de chaque molécule d'eau qui les compose et leurs longs voyages, cycliques, à travers ce paysage.

Mais à tout avantage son lot de contraintes. Si la pluie abreuve la forêt et y déverse des milliards de gouttes essentielles à la vie, l'énergie mécanique, gravitationnelle, de ces bombes à eau miniatures a rendu nécessaire aux sols tropicaux la présence d'un bouclier protecteur et amortisseur de chocs : la canopée. Lorsque celle-ci vient à disparaître, les violentes averses lessivent la couche superficielle du sol, emportant, dans un ruissellement de boue, sels minéraux et autres nutriments essentiels aux végétaux. Cette fragilité des sols résulte de la déforestation à grande échelle, et tout particulièrement des coupes à blanc. De plus en plus nombreuses et étendues en Amazonie, elles ont pour finalité l'installation d'élevages de bovins et de monocultures de soja, de palmier à huile ou d'eucalyptus.

Nous voici arrivés, après trois jours de pirogue, à l'intérieur de la réserve, dans un large méandre formant une piscine naturelle, à l'eau quasi immobile. Après avoir accolé la pirogue contre la berge, notre guide la transforme en cuisine improvisée pour un déjeuner qui s'avère un délice. Non tant par ce que contient notre assiette, de banales patates douces, mais par le paysage qui s'offre à nos yeux. Dans cette coudée aquatique, l'image spéculaire de la forêt projetée sur la surface caramel de la rivière est brisée à intervalles réguliers par un rostre couleur rose bonbon, orné de petites dents bien alignées, et un évent venant prendre une goulée d'air en surface. Ce dauphin rose de l'Amazone, appelé aussi Inie de Geoffroy ou boutou, c'est le plus grand des dauphins d'eau douce. Une légende raconte que les boutous se transforment en femmes et attirent les hommes au plus profond de la rivière. Pour d'autres, ce sont les noyés qui se réincarnent en boutous. Un tel animal ne peut, vu son étrange allure et surtout sa couleur improbable, que titiller l'imaginaire de l'homme. Devant nous, des femelles accompagnées de leurs jeunes, à la peau encore grise. Ils sont restés prisonniers de ce méandre, l'eau des bras de rivière n'offrant pas assez de profondeur pour leur permettre de rejoindre le cours majeur du fleuve. Accident ? Non, un enfermement intentionnel. En effet, si les mâles quittent à temps ces lieux, les femelles laissent la saison sèche les confisquer. Dans ces eaux calmes, coupées du reste du monde aquatique, les petits seront en sûreté, à l'abri de la noyade dans les puissants courants du fleuve, protégés de l'agression des mâles adultes et dans un environnement où il sera plus facile d'apprendre à pêcher. Sur la rive opposée, l'eau soudain claque. C'est un arapaïma, poisson géant, le plus imposant de tous les poissons d'eau douce avec un poids avoisinant les 150 kilos. Il vient de faire surface pour respirer, lui aussi, et pendant une fraction de seconde le soleil fait étinceler ses écailles démesurées de 6 centimètres de long. Ce grand prédateur ne sillonne pas seul les rivières ; y vivent également des cohortes de piranhas dont on aperçoit parfois les formes et reflets carmin et carnassiers, ainsi que des anguilles électriques et de nombreux caïmans.

Alors que le soleil laisse presque par surprise la place à l'opacité nocturne et à son rival lunaire, dans un dernier rayon de lumière diaphane, une vision furtive : un fourmilier géant traverse devant nous la rivière. L'heure est désormais aux chauves-souris et aux grenouilles. Installés sous nos moustiquaires, sous le ciel étoilé, nous nous endormons bercés par la puissante pulsation nocturne de l'Amazonie.

Mais le voyage ne s'arrête pas là, dans cet antre de la biodiversité, et bientôt nous reprenons notre chemin, vers l'ouest, à la manière des nuages.

La forêt enchantée

Contreforts des Andes. Le paysage a mué. L'altitude – nous sommes à près de 2000 mètres –, et ses corollaires, la baisse d'oxygène et le froid, ont joué de leur effet castrateur sur la forêt. Ici, point d'arbres sentinelles venant chatouiller le ciel mais une masse d'arbres dont les proportions rappellent celles de nos forêts tempérées. La ressemblance s'arrête cependant là. Alors que les nuages et la brume se reposent encore, alanguis sur la canopée, dans la fraîcheur matinale, nous pénétrons dans le plantureux écrin de verdure. Au sol, les innombrables racines forment une gigantesque toile d'araignée sur laquelle on se déplace presque sur la pointe des pieds. Dessous : de la tourbe gorgée d'eau. Tout, ici, est humide, ruisselant. La végétation dégoutte de pluie, de rosée. Mousses, lichens, broméliacées et autres épiphytes ont accaparé les branches des arbres, les enveloppant de festons et autres rubans végétaux. Si la forme des feuilles, en basse Amazonie, apparaît d'une grande monotonie, ici c'est de créativité, de diversité qu'il faut parler. Lilliputiennes ou géantes, entières, pennées, découpées, composées, digitées, vertes, poilues aux reflets violets, rouge sang, en velours, gaufrées… toutes les formes, textures et couleurs sont permises.

Çà et là, les touches couleur garance des gracieuses fleurs tubulaires de fuchsias, le vermeil des délicats pétales de bégonias, translucides et cassants comme du verre, et leurs graines tétraédriques aux allures de coffres à trésor, une myriade de petites orchidées délicates et chamarrées. Le soleil est saupoudré dans le sous-bois, comme du pollen, et il y règne une atmosphère teintée de mystère, digne de Fangorn, cette forêt fantastique née de la plume de J.R.R. Tolkien. Ici, du fait du relief naissant, les nuages sont une première fois essorés, délestés d'une partie de leur charge en gouttelettes d'eau avant de terminer leur long voyage sur les sommets enneigés de la cordillère des Andes.

L'un des hôtes de marque de ces sylves enchanteresses est le coq de roche, étrange oiseau paré d'une livrée rouge orangé chez le mâle, dont la tête jusqu'au bout du bec est ornée d'une huppe en éventail toujours hérissée. C'est curieusement dans le village d'Aguas Verde, où des haut-parleurs vomissent sans interruption les slogans des candidats aux élections régionales, à en étourdir toute la faune alentour, dans cette ambiance à l'arrière-goût de Far-West, que nous découvrons un étonnant jardin. Appartenant à un petit grand-père au visage tavelé, ce jardin – une demi-colline – abrite une forêt encore préservée, garnie de trésors. Les coqs de roche y ont élu domicile et les mâles leur lek[a], où ils paradent bruyamment chaque matin pour attirer et séduire les femelles. Clou de la visite, une immense grotte garnie de stalactites et de stalagmites, véritable dortoir pour une myriade de perroquets et de chauves-souris, garnie de jardins miniatures suspendus. Dix-sept heures. Alors que l'atmosphère se refroidit

a. Aire de parade communautaire.

brusquement, nous voyons la brume puis les nuages naître au cœur de la forêt puis s'élever dans un ciel déjà chargé, poussés par Éole vers notre prochaine étape andine.

L'accroche-nuages

Il pleut depuis maintenant deux jours. Une de ces pluies fines qui vous transperce et vous glace. Dans cette petite vallée nichée à près de 4 400 mètres, entourée de pics enneigés et de glaciers, nous voyons les nuages amazoniens s'accrocher aux sommets, s'y cramponner puis, épuisés, se répandre en neige et en pluie. J'ai l'impression de m'être transformée en mille-feuille avec toutes ces couches de vêtements superposées : deux polaires, une doudoune, une veste, un bonnet péruvien, deux paires de chaussettes, deux pantalons… Et pourtant, immobile à attendre la fin de cette pluie, je grelotte. Seule consolation, l'observation de la faune, qui ne fait pas grand cas de cette pluie incessante. Tandis que les gouttes font place aux flocons à demi fondus, un petit calliste noir et bleu outremer parade, continue à pousser son chant, perché sur une branche noueuse de *Polylepis*, et les colibris reprennent à la moindre accalmie leur incessant ballet à la recherche de carburant, ce nectar chargé de sucre, essentiel pour faire fonctionner leur métabolisme accéléré. C'est finalement au petit matin du quatrième jour, après avoir gravi la veille plusieurs cols avec un mal des montagnes tempêtant sous nos crânes et par une météo capricieuse, tantôt rais de lumière prometteurs, tantôt mince tempête de neige, que le soleil nous gratifiera de ses chaleureux rayons. Un réveil de l'aube qu'il ne m'avait encore jamais été donné de voir ainsi. Le Huandoy et ses 6 356 mètres, encore endolori sous la neige et la glace, lové dans sa couronne de nuages, s'est soudain illuminé, embrasé, comme si une ampoule géante avait été allumée en son sein. Partout la végétation, coussins de valériane, mousses et autres broméliacées, est cristallisée, emmaillotée dans une fine pellicule glacée, brillante sous la lumière naissante. Les Andes ont rempli leur rôle d'essoreuse de nuages. Une partie de ces pluies et neiges va rejoindre les archives climatiques du bassin amazonien que sont les innombrables glaciers ornant les vertigineux sommets qui nous entourent, de 6 000 mètres et plus : Huandoy, Chopicalqui, Huascaran, Pisco ou encore Chacraraju. L'autre partie ira nourrir les torrents puis les rivières et enfin les fleuves Ucayali et Marañón, aux sources de l'Amazone, et ainsi alimenter l'immense sylve tropicale en contrebas. C'est au cœur de cette cordillère, colonne vertébrale de l'Amérique du Sud, que naît le plus long fleuve du monde, 6 800 kilomètres d'eau douce serpentant du Pérou au Brésil. Un dédale de chenaux, des bras s'entrelaçant autour d'îles, un monstre géant changeant de forme au gré de ces pluies qui façonnent son lit.

Tandis que l'astre solaire assoit sa présence au cœur d'un ciel azuré, les avalanches se succèdent. Dans un bruit assourdissant, des pans de ces glaciers archives sont arrachés par la chaleur et tombent avec fracas en contrebas. Jour après jour, le grand livre de l'histoire climatique est ainsi parcouru. Profitant de cette énergie solaire dispensée généreusement, des viscaches prennent de longs bains de soleil, affalées au sommet des éboulis extorqués à la montagne puis crachés par les langues glaciaires. Chacun de ces gros rochers ou presque est orné d'une de ces adorables boules de fourrure. À les voir ainsi, on pourrait croire ces animaux – dont l'allure tient d'un croisement entre un lapin et un écureuil – solitaires, tant les échanges visuels, tactiles ou vocaux sont rares. C'est que tout se passe en sous-sol, dans le dédale de galeries formé par les éboulis. Chaque famille y possède son terrier, relié au reste de la communauté, qui peut compter jusqu'à 80 individus. Peu territoriales, les viscaches se partagent l'espace et les maigres ressources de nourriture qu'elles partent chercher en fin de journée. Au menu : lichens, mousses et touffes d'herbes éparses et drues.

D'un monde dominé par la chlorophylle et sa palette de verts, nous sommes passés au cœur du minéral, entourés de bleus et de blancs. Sous nos pas, la surface du glacier Pastoruri crisse, craque et chaque cristal foulé nous conte dans un crépitement l'histoire de l'arbre qui l'a vu naître et du nuage qui l'a jusqu'ici acheminé. Du cristal glacé jusqu'au lagon et sa grotte bleutée, de crevasse en crevasse, petit à petit, la glace retourne en eau et l'eau en Amazonie.

Les rivières disparues

Lovées au pied de la *Cordillera blanca*, juste en dessous de la ligne de neige, s'étendent de vastes prairies d'ichu (*punas*), touffes d'herbes ondulant sous le vent qui forment de magnifiques tableaux abstraits et changeants. Dans ces punas encaissées, coincées entre les hauts sommets immaculés, se côtoient divers herbivores : oies, viscaches et cerfs de Virginie, et prédateurs, parmi lesquels le renard andin et le majestueux condor des Andes. Englués dans une brume matinale épaisse, dans un paysage en noir et blanc, nous apercevons çà et là d'immenses et longilignes silhouettes. Ces sentinelles en ombres chinoises qui semblent veiller sur la puna sont végétales. Des *Puya raimondii.* Plus précisément les hampes florales de cette grande broméliacée ancrée dans le sol, contrairement à la plupart de ses cousines amazoniennes perchées et épiphytes, parsemant la prairie de touffes de feuilles serrées, habillées de milliers d'épines acérées comme des couteaux. Dans cette atmosphère ouatée, plus aqueuse qu'aérienne, une étonnante chorégraphie vient de débuter. L'immense inflorescence a des allures d'escalier en colimaçon dont chacune des marches est ornée d'une petite hampe florale, le tout ressemblant à un épi de maïs géant formé d'une multitude de petits épis. Une estimation du nombre de fleurs par puya m'a donné le chiffre étourdissant de 50 000. Chacune d'entre elles est un libre-service à nectar. Rien d'étonnant donc à ce que cette fleur géante soit le bistrot le plus couru de la puna. Tous les colibris s'y sont donné rendez-vous, irisant les pétales ivoirins de leurs couleurs changeant au gré des interférences lumineuses. Une floraison féconde façon chant du cygne pour la plante, qui, ses réserves taries, se dessèche et se racornit. Les hampes florales n'en sont pas désaffectées pour autant et fournissent logis et point de vue sur la vallée jusqu'aux pics des rochers.

À ces lieux encore bucoliques succède la réserve nationale d'Aguada Blanca, au cœur de l'Altiplano. Le vent froid chargé de poussières nous cingle le visage, l'air est sec, les nuages, d'une certaine avarice ici, n'y ont distillé que quelques rares molécules d'eau, au compte-gouttes. Les touffes d'ichu rabougries se sont tapies au plus près du sol, exhibant une couleur de feuille jaunie. À l'ouest, les sommets enneigés de la cordillère, et à l'est, une succession de volcans alignés comme un collier de perles, parallèle à la côte et aux Andes. Nous marchons sur une immense plaine située à 4 000 mètres d'altitude, austère et aride. Il y avait ici un vaste lac, il y a 65 millions d'années de cela. Puis les Andes ont commencé à se soulever, le lac a été asséché et remplacé par une vaste plaine traversée de rivières. Ces dernières s'étiolent puis disparaissent à leur tour. L'érosion sur le versant ouest des Andes charrie quantité de sédiments venant s'empiler à la manière d'un mille-feuille sur la plaine qui se soulève avec le reste de la chaîne andine. Les volcans, jusque-là isolés, s'érigent et forment une chaîne volcanique bientôt continue, parallèle aux Andes. Puis, il y a 10 millions d'années, tels deux amoureux qui se sont longuement observés, ils se sont rejoints et étreints enfin, avec l'Altiplano comme trait d'union.

Les montagnes à l'est ont atteint de tels sommets que les nuages ont bien du mal à les traverser et l'Altiplano est pour l'essentiel marqué par la sécheresse. Seules quelques espèces, résistantes, y ont élu domicile, comme les vigognes, devenues très rares car chassées pour leur épaisse fourrure vendue à prix d'or. Aujourd'hui, les communautés locales sont en charge de la surveillance rapprochée, dans la réserve, des rares hordes restantes. Chaque année est organisé l'*El Chaco*, la tonte annuelle de ces camélidés, dont le produit, négocié autour de 1 000 dollars le kilo (une vigogne adulte fournit en moyenne 150 grammes de fibre), apporte un revenu non négligeable aux populations de la région.

Le paradoxe du désert

Après l'exubérance amazonienne, la glace et les lignes brisées des Andes, en bordure de ce Pacifique qui n'a de calme que le nom, tout est minéral, sable et roches. Le désert en courbes et dunes se brise sur l'océan, les lignes se cassent. La géométrie reprend sa sévérité en jetant le désert du haut de falaises abruptes, fendues d'angles droits austères. Quelques plages couleur cappuccino viennent border les eaux bleutées frangées d'une écume crémeuse. La vie semble n'être que de passage. Ailes et plumes obligatoires ! Cependant, dans ce désert extrême qui ourle la côte péruvienne, le long d'une fine bandelette de rochers, au plus près de l'eau salée, l'austérité du paysage se conjugue à une exubérance animale.

Punta Coles, aux portes du désert d'Atacama. Cette péninsule, avançant courageusement dans la mer, semble faire écho aux glaciers andins tant sa couleur blanche est éclatante. Ici, où que notre regard se porte, point de nuages, mais un ciel grisé aux premières lueurs matinales virant au bleu intense une fois le soleil bien accroché au-dessus de l'horizon marin. Cette couleur blanche, c'est au guano qu'elle est due, et nous comprenons très vite pourquoi. Alors que nous contournons une dune, un tableau étrange apparaît. Des dizaines de milliers de cormorans de Bougainville et de fous variés semblent vouloir, telle une armée napoléonienne, se mettre en marche en même temps. C'est l'heure de prendre le large et, par escadrons, ils décollent, les uns après les autres. Il faudra une heure et demie pour que les zébrures noires aient fini de rayer le ciel. Au début du XIXe siècle, Alexander von Humboldt découvre cette substance blanche avec étonnement et note ses propriétés fertilisantes. Ce sera le début d'un important commerce à destination de l'Europe, qui ne prendra fin qu'après la Seconde Guerre mondiale et l'arrivée des engrais chimiques, à base de dérivés pétrolifères notamment.

Ce paradoxe désertique résulte de l'action conjointe des Andes, qui ne laissent fuir aucun nuage hors de leur forteresse, et du courant froid de Humboldt, le long de la côte. Du fait de sa température, ce dernier ne laisse s'évaporer, lorsque les vents le survolent, qu'une maigre quantité d'eau. Les pluies sont ainsi rangées dans le grand catalogue des rêves et chimères. Cependant, ce courant est lié à un upwelling, c'est-à-dire une remontée d'eau froide chargée de nutriments en provenance des profondeurs. Ceux-ci vont permettre le développement foisonnant du plancton, nourriture de base d'une multitude d'animaux, poissons, oiseaux et mammifères marins. Sur cette petite langue de terre, une véritable pièce de théâtre en plusieurs actes se joue : envol des fous et cormorans, ballet des limicoles, des pélicans et manchots de Humboldt, guère à l'aise sur la terre ferme, et, pour clore la journée, concert d'otaries à fourrure et de lions de mer australs. Vautrés par centaines sur les petites plages, les énormes mâles règnent, non sans violence, sur leur harem de femelles. C'est l'époque des naissances et de tous les dangers pour ces jeunes à la peau fripée, qui manquent chaque instant de se faire écraser par les mâles mastodontes. C'est aussi le moment des accouplements et de féroces batailles entre mâles, le tout dans une cacophonie étourdissante. Dans le ciel dépouillé et immuablement bleuté, les vautours, rejoints parfois par quelques condors ayant délaissé leurs hautes montagnes, rôdent à l'affût de la moindre dépouille.

Il est 16 heures, fous et cormorans reviennent de leur campagne de pêche. Cette nuit, quelques maigres gouttes de rosée se déposeront peut-être sur le sable, abreuvant un ou deux scarabées. Je pense aux nuages, là-bas, pommelés, brumeux, coureurs, en voiles, en balayures ou en montagnes, ces nuages qui fabriquent le paysage, puis mes pensées s'envolent vers ces grands explorateurs et naturalistes de terrain qui commencèrent au XVIIIe puis au XIXe siècle à cartographier le monde et à inventorier le vivant. Se doutaient-ils alors que, deux siècles plus tard, ce grand inventaire n'aurait toujours pas été mené à son terme ? Si beaucoup des espèces rencontrées lors de ce périple péruvien ont d'ores et déjà été décrites par la science, peut-être avons-nous croisé sans le savoir quelques insectes n'ayant encore jamais rencontré le regard acéré et brillant de quelque taxonomiste en goguette. Comme Alexander von Humboldt, on ne peut être qu'émerveillé par l'étonnante diversité des espèces et par l'exubérance du monde vivant. L'une des plus importantes caractéristiques de la vie sur terre. Mais une caractéristique que l'homme citadin, abreuvé d'artefacts technologiques, a oubliée, désireux de s'extirper à tout prix de cette nature qui lui fait peur. Car il ne sait plus l'observer et s'émerveiller.

I

IMAGES DE LA BIODIVERSITÉ

1

ABÉCÉDAIRE DE LA BIODIVERSITÉ

Biodiversité. Un mot apparu il y a un peu plus de vingt ans, dans la discrétion des colloques et des publications scientifiques. Petit à petit il s'est montré, d'abord timidement, lors de conférences internationales, puis, plus audacieusement, dans les médias, pour finalement véritablement percer et envahir notre quotidien. Aujourd'hui, le mot « biodiversité » fait régulièrement la une de journaux et de magazines, tout le monde en use et en abuse, mais, s'il est connu de tous, qui peut réellement le définir avec précision ?

Pour beaucoup, la biodiversité est synonyme de richesse spécifique, c'est-à-dire du nombre d'espèces rencontrées dans un lieu donné. Une définition certes simple et accessible à tous, mais incomplète. Si les deux petits grimpereaux que je vois arpenter l'écorce rugueuse et craquelée de la vénérable aubépine au fond de mon jardin font partie de cette biodiversité, tout comme les abeilles sortant engourdies de leur sommeil hivernal, les primevères sauvages et ces petits insectes larvés dans les interstices de l'écorce de l'arbre, la biodiversité ne se résume pas à la simple addition de ces entités. Car la diversité se niche non seulement au niveau de l'espèce, mais aussi sur deux autres niveaux, celui des gènes, c'est-à-dire des différences individuelles au sein d'une même espèce, et celui de l'écosystème et des relations entre espèces. Ainsi, on distingue une diversité spécifique, matérialisée par le grimpereau, l'abeille domestique, l'aubépine..., une diversité génétique (mes deux petits grimpereaux et les autres individus de la population à laquelle ils appartiennent montrent-ils une grande variabilité génétique, ou inversement ont-ils un très faible polymorphisme au niveau de leurs gènes ?) et enfin une diversité dite écosystémique. Cette dernière, le plus souvent oubliée dans la définition de la biodiversité, correspond selon l'IUCN à « la diversité des complexes d'espèces associées et de leurs interactions, et celle des processus écologiques qu'ils influencent ou dont ils sont les acteurs ». Cette diversité écosystémique est parfois définie comme la variabilité et le nombre d'écosystèmes différents dans une zone donnée ou bien sur l'ensemble de la planète. Mais cette diversité va beaucoup plus loin, car un écosystème n'est pas une simple juxtaposition d'espèces de faune et de flore, mais comprend également la nature des sols, la topographie des lieux, les paramètres climatiques et hydrographiques, les cycles régulant ce système, tels que le cycle du carbone, de l'azote ou du phosphore, sans oublier toutes les interactions entre espèces. Ainsi, si je reprends mes petits grimpereaux, seront importantes les relations de prédation des grimpereaux sur les invertébrés cachés dans l'écorce de l'aubépine, les relations de prédation sur les grimpereaux, l'association des abeilles avec les fleurs d'aubépine, les éventuels parasites ayant élu domicile sur l'abeille, etc.

Quand diversité rime avec assurance-vie

Enfin, il est crucial de noter que les trois niveaux de biodiversité ne sont pas isolés les uns des autres mais entretiennent des relations très étroites. Ainsi, un écosystème n'abritant plus qu'un nombre limité d'espèces ou des espèces à très faible variété génétique est un écosystème déclinant, vivant ses derniers instants.

De la même façon, une espèce à faible diversité génétique est beaucoup plus sensible aux maladies et les risques d'extinction sont plus importants. Plusieurs exemples peuvent illustrer ceci.

En Malaisie, il est une forêt qui au premier abord semble être en parfaite santé. Ayant survécu tant bien que mal à la déforestation qui a fait rage dans cette partie du monde, la réserve forestière de Sungai Menyala est pourtant menacée. En effet, au pied des principaux arbres, de vénérables *Chrysophyllum roxburgii*, piliers de cet écosystème, des fruits s'entassent et pourrissent. Ici, le braconnage fut rude et la plupart des espèces frugivores ont disparu, privant ainsi les *Chrysophyllum* de précieux auxiliaires chargés de la dissémination de leurs graines. Aussi, lorsque les grands arbres mourront de leur belle mort, aucun jeune plant ne sera là pour prendre la relève. Privé de certaines espèces, l'écosystème est sur le point de s'écrouler, comme un château de cartes auquel on aurait retiré l'un de ses piliers.

Autre continent, autre exemple. Le lac Édouard, en République démocratique du Congo, était réputé pour abriter une importante communauté d'hippopotames. Or la population de ces gros mammifères a chuté de près de 93 %, passant de plus de 9 600 individus en 1974 à moins de 683 lors du dernier recensement, en 2005. Les responsables ? Des braconniers issus en grande majorité des milices rebelles congolaises installées dans cette région frontalière. À la recherche de devises pour financer leurs activités, elles se sont tournées vers ces gros animaux, entre autres, dont la chair se revend très cher sur le marché noir, notamment dans les villes, où la viande de brousse est devenue à la mode, une sorte de « caviar » des élites africaines. Les dents d'hippopotame, longues de près de 30 centimètres, sont également fort prisées, car il est devenu très difficile, compte tenu du moratoire sur l'ivoire d'éléphant, de trouver de l'ivoire, et le prix sur le marché noir a, de fait, fortement augmenté. La disparition des hippopotames est loin d'être anodine : ces mammifères sont un des maillons essentiels de la vie du lac Édouard et aujourd'hui, du fait de leur disparition, le lac est en train de mourir. Herbivores, les hippopotames consomment quotidiennement près de 40 kilos de graminées qu'ils vont chercher sur les rives du lac, la nuit venue… et rejettent près de 25 kilos de crottin dans ses eaux durant la journée. Ce fumier est un formidable engrais naturel et une source de matières premières à la base de toute la chaîne alimentaire du lac. En effet, ce crottin est en partie consommé par le phytoplancton microscopique qui forme quant à lui la nourriture de base de toute une cohorte de vers, de larves et autres invertébrés. Ceux-ci sont à leur tour avalés par les poissons vivant dans ces eaux douces, tout particulièrement des tilapias, espèces majoritaires. Il y a désormais moins de phytoplancton, moins d'invertébrés et beaucoup moins de poissons. Or ces tilapias constituent la nourriture de base de quelques milliers d'hommes vivant dans cette zone. Ainsi, en massacrant les hippopotames, les braconniers privent les populations locales de leur nourriture quotidienne. Un désastre écologique accentué par le fait que de nombreux réfugiés, ayant fui les zones de combat dans ce pays depuis peu en cours de pacification, ont installé leurs campements de fortune en bordure du lac Édouard. En toute illégalité : nous sommes ici à l'intérieur du parc national des Virunga, créé en 1925 et inscrit sur la liste du patrimoine mondial de l'UNESCO depuis 1979, où seules quelques populations traditionnelles de pêcheurs ont obtenu l'autorisation de continuer à résider. La pression de pêche dans le lac a ainsi considérablement augmenté, accélérant d'autant plus la disparition des poissons. Aujourd'hui, l'espoir réside dans la pacification et la démilitarisation de la zone ; les hippopotames pourront alors survivre, continuer à produire le précieux crottin et faire revivre le lac.

En Tasmanie, la tragédie se joue à un autre niveau de la biodiversité. Ici vit un marsupial rendu célèbre par un personnage de dessin animé lui ayant emprunté son nom et son apparence : le diable de Tasmanie. C'est le plus gros marsupial prédateur actuel, son cousin le thylacine, ou loup de Tasmanie, qui détenait auparavant ce record, étant porté disparu dans la nature depuis 1931, date à laquelle le dernier individu vivant fut abattu. Quant au dernier loup marsupial captif, il mourut quelques années plus tard, en 1936, au zoo de Hobart en Australie. Le diable de Tasmanie doit son nom aux colons européens pétrifiés par ses concerts nocturnes de cris et de grognements à vous glacer le sang. Une fourrure noire, de petites oreilles pointues parcourues par un réseau serré de capillaires sanguins leur donnant des reflets rouge vif, et voilà notre marsupial de la taille d'un petit chien trapu devenu diabolique ! L'arrivée des dingos en Australie fit disparaître l'espèce de l'île-continent et le diable ne survit plus aujourd'hui qu'en Tasmanie, notamment dans les forêts d'eucalyptus et aux abords des cultures. Cependant, ce prédateur de petits mammifères, d'insectes ou d'oiseaux, volontiers charognard, est affecté par une maladie ayant déjà eu raison de 59 % des effectifs de l'espèce, selon des études effectuées en 2007. Le DFTD (Devil Facial Tumour Disease), un cancer apparu pour la première fois en 1996, touche le plus souvent la face et le cou et s'avère dans la majorité des cas fatal à l'animal. Généralement, ces tumeurs empêchent l'animal de manger et celui-ci finit par mourir de faim, s'il ne meurt pas auparavant d'un arrêt de certains organes vitaux. Cette maladie inquiète beaucoup les scientifiques, qui craignent l'extinction du diable de Tasmanie, d'une part parce que la maladie se propage très rapidement, par allogreffes de cellules malignes infectieuses (c'est l'un des trois cancers connus qui sont véritablement contagieux), d'autre part parce que aucune résistance au DFTD ne semble se développer chez cette espèce. Or, il est plutôt surprenant qu'une maladie entraîne directement la disparition d'une espèce – il suffit de penser aux lapins, que les vagues successives d'épidémies de myxomatose n'ont pas réussi à éradiquer, notamment en Australie, où l'espèce avait été introduite sans que les conséquences en aient été mesurées. La réponse à cette étrange absence de résistance des diables de Tasmanie repose dans le patrimoine génétique de l'espèce. En effet, les scientifiques se sont aperçus que la transmission du DFTD était intimement liée à la très faible diversité génétique rencontrée dans les populations de diables de Tasmanie, et tout particulièrement dans une région du génome liée au complexe majeur d'histocompatibilité (CMH). Ce dernier constitue la clé de voûte de l'immunité de l'organisme, c'est-à-dire la capacité d'un organisme à reconnaître et à tolérer ce qui lui appartient en propre (le soi) et à reconnaître et à rejeter ce qui lui est étranger (le non-soi). Ancrées dans la membrane des cellules d'un organisme, on trouve des protéines particulières dénommées protéines membranaires, intervenant dans la communication intracellulaire. Parmi celles-ci, on trouve les protéines du CMH, sortes de panneaux indicateurs exhibant le « soi ». En effet, en règle générale, les gènes codant pour ces protéines sont dits extrêmement polymorphes, c'est-à-dire qu'on dénombre un nombre très élevé d'allèles[a] pour chacun de ces gènes. Comme il existe plusieurs gènes, les combinaisons d'allèles au sein de ces gènes sont immenses. Or, chez le diable de Tasmanie, la diversité génétique au niveau du CMH a été perdue. Aussi, lorsque des cellules cancéreuses d'un individu malade pénètrent l'organisme d'un autre individu par simples contact, morsure, léchage ou autre, le système immunitaire n'arrive pas à faire la différence entre « soi » et « non-soi » car il n'y a pas suffisamment de dissemblances et, finalement, il considère ces cellules étrangères et cancéreuses comme siennes. D'où

a. Les allèles constituent les variations d'une séquence donnée d'ADN occupant un même locus sur le même chromosome et codant pour le même gène. Dans une population d'une même espèce, un gène peut donc exister avec plusieurs variations ; on parle alors de gène polymorphe.

une si grande contagion au sein de la population. Pour tenter de sauver les diables de Tasmanie, les scientifiques sont désormais à la recherche d'individus dont le CMH serait suffisamment différent pour ne pas reconnaître les cellules cancéreuses et inciter le système immunitaire à les détruire. De là, il sera certainement possible de trouver et développer un traitement pour sauver les autres diables de Tasmanie avant la disparition totale de l'espèce. Tout récemment, une telle micropopulation a été découverte dans l'ouest de l'île. Mais le temps presse, et les scientifiques espèrent que ces individus auront développé une résistance à la maladie. Des tests sont en cours. En effet, le DFTD est désormais installé sur 60 % du territoire et a également atteint le parc national de Narawntapu, dans le nord du pays, qui avait jusque-là été épargné. La population des diables de Tasmanie déclinant, cela laisse le champ libre aux renards, une espèce alien (invasive) qui s'attaque notamment aux bettongies de Tasmanie ou à des espèces d'oiseaux ne volant plus et donc très vulnérables, comme la gallinule de Tasmanie.

Au travers de ces trois exemples, nous voyons que vie et diversité sont indissociables et que la biodiversité organisée sur trois niveaux constitue une véritable assurance-vie des espèces, des populations et des écosystèmes. Mais pourquoi cet engouement soudain pour la biodiversité, ce terme désormais utilisé à tout-va et pas toujours à bon escient ?

L'invention de la biodiversité

L'histoire débute en 1980, lorsqu'un spécialiste de la forêt amazonienne utilise, apparemment pour la première fois, le terme « diversité biologique ». À se demander aujourd'hui comment nous en parlions auparavant… Puis, en 1986, se tient le premier forum américain sur la diversité biologique, organisé par le National Research Council (le NRC, qui appartient à l'Académie des sciences américaine) et faisant notamment suite à la publication d'un article du célèbre biologiste et père de la sociobiologie, Edward O. Wilson, sur le sujet. Ce dernier est chargé de rédiger le compte rendu de ce colloque ; c'est alors que l'équipe du NRC lui suggère de faire usage d'un néologisme résultant de la contraction des deux mots « diversité » et « biologique », jugé plus percutant du point de vue de la communication. Edward O. Wilson trouve ce terme trop américain et tape-à-l'œil, mais finit par céder. La biodiversité était née !

Depuis, elle est de tous les débats, de tous les colloques et discussions, ou presque. Scientifiques mais aussi économistes, journalistes, sociologues et politiques s'en sont emparés. Une fondation scientifique pour la biodiversité a même été créée en France en février 2008, après le Grenelle de l'environnement. Cependant, si « biodiversité » est devenu un mot à la mode et connu de la planète entière, la biodiversité en elle-même se dérobe. Il faut l'admettre, nous ne connaissons que des bribes de ce grand catalogue du vivant. Si on devait comparer la biodiversité à une bibliothèque, l'homme n'aurait pour l'instant réussi à décrypter qu'une infime partie des ouvrages. Prenons la parabole de l'encyclopédie, nous en sommes encore très probablement à la lettre A.

En effet, le grand inventaire du vivant débuté il y a déjà de très nombreuses années et organisé par le botaniste suédois Carl von Linné, qui a inventé le système de nomenclature binominal toujours en vigueur aujourd'hui, n'en est selon toute vraisemblance qu'à ses balbutiements.

Aujourd'hui, 1,8 million d'espèces ont d'ores et déjà été décrites par la science et ainsi affublées d'un double nom latin, de genre et d'espèce. Mais les spécialistes estiment qu'il reste encore 8, 10, voire 100 millions d'espèces à découvrir et à nommer…

Par ailleurs, l'invention du terme et sa diffusion dans les milieux scientifiques et dans le grand public ont coïncidé avec une prise de conscience générale des menaces pesant sur la biodiversité, quasi exclusivement d'origine humaine.

Revenons néanmoins à la biomasse et à la diversité des espèces la constituant, autrement dit, à cette fameuse biodiversité, pour nous pencher sur les mécanismes à l'origine de ce foisonnement d'espèces, d'écosystèmes et de relations entre ces différentes entités. Que s'est-il réellement passé sur la planète pour qu'une telle diversité voie le jour ? Comment des espèces telles que la viscache, l'anaconda, la tortue mata-mata ou bien encore le dauphin rose de l'Amazone ou boutou, rencontrées au Pérou, ont-elles vu le jour, ainsi que toutes les autres, connues ou encore inconnues de la science ?

2

BACTÉRIE, SOUSLIK ET CARDONS

Tels des géants affables, les cardons semblent veiller sur le désert de Vizcaino, en Basse-Californie (Mexique). Écorce coriace. Lisse. Verte. Chlorophyllienne. Dans les bourrelets ligneux et les nombreuses cicatrices se lisent les blessures du temps qui passe. Certains de ces vénérables colosses d'une quinzaine de mètres de haut ont déjà vécu plusieurs siècles. Dans leur entourage poussent d'autres cactus, droits comme des i, hérissés d'épines argentées aux proportions modestes. C'est la relève. Bien que très différents encore de leurs aïeux, ces jeunes cardons vont lentement croître, s'élever et prendre leurs aises sur ce sol aride et austère au milieu d'une cohorte d'autres végétaux étranges, épineux et succulents. Ce désert est un paradoxe. Il conjugue biodiversité et endémisme, bien loin des paysages dénudés que l'on imagine. Et pourtant… Ici, il tombe très peu de pluie, moins de 150 millimètres par an, concentrés sur quelques mois orageux, et les températures dépassent souvent les 30 °C.

Tandis que le soleil s'efface devant les étoiles et la nuit pressées, les sépales et pétales ivoire des fleurs s'entrouvrent au sommet des cardons, exhibant peu à peu, telles de belles impudiques, leurs étamines et pistils. C'est le début du mois de mai. Les températures grimpent chaque jour de quelques degrés supplémentaires et beaucoup d'animaux attendent le crépuscule pour sortir de leurs terriers et autres trous creusés dans la chair des cardons géants. À peine la nuit installée, c'est le rush. Les fourmis coupeuses de feuilles partent à la queue leu leu faire leurs courses pour alimenter le jardin souterrain et cultiver les champignons dont elles se nourrissent. Des chauves-souris virevoltent dans les airs et piquent du nez dans les fleurs de cardon gorgées de nectar. Elles ressortent le nez poudré de pollen et laissent la place à des scarabées et des papillons de nuit. Coyotes et petits renards véloces écument leur territoire à la recherche de proies, tels les rats des steppes, sortis de leurs maisons, faites de raquettes d'opuntias desséchées et autres débris, afin de chercher graines et fruits. Bientôt, le désert fourmille de vie. L'observation de tout ce petit peuple de la nuit me renvoie à cette caractéristique si spécifique de la planète Terre. La vie. Peut-être même son unicité, puisqu'à ce jour aucun autre corps céleste étudié n'a révélé de trace de vie – quelques indices seulement d'une possibilité de vie bactérienne sur Mars –, mais on est encore bien loin de la richesse de ce désert ou de tout autre écosystème terrestre.

Une notion par ailleurs bien difficile à cerner. Car, si nous savons différencier le vivant de l'inanimé (bien que de nouvelles formes de structures créées par l'homme, entrant dans la catégorie des « vies artificielles », viennent brouiller le débat), apposer une définition claire et scientifique de ce phénomène pose toujours problème. Certains s'appuient sur des caractéristiques structurelles, telles que l'existence de cellules composées d'une membrane et contenant certaines molécules particulières, d'autres sur les propriétés fonctionnelles des organismes. Ainsi un être vivant présente-t-il au cours de sa vie des activités de reproduction, de croissance, de respiration… Vivre, finalement, c'est manger, éviter d'être mangé et se reproduire, un parcours jalonné de compétition et de coopération entre organismes. Une famille de molécules est essentielle au vivant : les acides nucléiques, ADN (acide désoxyribonucléique) et ARN (acide ribonucléique). Ils renferment les informations génétiques, essentielles, permettant la fabrication des constituants de la cellule et de l'organisme, une molécule également primordiale dans les processus d'évolution, comme nous allons le voir. Les premières cellules – unité structurelle, fonctionnelle et reproductrice de l'être vivant – ont vu le jour entre 3,5 et 3,8 milliards d'années. D'abord procaryotes, c'est-à-dire contenant de l'ADN en vrac dans le cytoplasme, comme chez les eubactéries par exemple, les cellules ont ensuite évolué vers une organisation plus complexe, compartimentée. Il y a environ 1,4 milliard d'années, la cellule eucaryote est ainsi « née », abritant en son sein divers organites ainsi qu'un noyau entouré d'une membrane, à l'intérieur duquel se trouve rangé le matériel génétique. Parmi ces organites, les chloroplastes caractéristiques des cellules végétales et les mitochondries liées aux cellules animales. Deux entités particulièrement fascinantes ayant débuté leur vie sous la forme de bactéries anaérobies, respirant du méthane (à cette époque, l'oxygène n'existe pas ou seulement sous forme de traces dans l'air) puis évoluant, en même temps que l'air changeait de composition, en organismes capables de recycler l'oxygène. Mais leur périple ne s'arrête pas là, elles vont être avalées et adoptées par des cellules eucaryotes incapables de transformer l'oxygène de plus en plus présent, pour former un partenariat durable, une coopération toujours en activité, une endosymbiose. Ces deux bactéries devenues organites ont dès lors endossé le rôle d'usines à oxygène et sont devenues essentielles aux cellules tant végétales qu'animales, tout d'abord des organismes unicellulaires, tels que les euglénophycées ou les flagellés. Ensuite apparaissent des organismes possédant plusieurs cellules. Celles-ci vont petit à petit se spécialiser, jusqu'à former des tissus puis des organes. À partir de ce moment-là, l'évolution va jouer les faiseurs de diversité. La vie explose dans les océans avant de s'affranchir de l'eau pour coloniser les terres émergées, même si certains organismes préféreront s'en retourner dans l'eau après un passage terrestre. Les yeux et les branchies naissent en même temps que les premiers animaux vertébrés, il y a 535 millions d'années. Les premières plantes à braver l'atmosphère sont des *Cooksonia*, au silurien, il y a environ 420 millions d'années. Elles se dotent notamment d'une cuticule et de petites ouvertures spécialisées, les stomates, afin de résister à la dessiccation, problème majeur lorsqu'on vit à l'air libre. Il y a 150 millions d'années apparaissent les premières plantes à fleur. Les ailes d'insectes sont « inventées » il y a 330 millions d'années, les plumes d'oiseau il y a 197 millions d'années, en plein jurassique. Quant à l'œuf amniotique, il est né des péripéties de l'évolution il y a 310 millions d'années. Certaines de ces étapes sont décisives pour la biodiversité. L'apparition de la sexualité par exemple.

Vive le sexe !

C'est l'une des transitions majeures dans l'histoire de l'évolution du vivant, selon l'éminent biologiste John Maynard Smith et le biochimiste Eörs Szathmáry[1]. Une « machine à faire du différent », selon les termes de François Jacob[2]. Apparu il y a 1,5 à 2 milliards d'années, le sexe a révolutionné la vie en permettant ce qui était quasiment impossible auparavant : la production d'une variété infinie d'individus tous génétiquement différents les uns des autres. Ce façonnage de génotypes nouveaux et uniques entraîne une augmentation de l'adaptabilité des espèces aux fluctuations du milieu dans lequel elles vivent. Une propriété pour le moins intéressante lorsque l'on sait que le milieu est hautement versatile, notamment ses paramètres climatiques. En effet, si chaque être vivant se forme à partir de l'exécution d'un programme inscrit dans ses gènes, jusque-là le programme était simplement recopié à l'identique de génération en génération, non sans quelques erreurs parfois, donnant naissance à des « mutants ». Or, avec l'« invention » du sexe, c'est un véritable bouleversement qui s'opère. Le programme génétique est désormais formé par le réassortiment de deux patrimoines génétiques différents, contenus dans les gamètes. C'est à la formation de ces derniers que tout se joue, à la méiose. Là, la cellule va séparer en deux son matériel génétique contenu dans les chromosomes, donnant lieu à un double brassage génétique, inter- et intra-chromosomique. La cellule « fille » issue de la rencontre de deux gamètes mâle et femelle et de la fécondation hérite d'un double patrimoine, venant pour moitié de son « père » et pour moitié de sa « mère ». Le sexe permet ainsi à certains individus de la descendance d'obtenir des allèles potentiellement avantageux pour répondre à des situations particulières lorsque le moment se présentera. Un mécanisme et une loterie hautement utiles pour parer à tout imprévu environnemental !

Revenons sur le cas du diable de Tasmanie ; c'est justement ce manque de diversité des allèles au niveau du complexe majeur d'histocompatibilité, au moment de l'apparition d'un imprévu environnemental (une maladie), qui risque de lui être fatal. Un même manque de diversité génétique, notamment au niveau du CMH, s'observe chez les guépards, également très sensibles aux aléas environnementaux et à certaines maladies, comme la péritonite féline. En plus de gratifier les espèces d'une « assurance-survie » pour le futur, la reproduction sexuée permet de « nettoyer » les caractères désavantageux en les supprimant tout simplement du patrimoine génétique.

Un outil formidable, donc, que ce sexe ! S'il s'est imposé chez 95 % des espèces animales et végétales, certaines s'en passent néanmoins. Dommage lorsqu'on connaît tous ses avantages… Certes, mais la parthénogenèse (la reproduction asexuée) est une alternative au sexe qui pallie certains de ses inconvénients. En effet, le sexe est coûteux ! En énergie bien évidemment. D'abord, il faut se doter d'organes sexuels chargés de la méiose (la production de gamètes) et, surtout, condition essentielle, mâle et femelle doivent se rencontrer, se séduire, se conquérir ou au moins se féconder. Pour ce faire, l'évolution a doté les êtres vivants adeptes du sexe d'une myriade de comportements spécialisés, comme les parades. Acrobaties en musique des oiseaux de paradis, spectacles des paons, danses des mâles coqs de roche, brame guttural du cerf, chorus de grenouilles, acrobaties aériennes des colibris ou encore ballet en costume coloré de la seiche, les parades animales débordent d'inventivité. Mais elles peuvent dans certains cas se révéler fatales à l'un des protagonistes : des araignées mâles finissent dévorées par leurs belles… Et il faut s'assurer que la descendance survivra, au moins en partie. Ainsi sont apparus des comportements maternels et paternels chez les animaux et diverses stratégies de dissémination des graines chez les plantes, notamment par le biais d'associations fabuleuses avec les animaux – mais ceci est une autre histoire. Ici, dans le désert, vivent de nombreux oiseaux, comme le colin de Gambel, une caille du Nouveau Monde reconnaissable à ses deux petites plumes noires sur la tête, tel un bibi porté par une élégante des années 20. Nous sommes en mai et les oisillons ont éclos. Ils suivent leur mère en file indienne dans le désert et s'abritent de la chaleur et des prédateurs à l'ombre des grands cardons et des buissons de *palo verde*. Mais, lorsqu'il s'agit de traverser un grand espace sans la moindre zone de repli, c'est papa colin qui veille et fait traverser ses rejetons, en restant à l'arrière, histoire de vérifier que tout le monde est passé sans encombre et qu'il n'y a pas de danger. Dans l'un des cardons géants, un pépiement incessant se fait entendre. Ce sont des jeunes pics des saguaros qui appellent leurs parents, partis au ravitaillement. Pendant plus d'un mois, tous deux vont effectuer d'incessants allers-retours au nid, pour nourrir leur couvée de trois à cinq oisillons.

De nombreux autres animaux se révèlent être des parents exemplaires. Les mammifères notamment, qui allaitent leurs jeunes avec des records de durée chez les primates, en particulier l'orang-outan. Le jeune singe roux passe les premières sept à huit années de sa vie en compagnie de sa mère, auprès de laquelle il va tout apprendre et trouver réconfort et affection. Ici, la nuit, on peut voir sortir de petits trous auréolés de soie une araignée loup, *Hogna carolinensis*, championne en comportements maternels, comme l'indique son nom espagnol : *buena madre*. Une fois les œufs pondus dans un cocon, elle transporte celui-ci à chacun de ses déplacements, attaché à sa filière ; régulièrement, elle sort le précieux chargement hors de son terrier et lui fait prendre le soleil. Après un mois d'incubation, les petites araignées éclosent et grimpent de suite sur le dos de leur mère, s'agrippant à des soies spécialisées. Elles passent là le premier mois de leur vie, bien à l'abri des prédateurs. Puis arrive la fin de l'enfance et elles se dispersent dans le désert, pour mener leur propre vie.

Les crocodiliens, d'autres animaux qui n'ont pas forcément bonne réputation et sont surtout vus comme de redoutables prédateurs sanguinaires, sont d'admirables parents. Les mères sont peut-être même parmi les plus attentionnées de tout le règne animal ; leur dévouement à leur progéniture est total. Non seulement elles montent la garde près du monticule de feuilles et de débris végétaux en décomposition au sein duquel elles ont pondu 10 à 60 œufs selon les espèces, mais dès éclosion elles transportent leurs petits dans leur gueule jusqu'au point d'eau le plus proche. Certains œufs peinent à éclore, la coquille étant trop dure pour les petits enfermés à l'intérieur. Mais ceux-ci sont déjà volubiles et poussent avec force de petits cris entendus par leur mère qui vient à leur secours. Elle déterre ces œufs et les amène jusqu'à la rivière où, doucement, avec une grande délicatesse, elle va par des mouvements de sa mâchoire casser la coquille et libérer le jeune. Elle procède de la sorte, inlassablement, pour chacun des œufs. Puis, elle reste près de sa progéniture, la veillant contre l'appétit des autres reptiles, comme les varans. Les jeunes caïmans noirs issus de plusieurs couvées de femelles différentes se regroupent à la naissance dans de petits bassins naturels, des crèches, gardés par une femelle. Celle-ci surveille tous les petits, même si la plupart ne sont pas les siens. Dans les marais du Pantanal (Brésil), lorsque la saison sèche arrive, certains de ces bassins naturels se transforment en boue puis se dessèchent. Cela pourrait signer la mort de ces caïmans qui ont besoin de réguler leur température, étant poïkilothermes[a]. Mais leur nounou veille. Lorsque l'eau vient à manquer, tout ce petit monde part, à pied, rejoindre le fleuve, parfois à plusieurs kilomètres de là. Comme tous ne marchent pas forcément à la même allure, la femelle caïman lance régulièrement des cris d'appel pour s'assurer que tout le monde est bien là. Si certains traînent un peu, elle fait une pause et les attend. Hors de question d'abandonner l'un des petits derrière elle. Elle va conduire tous ces jeunes vers l'eau salvatrice, sans en perdre un seul en cours de route.

Tous ces comportements, nous le voyons, sont fort coûteux et auraient pu ne pas être sélectionnés par l'évolution pour cette raison. Or, c'est tout le contraire qui s'est passé car, bien qu'onéreux, ils ont favorisé le brassage génétique, apporté une diversité essentielle, et les comportements maternels assurent le succès de la reproduction.

Certaines espèces sont restées fidèles à la reproduction asexuée. La parthénogenèse est cependant essentiellement cantonnée au monde des bactéries et autres invertébrés. Seules 70 espèces de vertébrés, poissons, amphibiens et reptiles peuvent user de ce mode de duplication à l'identique. Mais, pour ceux-ci, la parthénogenèse est surtout une solution de secours en cas de défaillance du sexe. Récemment, une femelle dragon de Komodo

a. Animaux dont la température corporelle varie en fonction du milieu ambiant, car ils ne disposent pas d'un système permettant de garder une température constante, comme chez les homéothermes.

a donné naissance à cinq jeunes au zoo de Chester, en Angleterre. Jusque-là, rien d'exceptionnel, sauf que cet étrange reptile, le plus imposant des lézards actuels, qui vit sur un chapelet d'îles de l'archipel indonésien de Komodo, n'avait eu aucun contact avec un mâle. Après analyse génétique, il s'est révélé que les cinq rejetons étaient issus d'une reproduction asexuée et génétiquement identiques à leur mère. Or ce varan, comme j'ai pu le constater dans les prairies de l'île de Rinca, où j'ai passé plusieurs semaines à l'observer, ne dédaigne nullement le sexe opposé ; les œufs pondus par les femelles sont, de manière prépondérante, issus d'un accouplement suivi d'une fécondation. Les scientifiques ont montré que les femelles pouvaient ainsi basculer du mode sexué au mode asexué en fonction d'un paramètre essentiel : la disponibilité en mâle. Un mécanisme fabuleux, qui assure la survie de l'espèce même lorsque le sex-ratio est si déséquilibré qu'il ne subsiste plus que des femelles ! Cette stratégie a également été découverte chez une plante, le cyprès du Sahara.

D'autres espèces, chez les invertébrés, pratiquent les deux modes « à la carte » de manière régulière. Certaines fourmis par exemple. Chez *Cataglyphis cursor*, la fourmi méditerranéenne, la reine reproductrice, après accouplement avec près d'une dizaine de mâles, donne naissance à de nombreuses ouvrières chargées d'entretenir la colonie. La diversité génétique des ouvrières est une assurance-vie essentielle face aux possibles attaques de pathogènes et aux modifications des conditions environnementales. Cependant, lorsqu'il lui faut « produire » de futures reines, la reproduction va utiliser la parthénogenèse et « fabriquer » des filles à son image, des répliques, maximisant ainsi le nombre de ses gènes qu'elle transmet à la génération suivante. Une équipe de chercheurs[3] a montré l'existence de cette même stratégie chez une autre espèce, *Wasmannia auropunctata*, ou petite fourmi de feu ; dans ce cas, les ouvrières sont stériles et ne peuvent pas, lorsque la colonie perd sa reine, pondre à leur tour en transmettant le patrimoine génétique du mâle, qui est donc voué à disparaître. Mais les mâles eux-mêmes peuvent se cloner… non pas en se mettant soudain à pondre, mais en induisant la modification de certains œufs chez la reine qu'ils ont fécondée. La partie maternelle du patrimoine génétique y serait éliminée, ou bien un autre mécanisme serait à l'œuvre et les spermatozoïdes féconderaient des œufs dépourvus de l'ADN maternel. Ainsi, les mâles font naître d'autres mâles leur étant en tout point identiques et les deux patrimoines génétiques, maternel et paternel, peuvent être transmis de génération en génération.

Néanmoins, si certains usent ou abusent de la reproduction asexuée, c'est le brassage génétique du sexe qui a eu le dessus au cours de l'évolution et qui, malgré son coût, s'est maintenu et répandu. Le besoin de diversité était (et est toujours !) grand, car il fallait coloniser de nouveaux milieux et résister à d'importantes fluctuations climatiques ou à divers pathogènes.

Le dessous des cartes

Derrière toutes ces stratégies, ces comportements, cette diversité se cache un mot, un concept : l'évolution. L'évolution peut se définir comme la transformation des êtres vivants au cours du temps. Si pendant bien longtemps on a cru que les espèces étaient fixes, immuables (malgré une idée, récurrente mais discrète au sein de la communauté scientifique, de la transformation des êtres vivants), c'est Georges Cuvier, le premier, qui a introduit au début du XIXe siècle la notion d'extinction des espèces. Ainsi, une espèce était, tout comme l'individu, soumise au cycle de vie et de mort. Après de nombreux tâtonnements, il faudra attendre Charles Darwin et Alfred Russel Wallace pour que de cet enchevêtrement et embrouillamini d'idées naisse la théorie de l'évolution des espèces. Ces deux naturalistes ont échafaudé leur théorie chacun de son côté lors de voyages les ayant menés à l'autre bout de la planète. En

Amérique du Sud et aux Galapagos pour Charles Darwin, à bord du désormais célèbre navire *Beagle*, et dans l'archipel indo-malais pour Alfred Russel Wallace. Ce dernier avait parcouru quelques années plus tôt le bassin amazonien en compagnie de l'entomologiste Henry Walter Bates ; tous deux espéraient, outre collecter de nombreux spécimens qu'ils revendraient à des collectionneurs et à des musées de retour en Angleterre, trouver des preuves de la transmutation des espèces. C'est en faisant le parallèle entre ses observations dans la nature et les races de chevaux ou de chiens obtenues par les sélectionneurs britanniques que Charles Darwin énonça son idée de transformation des espèces et surtout de descendance avec modification. En choisissant certains caractères qui leur semblaient intéressants et en réalisant des croisements, les sélectionneurs obtenaient, au sein d'une même espèce, de nouvelles races qui pouvaient ensuite se reproduire. Cette variabilité intra-spécifique devait donc exister également dans la nature et Darwin en conclut qu'une sélection devait être à l'œuvre, qui introduisait, par le biais des conditions du milieu, une inégalité entre les individus, en favorisant certains au détriment d'autres. C'est la sélection naturelle. Fini la loi du plus fort, la loi de la jungle. « Les espèces qui survivent ne sont pas les espèces les plus fortes ni les plus intelligentes, mais celles qui s'adaptent le mieux aux changements », affirme le naturaliste, qui publie en 1859 *De l'Origine des espèces*, ouvrage qui allait révolutionner la biologie et la compréhension du monde vivant.

Deux questions néanmoins se posent : comment ces variations apparaissent-elles au sein des organismes et comment se transmettent-elles de génération en génération ? Darwin ne connaissait pas les travaux du généticien Gregor Mendel, qui en 1866 avait découvert les lois régissant la transmission des gènes mais malheureusement pas leur variabilité. Il faudra attendre le tout début du XXe siècle pour que ses travaux – les lois de Mendel – soient redécouverts à travers le prisme de la génétique naissante. L'existence des mutations permet d'expliquer les variations et bientôt l'essor d'une nouvelle discipline, la génétique des populations, permet de conceptualiser et de mathématiser les règles de transmission des caractères héréditaires.

L'évolution et la sélection naturelle créent donc de nouvelles espèces et sont les moteurs de la biodiversité. Ceci est d'autant plus crucial que l'environnement fluctue en permanence et ces changements incessants induisent une grande fragilité des espèces et des organismes. Ceux qui étaient adaptés au monde d'aujourd'hui ne le seront pas forcément au monde de demain ; le vivant est donc un système extraordinairement dynamique. C'est la théorie dite de la reine rouge, ainsi dénommée en référence à ce dialogue écrit par Lewis Caroll entre Alice, passée de l'autre côté du miroir, et une reine couleur carmin. La reine rouge entraîne Alice dans une course effrénée sur un échiquier géant, mais Alice note avec surprise que le paysage autour d'elles ne change pas le moins du monde. Pourtant la reine court de plus en plus vite. Et Alice de demander en arrivant à destination :

« — Mais voyons… je crois vraiment que nous n'avons pas bougé de sous cet arbre ! Tout est exactement comme c'était !

« — Bien sûr, [réplique] la reine ; comment voudrais-tu que ce fût ?

« — Ma foi, dans mon pays à moi [lui répond] Alice encore un peu essoufflée, on arriverait généralement à un autre endroit si on courait très vite pendant longtemps comme nous venons de le faire.

« — On va bien lentement dans ton pays ! Ici, vois-tu, on est obligé de courir tant qu'on peut pour rester au même endroit[4]… »

De la même manière, comme l'énonce la théorie de Leigh Van Valen, chercheur à l'université de Chicago, les êtres vivants doivent continuellement évoluer pour garder leur place au sein de leur environnement biologique. Dès lors, le critère d'ancienneté seul n'a plus aucune valeur, une espèce existant depuis longtemps n'est pas mieux adaptée à son environnement qu'une espèce récemment apparue. Cependant, certaines espèces ont peu évolué au cours de leur histoire car elles ont vécu dans des environnements peu changeants, comme le cœlacanthe par exemple, cantonné à des zones situées dans les profondeurs abyssales des océans.

Depuis Charles Darwin, la théorie de l'évolution s'est enrichie de la compréhension de nombreux mécanismes sous-jacents, des moteurs de cette formidable machine à créer de la diversité. Remaniements chromosomiques, mutations, sexe, séquences d'ADN mobiles, effets de l'environnement, de l'isolement géographique, bricolage, compétition ou coopération, tout ceci a œuvré et œuvre toujours au sein des organismes, des espèces nous donnant cette diversité qui se lit également chez l'homme, dans ses comportements et pratiques.

À l'âge où certaines jouent à la poupée, je passais mon temps avec mes grands-parents maternels, qui m'emmenaient en forêt, à la campagne, au zoo, et dans le dédale de nombreux livres, tous naturalistes ou photographiques. Je m'émerveillais devant cette incroyable variété de formes et de couleurs de grenouilles, devant la diversité des parades amoureuses inventées par les oiseaux ou encore devant le foisonnement d'espèces vivant dans la forêt tropicale amazonienne, et je vouais une fascination sans borne aux graines et aux nids. Une même fonction et pourtant une multitude de formes, de couleurs…

Au fil des années et des voyages, j'ai commencé à rencontrer ces animaux et ces plantes qui me faisaient rêver dans leur milieu. Il est une chose qui saute aux yeux lorsqu'on s'immerge dans une forêt tropicale, dans un désert ou encore sous la surface d'un océan parmi les récifs coralliens, c'est la grande interdépendance des espèces entre elles et avec le milieu dans lequel elles évoluent. Rien n'est isolé, tout est lié. Une communauté d'espèces et son biotope. C'est aussi cela la biodiversité, ces interactions diverses et multiples entre ces différentes entités, comme nous l'avons vu précédemment. Que se passe-t-il dès lors lorsque l'un de ces éléments disparaît ? Une question à laquelle il est toujours relativement difficile de répondre, car si le rôle de certaines espèces très étudiées par les scientifiques est décrypté et connu, un grand nombre d'entre elles ont été peu étudiées, voire pas du tout – et que dire de cette cohorte de plantes et d'animaux qui n'ont même pas encore de nom ni de contours ?

Les pinsons de Darwin

Lorsque Charles Darwin met pied à terre en septembre 1835, il ne se doute pas encore que ces cinq semaines à venir aux îles Galapagos vont révolutionner la science. Entre autres découvertes, il note la présence de nombreux petits oiseaux différents et collecte des spécimens qu'il ramène à Londres sans prendre toute la mesure de sa découverte. Ce n'est qu'une fois de retour, intrigué par ces passereaux, qu'il réalise avec l'aide de l'ornithologue John Gould que ces espèces, bien que différentes, notamment par la forme et la taille de leur bec, sont toutes apparentées. En reprenant ses notes, il s'aperçoit que chacune des quatorze espèces habite une île différente de l'archipel. Il établit ensuite un lien entre la taille et la forme du bec et le type de végétation présent sur les îles – et donc l'alimentation de l'oiseau. Ainsi, *Camarhynchus pallidus*, de son petit nom vernaculaire géospize pique-bois, manipule avec son bec des épines de cactus pour éperonner des larves d'insectes nichées sous l'écorce des arbustes. *Geospiza magnirostris,* le géospize à gros bec, est lui un adepte des grosses graines coriaces, tandis que *Geospiza scandens*, le géospize des cactus, avec son bec en demi-mesure, se délecte de fleurs de cactus. Enfin, le bec miniature et effilé du géospize à bec pointu est utilisé pour piquer la peau d'oiseaux marins et aspirer quelques millilitres de leur sang. Tous ces oiseaux et dix autres partagent un ancêtre commun – arrivé sur les îles Galapagos il y a 2 à 3 millions d'années – à partir duquel ils ont évolué jusqu'à donner ce bouquet d'espèces exploitant différentes niches. C'est ce que l'on dénomme une radiation adaptative.

Ce phénomène de spéciation des pinsons de Darwin – expression désormais consacrée pour parler de ces oiseaux – a continué à être étudié en détail notamment par Peter et Rosemary Grant. Durant vingt ans, ces deux biologistes ont scruté à la loupe d'un côté l'impact des variations climatiques sur la végétation et sur les ressources de nourriture, de l'autre l'évolution sur cette même période des populations de deux espèces de pinsons sur l'une des îles de l'archipel des Galapagos, Daphné Major. Les Grant ont suivi plus de 25 générations de pinsons ; ils ont capturé, bagué, pesé, mesuré 19 000 oiseaux et ont pu, comme Darwin l'avait prédit un siècle auparavant, observer des modifications morphologiques au niveau de l'espèce. C'est principalement le bec qui fut modifié au cours du temps. Ainsi, les années de sécheresse, lorsque les graines étaient plus coriaces et éparses, les oiseaux dotés des becs les plus grands et solides eurent un net avantage sélectif, tandis que la situation se renversait les années suivantes. Ce qui frappe surtout dans cette remarquable étude, c'est la rapidité avec laquelle la sélection naturelle peut agir et modifier les caractéristiques d'une population, et le fait de voir cette évolution en marche. Par ailleurs, les Grant ont montré l'incroyable variabilité génétique de certains traits comme la taille du bec, jouant un rôle crucial dans l'adaptation de l'oiseau à son milieu de vie. Le gène Bmp4 qu'ils ont identifié, lié au développement de cette extension cornée de la bouche, pourrait avoir joué un grand rôle dans cette spéciation des pinsons.

Si le milieu et ses variations climatiques ont exercé ici une pression de sélection sur les pinsons, les poussant à évoluer pour rester en place (et dans la course), selon la théorie de la reine rouge, la compétition, la prédation ou la coopération entre espèces peuvent jouer le même rôle et pousser les espèces à développer des stratégies relationnelles originales ou exacerbées. Courir de plus en plus vite pour échapper au guépard roi du sprint, posséder des plumes de plus en plus longues et élégantes pour le mâle hirondelle ou gobe-mouches paradis afin de séduire les femelles, ou encore s'épauler et s'entraider pour survivre, comme l'anémone accueillant et protégeant le poisson clown. Pour certains, on assiste à une véritable coévolution et à la mise en place d'une relation intime, exclusive. C'est le cas de nombreuses plantes à fleur, qui ont scellé des pactes avec insectes, oiseaux ou autres vertébrés pour les aider à disséminer pollen et graines.

Il est 8 heures et le soleil a déjà réchauffé l'atmosphère. C'est le début du ballet des colibris, de minuscules oiseaux nectarivores vivant uniquement sur le continent américain. Les ocotillos, d'étranges plantes épineuses de la famille des fouquiéracées, se sont débarrassés de toutes leurs feuilles pour éviter de perdre trop d'humidité durant l'été brûlant, mais sont ornés de plumets rouge vif aux extrémités de leurs tiges. La corolle de leurs fleurs arbore une forme tubulaire étroite et profonde qui ne semble pas le moins du monde gêner les colibris d'Anna au plumage iridescent. Leur long bec effilé s'adapte parfaitement à la forme de la fleur, et, tandis qu'ils lèchent le fond de la corolle et aspirent une gorgée de nectar, les étamines saupoudrent la tête du petit oiseau de pollen qu'il va apporter un peu plus loin en visitant un autre ocotillo et d'autres fleurs. Ici, la relation n'est pas exclusive. Dans la partie texane du désert de Sonora, ce sont des abeilles charpentières qui endossent le rôle de pollinisateurs majeurs des ocotillos, même si elles percent le fond de la corolle pour accéder au nectar. En effet, les chercheurs ont montré qu'avant de tricher pour atteindre le précieux liquide sucré, elles se promènent sur la corolle, comme si elles évaluaient le potentiel et l'intérêt du braquage qu'elles s'apprêtent à commettre. Ce faisant, elles se chargent de pollen… Mais cette coévolution peut se révéler nettement plus exclusive, comme dans le cas de l'orchidée malgache *Angraecum sesquipedale*, qui cache son nectar au fond d'une corolle tubulaire particulièrement longue. Seul un papillon de nuit, le sphinx de Morgan, peut atteindre ces délices grâce à une trompe de 30 centimètres de long et aider la plante à propager son pollen vers l'une de ses consœurs. Dans les îles méditerranéennes vit un arum appelé dragon mange-mouche, dont la fleur velue, de couleur brune, répand une odeur de charogne qui attire divers insectes, dont des mouches pondant habituellement sur de la viande en putréfaction. Lorsque l'insecte se glisse au fond de la corolle en forme d'entonnoir, il se retrouve prisonnier pendant plusieurs heures, jusqu'à ce que les organes mâles du spathe se mettent à produire du pollen. Alors, les dispositifs – des petits poils faisant office de barreaux – ayant enfermé la mouche s'ouvrent pour laisser passer l'insecte, qui se charge au passage de pollen qu'il ira déposer sur la prochaine fleur visitée. La plante use de mimétisme pour leurrer un insecte qu'elle utilise comme pollinisateur. Mais cette plante entretient également une autre relation intime, avec un lézard cette fois-ci. Ce petit reptile utilise la fleur comme chaise longue sur laquelle il prend des bains de soleil, d'abord parce que sa couleur retient la chaleur, mais aussi parce que le dîner – les mouches – est à portée de langue. Sur l'île de Minorque, il y a une vingtaine d'années, un lézard a développé un goût prononcé pour les fruits de cette même plante, goût qui s'est transmis à toute la communauté. Petit à petit, la plante qui était relativement rare ici s'est répandue, par l'intermédiaire des graines contenues dans les fèces de lézards qui sillonnaient l'île[a]. Bel exemple de mutualisme !

De l'intérêt de vivre ensemble

Si certaines espèces jouent les ermites et ne rencontrent des congénères que sporadiquement, à la saison des amours, d'autres sont très portées sur le relationnel. L'image des lycaons, suricates, éléphants ou corbeaux, sans oublier l'homme et pour n'en citer que quelques-uns, vient immédiatement à l'esprit. Une poignée d'espèces poussent même la socialité à son paroxysme, tels les fourmis, les termites, les abeilles ou les rats-taupes nus, pour lesquels la coopération au sein de la communauté se traduit par une division du travail et l'existence de castes spécialisées. Chaque individu travaille ici pour le bien de la colonie et, en règle générale, seule une femelle, la reine, engendre une descendance. Tous sont au service de celle-ci. Les geais bleus de Floride *Aphelocoma coerulescens* sont également particulièrement intéressants de ce point de vue : certains individus, faisant preuve d'un grand altruisme, aident les couples de geais à défendre leur nid et à nourrir les jeunes, sans avoir eux-mêmes aucun accès à la reproduction durant cette période. Cet altruisme s'explique par le fait que la nounou n'est autre qu'un parent. Les geais sont monogames et s'apparient pour la vie, occupant un territoire de manière permanente. De fait, peu de territoires libres sont disponibles. Comme le jeune geai ne commence à se reproduire que vers l'âge de deux ans, il va entre-temps aider ses parents, ses frères et sœurs à élever leur couvée, en favorisant les individus qui lui sont le plus apparentés. L'existence d'un tel comportement tout comme la

a. À ce propos, voir la séquence filmée dans le documentaire de la BBC *Life in Cold Blood* présenté par Sir David Attenborough.

présence d'ouvrières stériles au sein des sociétés d'hyménoptères s'expliquent par la théorie de la sélection de parentèle formulée par le biologiste William Donald Hamilton. Un individu peut transmettre son patrimoine génétique non seulement en se reproduisant, mais aussi en favorisant la reproduction d'individus qui lui sont apparentés – ils possèdent de fait un important pourcentage de gènes en commun –, par le biais de comportements altruistes. Cependant, ces relations d'entraide plus ou moins volontaire ou de réelle coopération ne sont pas limitées aux seules relations intracommunautaires, mais existent également entre individus d'espèces différentes.

Dans le désert de Vizcaino (Mexique), de nombreux pics creusent des nids dans les cardons géants : eux seuls en sont capables, grâce à leur bec puissant et à des muscles leur permettant de piocher sans heurts dommageables pour leur tête fort bien protégée. Une fois que ces nids ont été utilisés pour leur couvée, d'autres espèces jouent les squatteurs et profitent de cette opportunité. Car ici les logements disponibles sont rares et ces HLM végétaux offrent non seulement une certaine superficie, mais aussi une fraîcheur ventilée pendant les périodes les plus torrides de la journée et un abri relativement sûr contre les prédateurs. Deux espèces de chouettes miniatures s'y réfugient, mais aussi des petits passereaux, des faucons crécerelles et même parfois certaines chauves-souris. Quant à la chouette chevêche des terriers, non seulement elle investit les logis souterrains des chiens de prairie, mais elle laisse bien en évidence devant chez elle quelques crottes et bouses de mammifères divers. N'est-elle pas du tout portée sur le ménage ? À moins qu'elle soit une collectionneuse obsessionnelle aux mœurs étranges ? Loin de là, en réalité avec ces fèces la chouette appâte les insectes, histoire d'en avoir toujours quelques-uns à portée de bec. Ainsi, écureuils, coyotes et autres voisins collaborent sans même le savoir avec la chouette. En forêt tropicale d'Afrique de l'Ouest, colobes Diane et colobes rouges se serrent les coudes face aux redoutables chasseurs que sont les chimpanzés. Les premiers, plus sveltes et légers, sont également plus mobiles et jouent les sentinelles à l'extrémité des branches des arbres ; les colobes rouges savent très bien décrypter les cris d'alarme de leurs partenaires. À la moindre alerte, ils s'enfuient.

De tels exemples sont pléthore et impliquent parfois une espèce répondant au nom d'*Homo sapiens*. Ainsi, un oiseau a su établir une relation à bénéfice réciproque avec l'homme mais également avec le ratel, un blaireau vivant en Afrique. L'indicateur est particulièrement doué pour localiser les ruches sauvages d'abeilles, mais, étant de taille modeste et sans bec spécialisé, il ne peut accéder au miel convoité. Aussi va-t-il chanter. Une fois un partenaire potentiel déniché, homme ou ratel, l'oiseau entame sa répétitive mélopée et, quand le contact est établi, l'indicateur volette devant son associé et le conduit, tout en musique, vers les insectes mellifères. Doté de puissantes griffes, le ratel va alors ouvrir la ruche, souvent installée près du sol, puis il se goinfrera de miel. Rassasié, le ratel quitte les lieux et c'est au tour de l'indicateur, à l'appétit plus modeste, de se servir. Lorsque le rôle de l'associé revient à un homme, ce dernier, après avoir enfumé la ruche, prend bien soin de laisser un morceau de rayon ruisselant de miel à disposition pour l'oiseau.

On peut également citer le cas de ces petits labres ayant instauré des stations subaquatiques de nettoyage. Régulièrement, de plus gros poissons font une virée dans ces lieux pour un nettoyage de leur dentition, une inspection en règle de leurs écailles, et ressortent nettoyés de leurs éventuels parasites. En échange de ce service, le petit labre profite d'un bon repas fait de ces « débris » indésirables. Bien que certains de ces clients soient de redoutables prédateurs, le labre n'a rien à craindre, il rend service et sait qu'il ne finira pas dans leur estomac. Il existe toutefois des tricheurs : les *Aspidontus ou blennies mimétiques*, qui ressemblent aux petits labres (on les surnomme aussi faux labres nettoyeurs). Tandis que le patient est tranquillement installé à la station de nettoyage, ils en profitent pour lui arracher des morceaux de chair dont ils se nourrissent. On peut imaginer que l'évolution favorise la mise en place d'une méfiance, or, ce n'est pas le cas, car les tricheurs, assez rares, ne mettent pas en péril l'association durable entre les poissons nettoyeurs et leurs clients.

Ces associations, ici de l'ordre du mutualisme, peuvent également prendre une autre tournure : certains commensaux tirent parti d'une espèce sans rien lui offrir en retour. Les rats et pigeons ayant investi les espaces urbains profitent d'*Homo sapiens* et tout particulièrement de ses déchets sans contrepartie positive, tout comme le rémora, qui s'offre sur la carapace des tortues ou sur les raies un voyage gratuit sans avoir à dépenser d'énergie. Puis les parasites, pompant sans vergogne l'énergie auprès d'un hôte. Les exemples sont nombreux, gui, coucou, douve du foie, *Falciparum* responsable du paludisme, tiques et puces ou encore glochidies, ces larves de moules de rivière qui s'agrippent aux branchies des poissons pour pomper le sang nécessaire à leur croissance.

Mais l'échange de services rend d'autres espèces inséparables. Au pied de nombreux cardons, boojum et ocotillos, des plantes endémiques à cette zone aride de Basse-Californie, on peut observer dans le sable des petits trous de moins d'un centimètre de diamètre, entourés d'un petit cône. Désertés en pleine journée, ils voient leurs habitants souterrains réapparaître au crépuscule. Soudain le silence nocturne est envahi de crépitements, de crissements, de bruissements. Ce sont les fourmis coupeuses de feuilles *Acromyrmex* qui s'activent et déchiquettent à l'aide de leurs puissantes mandibules feuilles et fleurs tombées au sol. Ces fragments sont rapportés sous terre dans des chambres spéciales, où ils seront soigneusement imbibés de salive et mâchés. Mais les fourmis ne les consomment pas. Cette bouillie sert de terreau pour la culture d'un champignon, leur unique aliment. Ces petits insectes ont inventé l'agriculture ! Lors de la fondation de sa colonie, la nouvelle reine emmène un morceau du champignon – une bouture en quelque sorte – issu du potager où elle est née. Mais cultiver une unique variété, un clone du même champignon, entraîne un risque face aux pathogènes. Les fourmis protègent donc leur culture d'une moisissure parasite dévastatrice du nom d'*Escovopsis* à l'aide d'antibiotiques produits par des bactéries vivant sur leur cuticule. C'est uniquement quand la santé de la colonie et celle du jardin déclinent qu'*Escovopsis* peut se mettre à l'œuvre et dévaster le tout en un rien de temps. Or, *Escovopsis* n'est pas un nouveau venu. Il est présent dans les jardins des coupeuses de feuilles – et uniquement là – probablement depuis très longtemps. Ce ménage à quatre : fourmi, champignon, moisissure et bactérie *Streptomyces*, une relation stable sur le plan évolutif, constitue certainement l'un des exemples les plus complexes de symbiose jamais découvert à ce jour. Le champignon est privé de reproduction sexuée, son chapeau gorgé de spores est sectionné et détruit par les fourmis qui en revanche le clonent, de nouvelle colonie en nouvelle colonie. Des analyses d'ADN du champignon cultivé par des fourmis attines à travers le monde ont montré que tous appartenaient à un même clone, vieux probablement de 50 millions d'années, date à laquelle les attines l'ont domestiqué pour la première fois.

Quelques millions d'années plus tard, c'est au tour d'une autre espèce d'inventer l'agriculture et de domestiquer plantes et animaux. Par le jeu de la sélection, l'homme, ici formidable créateur de biodiversité (tout a bien changé depuis !), a engendré l'explosion de variétés de plantes et d'animaux avec lesquels il a commencé à entretenir une relation privilégiée, très semblable à du mutualisme. Une étape cruciale de l'histoire d'*Homo sapiens* qui allait changer la face du monde…

3

L'INVENTAIRE SANS FIN

Férocactus, baleine à bosse, caracara, puceron, méduse cassiopée, cténophore, écureuil roux, chimpanzé, moabi, valériane, casoar, poisson exocet, amanite, paradisier, mymidon, cycas, zygnema ou encore capulide ; cette liste à la Prévert pourrait s'étendre à l'infini ou presque, tant le nombre d'espèces vivant sur cette planète est élevé. À tel point que les scientifiques ne peuvent pas ou difficilement les chiffrer. Sans compter celles ayant d'ores et déjà disparu, reléguées à l'état de souvenirs pour les plus récentes, de fossiles et de traces pour les autres.

À ce jour, 1,8 million d'espèces ont été décrites et soigneusement nommées, cependant, chaque jour, c'est en moyenne 35 nouvelles espèces qui viennent s'ajouter à cette liste. Si certaines font la une des journaux, comme cet étrange crabe yéti du Pacifique oriental (*Kiwa hirsuta)* – mais avec un nom et une allure pareils, il n'y a rien d'étonnant ! –, de nombreuses autres découvertes ne quittent pas les pages des journaux spécialisés qui leur tiennent lieu d'actes de naissance. Or, ce sont 16 000 nouvelles espèces qui sont décrites annuellement par les systématiciens, dont 20 % se révéleront finalement n'être que des frères et sœurs d'une espèce déjà connue, des synonymes.

Au sein de ces 16 000 nouvelles « recrues », certains groupes d'êtres vivants sont plus représentés que d'autres. En tête viennent les insectes, représentant 62 % des nouvelles descriptions, et tout particulièrement les coléoptères. Deux mille trois cents nouvelles espèces de ces insectes caparaçonnés sous leurs élytres colorées ou irisées sont décrites chaque année, ce qui donne une moyenne de six par jour... De quoi donner le tournis et surtout la mesure du travail restant pour répertorier le vivant. Les oiseaux inversement constituent peut-être le groupe ayant été le plus finement inventorié, grâce à une communauté abondante d'ornithologues notamment (et un nombre d'espèces plus limité) ; seule une ou deux espèces sont décrites annuellement. On pourrait imaginer qu'il en est de même chez les mammifères, mais là, ce ne sont pas moins de dix fois plus de nouveaux venus qui font irruption sur les inventaires chaque année, essentiellement des rongeurs, des chauves-souris et des petits primates, animaux pour la plupart cantonnés aux régions tropicales, grand réservoir de biodiversité comme nous le verrons plus loin. Chez les organismes plus petits et peut-être moins médiatisés, l'inventaire n'en est également qu'à ses balbutiements. Le gros intestin de l'homme par exemple abrite à lui seul 10^{14} (cent mille milliards) de bactéries, tandis que le corps humain est constitué de 10^{13} cellules, dix fois moins...

Les débuts de l'inventaire du vivant

Si dans divers manuscrits et livres anciens on retrouve de nombreuses évocations voire descriptions d'espèces animales ou végétales, chaque érudit, chaque homme de science, avait alors sa propre méthode de dénomination et de classification. Il faut attendre le XVIIe siècle pour voir apparaître un système de classification faisant usage d'un nom de genre et d'un nom d'espèce. Gaspard Bauhin, en 1623, dans son *Phinax Theatri Botanici*, distingue ces deux entités nominales, reprises ensuite par Joseph Pitton de Tournefort, qui entreprend une des premières grandes classifications des plantes. C'est cependant au siècle des Lumières que cette activité d'inventaire prend véritablement son essor et que l'on voit émerger le terme de « nomenclature », une « méthode systématique de structuration des dénominations » permettant de classifier aussi bien les plantes que les animaux ou même les pierres. Le botaniste Carl von Linné présente alors, en 1751, une nouvelle nomenclature dite des noms spécifiques essentiels, naturels et factices. Celle-ci reçoit un accueil plutôt froid et donne lieu à de vives polémiques entre spécialistes. Alors que d'autres nomenclatures sont proposées, c'est finalement un autre concept également élaboré par Linné qui retient l'attention, les « noms triviaux », et sera approuvé en 1774 par l'Académie des sciences puis adopté par divers botanistes français. La nomenclature binominale était née. Elle est toujours en vigueur aujourd'hui. Mais Linné ne s'est pas arrêté là et son nom est également resté dans l'histoire des sciences pour avoir entrepris un immense inventaire du vivant. En 1749, il a estimé à 67 000 le nombre d'espèces différentes, comprenant 20 000 plantes, 30 000 vers, 12 000 insectes, 200 créatures amphibies (grenouilles, crapauds, tritons et salamandres), 2 600 oiseaux et 200 quadrupèdes. C'est un inventaire fini. En effet, fils de pasteur, Linné reste très fidèle au mythe biblique de la Création et croit à la fixité des espèces. Il applique la classification binominale dans son œuvre *Species Plantarum*, qui recense et décrit 8 000 plantes, puis, dans la dixième édition de *Systema Naturae* publiée en 1758, il l'applique également au monde animal, parfois avec un peu de fantaisie. Cet ouvrage a depuis été considéré comme l'acte de naissance du système de nomenclature binominale.

Si ce siècle des Lumières est une période d'intense réflexion sur le vivant et sur son organisation, c'est aussi parce que cette époque voit les grands voyages d'exploration naturaliste et plus largement scientifique se multiplier. Ces expéditions sillonnent le globe, cartographient, observent et ramènent dans leurs bagages de multiples spécimens et échantillons. L'une des premières expéditions d'envergure est menée par la naturaliste Anna Maria Sibylla Merian au Panama ; elle ramène de ce voyage avec sa fille les éléments d'un ouvrage sur les métamorphoses des insectes qui signe les débuts d'une entomologie moderne. Puis, les grands voyages prennent le relais, initiés notamment par Louis Antoine de Bougainville, accompagné du botaniste Philibert Commerson (il découvrira une nouvelle fleur au Brésil qu'il nommera bougainvillée), à bord de *La Boudeuse*. Suivent les expéditions de James Cook, qui découvre les côtes de la Nouvelle-Zélande et de l'Australie en compagnie du naturaliste Sir Joseph Banks, ainsi que de nombreuses expéditions vers les terres polaires et des voyages de circumnavigation, tel celui confié au comte de La Pérouse avec ses navires *La Boussole* et *L'Astrolabe*. Si l'objectif premier, souvent politique, est la découverte de nouveaux territoires (de potentielles nouvelles colonies), ces expéditions donnent lieu à de nombreuses découvertes de peuples, d'espèces et marquent l'essor de la biologie et de l'anthropologie. Cette période d'exploration naturaliste connaît son apogée au XIXe siècle avec les voyages de scientifiques tels que Alexander von Humboldt, Aimé Bonpland puis Charles Darwin en Amérique du Sud, Alfred Russel Wallace en Amazonie puis dans l'archipel indo-malais, Henri Mouhot en Indochine ou encore Meriwether Lewis et William Clark en Amérique du Nord. De ces innombrables expéditions seront ramenés des milliers d'échantillons de plantes et d'animaux contribuant à allonger la liste des espèces, qui semble s'étirer à l'infini, mais également de nombreuses observations, terreau pour une meilleure compréhension du monde vivant et l'échafaudage de nombreuses théories, parmi lesquelles celle de l'évolution des espèces.

Les expéditions scientifiques naturalistes n'ont pas cessé pour autant et, si les méthodes d'observation ou de récolte d'échantillons ont quelque peu changé, l'inventaire des espèces a continué et continue encore et toujours. En 2006, à l'initiative du Muséum d'histoire naturelle de Paris, a été lancée la grande expédition SANTO, sur une petite île de Tuamotou dans le Pacifique, visant à répertorier les espèces vivant sur l'île et dans les eaux la baignant. Une expédition parmi tant d'autres. Curieusement, c'est véritablement dans les années 1980, donc très récemment, au moment même où naît le mot « biodiversité », que les chercheurs se rendent compte que le nombre d'espèces est bien plus important que ce que l'on soupçonnait jusque-là.

Les nouvelles technologies au secours du grand inventaire

C'est précisément à partir de cette période et plus largement du milieu du XXe siècle que de nouvelles technologies permettent aux chercheurs d'accéder à des territoires jusque-là inaccessibles. De manière directe, en utilisant des submersibles, des ballons ou d'autres structures aériennes, ou bien indirecte, par le biais de prélèvements, de sondes, etc.

La biodiversité n'est pas également répartie sur la planète ; les forêts tropicales comme les océans sont des lieux de grand intérêt pour qui veut participer à l'inventaire du vivant. Non seulement ces zones restent peu explorées, mais elles regorgent d'espèces. Aussi, l'invention des bathyscaphes, submersibles et sous-marins et le développement de la plongée avec bouteilles ont permis l'exploration du milieu marin, et tout particulièrement des grands fonds en ce qui concerne les trois premiers. En février 1954 se pose le premier bathyscaphe, dénommé *FNRS III*, à 4 050 mètres de fond, au large de Dakar, au Sénégal. C'est à l'inventeur de génie Auguste Picard que l'on doit cet engin : il a transposé le principe du ballon à un sous-marin. Le 23 janvier 1962, le bathyscaphe *Trieste* qu'il a conçu effectue une descente record de 10 916 mètres dans la fosse des Mariannes, piloté par son propre fils, Jacques Picard, et Don

Walsh, officier de l'US Navy (l'engin a été acheté par la marine américaine quelques années après sa conception). Un record qui n'a jamais été égalé depuis.

L'IFREMER, Institut français de recherche pour l'exploitation de la mer, conduit de nombreuses études et plongées dans les océans du globe à l'aide de divers sous-marins et robots dont les plus récents, construits à partir des années 1980, comme le *Nautile*, plongent facilement jusqu'à 6 000 mètres mais sont aussi dotés de puissants projecteurs, d'appareils de prise de vues et de pinces pouvant effectuer des manipulations sur site. Cependant, malgré ces avancées techniques fabuleuses, les temps cumulés de plongée de ces appareils et des chercheurs embarqués à leur bord ne dépassent pas les quelques dizaines de milliers d'heures, ce qui est infime au regard des temps d'observation des scientifiques œuvrant sur la terre ferme. Bien que des robots téléguidés de la surface aient pris le relais, avec des possibilités accrues, l'inventaire des espèces vivant dans les océans n'en est encore qu'à ses débuts. De grandes et étonnantes découvertes ont toutefois déjà pu être effectuées, comme ces sources hydrothermales mises à jour en 1977 par le submersible *Alvin* au cours d'une plongée de 2 500 mètres sur la crête de la dorsale des Galapagos. Là vivent de nombreuses bactéries et une profusion d'autres espèces, baptisées ver tubicole géant, ver de Pompéi ou ver spaghetti, ainsi que des crabes dépourvus d'yeux, des moules et galathées autour de cheminées d'une quinzaine de mètres de haut, émettant des panaches de fumée de 350 °C chargés d'hydrogène sulfuré et de composés métalliques et toxiques. D'autres communautés de ce type ont depuis été découvertes dans les différents océans du globe et plus de 500 espèces différentes y ont été décrites.

À l'autre extrémité, dans les canopées qui tutoient le ciel, d'autres engins allaient offrir l'opportunité de découvrir un florilège d'espèces nouvelles et de mieux comprendre ces milieux. Le Radeau des cimes fut le premier projet un peu fou, imaginé par le botaniste Francis Hallé, l'aérostier Dany Cleyet-Marrel et l'architecte Gilles Ebersolt. Six cents mètres carrés de filets délimités par un réseau de pontons pneumatiques sont transportés par un dirigeable ou un hélicoptère puis posés, à 30, 40 ou 50 mètres du sol, sur une canopée. Descendus de la nacelle dans le radeau, les scientifiques botanistes, zoologues, généticiens ou encore climatologues vont alors, en toute sécurité, pouvoir collecter, observer, photographier, échantillonner. Ce formidable outil qui permet d'étudier la diversité sans la détruire (contrairement aux techniques de « fogging[a] » utilisant des insecticides notamment) a depuis fait des petits. Au cours de leurs nombreuses missions en Guyane, à Madagascar, au Panama ou encore au Cameroun, les trois inventeurs ont développé de nouveaux engins, plus petits et plus simples d'utilisation. Moins onéreux également. La Bulle des cimes par exemple, un petit ballon gonflé à l'hélium de 7,4 mètres de diamètre. Une personne prend place à son bord puis elle va glisser le long d'une corde. Le chercheur pourra mener ses observations aériennes pendant ce temps. Citons encore l'Arboglisseur (utilisé par exemple lors de la mission SANTO 2006) : plus maniable et léger que le Radeau des cimes, il permet tout de même d'emmener deux scientifiques et leur matériel. Grâce à ces inventions, on a pu non seulement découvrir de nombreuses espèces et étudier les interactions entre elles au sein de cet écosystème suspendu, mais également tourner des images fabuleuses de cet océan chlorophyllien, montrant la forêt sous un angle totalement inédit.

Une autre technologie, à un tout autre niveau, est désormais utilisée dans le vaste chantier de l'inventaire du vivant : la génétique. Les généticiens ont mis en évidence le fait qu'un fragment

a. Le « fogging » consiste à projeter des insecticides sur l'ensemble du feuillage d'un arbre, puis à récolter toute la petite faune, asphyxiée, tombant sur le sol où aura été installé un ensemble d'entonnoirs en tissu.

très particulier, un gène de l'ADN mitochondrial, codant pour l'enzyme cytochrome oxydase (COI), présentait une variabilité des plus intéressantes. Au sein d'une même espèce, les différences de séquence du gène sont quasi nulles, mais sont en revanche élevées entre individus d'espèces différentes[1]. Ce gène fut donc sélectionné pour remplir le rôle de barcode moléculaire. Comme les codes-barres figurant sur tous les produits, chaque espèce dispose d'un même système, permettant de l'identifier spécifiquement au niveau taxonomique. Lancé en 2003 par Paul Hebert et son équipe, le projet Barcoding of Life a déjà séquencé la portion d'ADN correspondant à l'enzyme COI de beaucoup d'espèces, oiseaux, poissons et insectes. Depuis, d'autres équipes se sont jointes au projet et, lors de l'expédition SANTO 2006, de nombreux prélèvements ont été effectués sur les mollusques notamment à cette fin.

Un monde perdu… retrouvé

L'existence d'un monde perdu, où batifoleraient encore les derniers dinosaures, faisait fantasmer Sir Arthur Conan Doyle. Il imagina cet endroit aux confins de la forêt amazonienne, sur les hauteurs d'un tepui, et y envoya « son » professeur Challenger ainsi qu'un journaliste, Ed Malone, dans un récit publié en 1912.

Un tel endroit existe-t-il encore ? Peut-on encore trouver des mondes perdus, soustraits à la présence et à l'influence de l'homme ? Hormis le fond des océans, une grande partie de la planète a déjà été explorée, certaines zones étant habitées par des peuples sans contact avec le monde occidental, notamment en Amazonie. Cependant, une expédition menée en 2005 dans le nord-est de la Nouvelle-Guinée, au sein d'une forêt de montagne, pourrait peut-être révéler ce monde rêvé par Conan Doyle, par de nombreux naturalistes et par d'autres scientifiques.

L'histoire commence en novembre 2005. Quoique... En réalité, il nous faut remonter aux années 1890 pour raconter le premier acte de cette aventure. Un bateau arrive alors en Europe en provenance de Nouvelle-Guinée. À son bord, des dizaines de caisses en bois contenant des dépouilles d'oiseaux de paradis destinées à l'industrie de la mode (leurs plumes étaient particulièrement prisées pour l'ornement des chapeaux du fait de leur forme, de leur longueur et de leurs couleurs). En triant le chargement, le commerçant hollandais met de côté les oiseaux qui lui semblent les plus étranges afin de les envoyer à quelques naturalistes de sa connaissance[a]. L'un de ceux-là, un oiseau à berceaux, est adressé à Lord Walter Rotschild en Angleterre, tandis qu'un paradisier noir et blanc part dans un muséum allemand. Il en résulte peu de temps après la description de deux nouvelles espèces, respectivement *Amblyornis flavifrons* par Rotschild et *Parotia berlepschi* par l'ornithologue allemand Otto Kleinschmidt. Deux espèces dont le biotope, malgré la succession d'expéditions en Papouasie-Nouvelle-Guinée, reste inconnu.

Il faut attendre 1979 pour que le mystère de l'oiseau jardinier à front doré (*Amblyornis flavifrons*) soit résolu par le naturaliste Jared Diamond, qui le rencontre lors d'une expédition dans les montagnes Foja, au cœur d'une région indonésienne dénommée à l'époque Irian Jaya (depuis 2002, Papua). Mais rien, absolument rien sur le second oiseau. Il n'en faut pas plus pour titiller la curiosité de l'ornithologue Bruce Beehler, de l'ONG Conservation International, qui commence en 1982 à monter un projet pour partir à la recherche de cet énigmatique paradisier de Berlepsch. Il lui faudra plusieurs années pour rassembler les fonds

a. Il faut noter qu'à cette époque la frontière entre collecte de spécimens pour la science et pour le commerce est très ténue. Alfred Russel Wallace ne finançait-il pas ses expéditions lointaines en vendant à des collectionneurs et des musées une grande partie des spécimens qu'il récoltait sur le terrain ?

nécessaires, et près de dix ans de négociations avec les autorités nationales, régionales et locales pour obtenir tous les permis de recherche requis afin d'accéder à cette région sous contrôle indonésien et très rarement visitée par des étrangers (et pour cause, vu les difficultés administratives !). Mais un autre problème de taille se pose : la zone identifiée est située à plus de 40 kilomètres d'une route et il faut une semaine de treck dans des sous-bois marécageux pour accéder à la forêt de montagne à partir du plus proche village, où les scientifiques comptent atterrir en avion. Lors d'un vol de reconnaissance, Beehler aperçoit une clairière perchée dans la montagne. L'équipe loue en 2005 le seul hélicoptère disponible en Irian Jaya. Il appartient à des missionnaires et ne dispose que de deux fenêtres d'action très serrées pour le dépôt en forêt et le retour, quinze jours plus tard, ce qui n'est pas très rassurant vu les conditions météorologiques très versatiles dans cette zone.

Mais ces deux décennies de péripéties, d'efforts et de planification sont très vite récompensées. À la descente de l'hélicoptère, les scientifiques de l'expédition aperçoivent un oiseau nectarivore qu'ils ne réussissent à trouver dans aucun manuel d'identification. Une nouvelle espèce, le premier nouvel oiseau décrit sur cette île-continent depuis 1939 ! Puis, le deuxième jour, le rêve se réalise. Deux paradisiers de Berlepsch viennent parader à côté du campement monté au milieu de la forêt ! Tous travailleront jour et nuit durant ces deux semaines et au total ce sont vingt nouvelles espèces de grenouilles qui sont découvertes, dont une miniature de 14 millimètres de long vivant dans la litière du sol, cinq papillons, au moins dix plantes et probablement des nouveaux mammifères parmi lesquels un kangourou arboricole. De nombreux autres échantillons ont été ramenés pour analyses et description et il est fort probable qu'y figurent d'autres nouvelles espèces.

Si cette aventure scientifique (qui s'est poursuivie par deux nouvelles expéditions dans les monts Foja en 2007 et 2008) a fait la une de nombreux journaux et magazines à travers le monde, ses découvertes ne sont peut-être pas si étonnantes. Non pas eu égard à leur intérêt, mais plutôt au type d'endroit où elles ont été faites. En effet, comme les profondeurs océaniques, cette région du monde est restée inexplorée et vierge de toute influence humaine destructrice. On y trouve notamment tout un cortège d'animaux plus insolites les uns que les autres, tels l'échidné à long bec, ce mammifère pondant des œufs, des kangourous vivant dans les arbres, des couscous qui n'ont rien à voir avec la petite graine de semoule cuisinée à travers le monde, le casoar ou encore tous ces oiseaux de paradis aux danses nuptiales « abracadabrantesques ». L'histoire de la Nouvelle-Guinée est malheureusement en train de basculer, particulièrement dans la partie est, indonésienne. Cette zone couverte de forêts tropicales est désormais la proie de divers industriels exploitant le bois (le merbau en premier lieu, afin d'approvisionner le marché des parquets de la Chine et de l'Europe tout particulièrement), le gaz ou encore le palmier à huile, une plante dont les monocultures titanesques commencent à envahir ces régions – au détriment de la sylve – afin de répondre à la demande croissante en huile de palme de l'industrie agroalimentaire et à l'explosion des agrocarburants.

En décembre 2008, une équipe de scientifiques des Royal Botanic Gardens de Kew découvre à son tour une forêt oubliée, au Mozambique cette fois, regorgeant d'espèces jusqu'alors inconnues. Sur les monts Mabu, connus des seules populations locales, les chercheurs ont d'ores et déjà découvert trois nouvelles espèces de papillons, une vipère et diverses populations d'espèces d'oiseaux particulièrement rares, parmi lesquelles *Nectarinia olivaceae*, ou encore un caméléon pygmée (*Rhampholeon sp.)*. Et les inventaires et explorations de cette montagne ne font que débuter.

Ces mondes perdus, havres d'une fabuleuse biodiversité, se situent, pour la Papouasie au cœur d'une zone appartenant au réseau des aires protégées indonésiennes, pour le Mozambique en dehors de tout système de parc ou réserve. Espérons juste que leur sort ne sera pas semblable à celui de tant de parcs nationaux et réserves de ces deux pays, dépouillés, au vu et au su des autorités, de nombreuses espèces végétales et animales.

Un inventaire à peine ébauché...

Au-delà de ces nouvelles espèces, les scientifiques découvrent des types d'organisation d'êtres vivants totalement inconnus jusque-là, les conduisant à créer de nouvelles familles, de nouvelles classes et parfois même de nouveaux embranchements. Ce sont les profondeurs océaniques qui offrent le plus de surprises de ce genre : avec une profondeur moyenne de 3 800 mètres, les océans représentent 99 % du volume au sein duquel la vie peut se développer sur la planète Terre. Certains spécialistes estiment le nombre d'espèces vivant dans les profondeurs abyssales entre 10 et 30 millions. Pourtant, c'est un milieu dont on ne connaît rien, ou presque. L'homme connaît bien mieux la topographie de la Lune que la biodiversité des océans, beaucoup plus proches... Les rares photos[a] et les descriptions des « nouvelles » espèces des grands fonds, comme le crabe yéti, titillent notre imagination, car ces créatures inconnues nous semblent issues des divagations d'un savant fou ou d'un artiste farfelu.

S'il ne fait aucun doute que l'inventaire des espèces est loin, très loin, d'être achevé, une question lancinante hante de nombreux chercheurs : comment évaluer ce qu'il reste à décrire ?

Les estimations fusent, les chiffres se succèdent mais ne se ressemblent pas, passant de 10 à plus de 100 millions d'espèces.

a. L'ouvrage *Abysses* de Claire Nouvian (Paris, Fayard, 2006) est une magnifique ode à ce monde inconnu des profondeurs.

Tout ceci ne relevait que de l'hypothèse jusqu'à ce que l'entomologiste Terry Erwin, du Smithsonian Institute, tente une nouvelle approche plus expérimentale[2], en utilisant la technique du « fogging ». Il a isolé dans la forêt tropicale du Panama 19 arbres de la même espèce, *Luehea seemannii*, qu'il a aspergés d'un insecticide fulgurant, puis a examiné en détail la faune recueillie, morte, sous l'arbre (des insectes, des araignées et des myriapodes). Ainsi, il a pu dénombrer quelque 1 200 espèces de coléoptères dont 162 étaient strictement inféodées à la canopée de cet arbre. Partant du chiffre de 50 000 espèces d'arbres dans les forêts tropicales mondiales, il en a déduit que 8 millions d'espèces de coléoptères sont inféodées à leurs canopées respectives. Les coléoptères comptent pour environ 40 % de la diversité entomologique, ce qui par un rapide calcul aboutit au chiffre de 20 millions d'espèces d'insectes vivant uniquement dans cette strate arborée. Par ailleurs, celle-ci compte deux fois plus d'espèces d'arthropodes que le sol et sa couche de litière ; on arrive ainsi par extrapolation à l'estimation de 30 millions d'espèces d'arthropodes dans les seules régions tropicales. Un chiffre qu'il faut évidemment prendre pour ce qu'il est, c'est-à-dire une estimation avec ses faiblesses de raisonnement, ses approximations ; néanmoins, ce fut le premier réel calcul mathématique permettant de donner une idée précise de la diversité du vivant. Depuis, les chercheurs ont affiné leurs estimations ; concernant le seul groupe des insectes, le chiffre le plus cité est désormais de 8 millions d'espèces. À raison de 9 920 espèces d'insectes décrites chaque année, il faudrait plus de 800 années pour finir l'inventaire uniquement de ce groupe d'animaux… Et, lorsqu'on sait que les champignons compteraient de 0,5 à 9,9 millions d'espèces, que les océans renfermeraient 1,4 à 1,6 million d'espèces (dont uniquement 15 % ont été décrits), on imagine très bien le caractère quasi impossible de la tâche. Si on se base sur l'hypothèse la plus restrictive de 10 millions d'espèces sur la planète, il faudrait un millénaire à l'homme pour tout inventorier... Autant dire que ce territoire nommé biodiversité est encore en grande partie *terra incognita* et que le rêve nourri par des générations de naturalistes de décrire exhaustivement le vivant ne sera jamais réalisé. Car, au-delà du nombre d'espèces à inventorier, n'oublions pas que la biodiversité englobe également la connaissance de tous les écosystèmes mais aussi des gènes. Et comment réussirait-on un jour à décrire la totalité des gènes de la totalité des espèces vivant sur la planète ?

4

UN PEU, BEAUCOUP… PAS DU TOUT ?

Au mot « biodiversité », chacun est tenté d'accoler cette vaste forêt tropicale qui abriterait jusqu'à 50 % des espèces de la planète. Est-ce à dire que les autres milieux sont bien plus pauvres voire démunis ?

Si les sylves émeraude caracolent en tête, bien d'autres écosystèmes peuvent se targuer d'abriter une diversité sans pareille et très peu de milieux connaissent l'austérité : les vastes étendues des déserts de sel, peut-être, et quelques autres zones désertiques comme l'Atacama entre le Pérou et le Chili ou bien le continent Antarctique…

En résumé, la vie est (presque) partout, mais très inégalement répartie.

Chaud, chaud, chaud !

C'est cette hétérogénéité dans la répartition et la densité du nombre d'espèces qui a poussé certains scientifiques à proposer un classement des zones en fonction de leur importance biologique, afin de définir des priorités en termes d'actions de conservation. La théorie des *hot spots* ou « points chauds » de la biodiversité fut d'abord ébauchée, en 1988 puis en 1990, par le biologiste Norman Myers dans deux articles publiés dans la revue *The Environmentalist*. Elle fut ensuite affinée avec le concours de nombreux autres spécialistes du domaine, aboutissant en 1999 à la définition précise et à la localisation de ces régions terrestres les plus riches mais aussi les plus menacées[1]. Pour obtenir le statut de « point chaud », une région doit remplir deux critères majeurs : abriter au moins 1 500 espèces de plantes vasculaires endémiques et avoir perdu au moins 70 % de son habitat originel. Vingt-cinq zones ont été identifiées, auxquelles six autres ont été ajoutées quelques années plus tard. Parmi ces *hot spots*, on peut citer la forêt atlantique brésilienne, les forêts guinéennes d'Afrique de l'Ouest, l'archipel japonais, le Sundaland (Sumatra, Bornéo et la péninsule malaise), le bassin méditerranéen ou encore la zone du karoo en Afrique australe. Mises toutes ensemble, ces régions totalisent 44 % des espèces connues de plantes vasculaires et 35 % des vertébrés terrestres sur une surface qui pourtant ne représente qu'un petit 11,8 % de la totalité des terres émergées.

Si cette définition et cette méthodologie ne font pas l'unanimité, elles permettent, comme les écorégions développées par le WWF, de focaliser l'attention sur ces zones particulièrement riches et sensibles, d'agir sur le terrain, de suivre l'évolution de la situation année après année. Une réévaluation minutieuse de la situation des points chauds au début des années 2000 a révélé la tragique situation des îles indo-malaises appartenant au Sundaland. En une décennie, l'exploitation du bois et la conversion des forêts en monocultures de palmiers à huile avaient dévasté une grande partie de ces zones, ne laissant qu'un petit tiers de sylve encore debout, concentré dans la partie indonésienne, la Malaisie ayant joué la carte « palmier à huile » bien plus tôt encore.

C'est l'ONG Conservation International qui a développé ces *hot spots* et les a utilisés pour guider ses actions et ses projets de conservation, et par la même occasion les investissements des donateurs. Cela veut-il pour autant dire que d'autres projets de conservation sur le terrain, n'étant pas inclus dans les zones sélectionnées par Conservation International, n'ont pas ou peu d'intérêt ? Si cela n'est évidemment pas énoncé explicitement, c'est la dérive que l'on peut craindre de ce jeu du classement, duquel seront exclues ou défavorisées des actions pourtant aussi utiles, parfois essentielles, menées par des hommes et des femmes qui ont énormément investi, mobilisant parfois des villages entiers. Inversement, le recensement des points chauds a mis un coup de projecteur sur certaines régions parfois négligées ou méconnues.

Point chaud ou écorégion ?

L'un des reproches majeurs que l'on peut faire à ce recensement, c'est son côté très terre à terre : ne sont répertoriés que des écosystèmes terrestres ! Or, la situation des zones maritimes, majoritaires sur notre planète, est tout aussi préoccupante. En outre, seuls deux critères sont retenus, ce qui est insuffisant, et sans prise en compte d'aucun paramètre abiotique tel que la géologie ou le climat. Face à ces écueils, l'ONG WWF a tenté une nouvelle approche en définissant des écorégions de trois sortes : terrestres, marines et d'eau douce, distinguées par leur morphologie, leur géologie, leur climat, la composition des sols, les ressources en eau et bien évidemment la faune et la flore y vivant. Contrairement aux *hot spots*, caractérisés par l'érosion de leurs contour et surface, les écorégions ne sont pas nécessairement des zones menacées.

Elles appartiennent elles-mêmes à un système plus vaste, les écozones ou régions biogéographiques, au nombre de huit : afrotropicale, antarctique, australasienne, indo-malaise, paléarctique, néarctique, néotropique et océanienne. Celles-ci sont subdivisées en quelque 870 écorégions, parmi lesquelles 238 ont été désignées comme étant les plus représentatives des différents types d'habitat de la planète. On les désigne sous le nom de Global 200. Ainsi, contrairement aux *hot spots*, les zones polaires sont par exemple très bien représentées. Elles ne comptent certes pas un minimum de 1 500 espèces de plantes vasculaires endémiques, mais ont une influence essentielle notamment sur le climat mondial. Il en est de même pour l'écorégion du Mékong, celle de la mer de Barents ou encore celle de la Baltique, pourtant « oubliées » dans l'approche des *hot spots*. Plus complète, cette vision du monde vivant et des écosystèmes permet de ne laisser aucune zone sur la sellette et de réfléchir à la conservation de toutes. Mais, si l'homme n'avait pas une activité si destructrice sur son environnement, les « conservationnistes » n'auraient plus besoin de se fatiguer les méninges pour savoir quelle approche utiliser…

Pourquoi les kakapos vivent-ils sur Maud ?

Pour l'analyse de la répartition géographique de la diversité spécifique, deux paramètres sont particulièrement pertinents : le nombre d'espèces (la définition même de la diversité spécifique), mais aussi l'endémisme, c'est-à-dire la présence exclusive d'espèces dans une zone géographique limitée. Ainsi, la takahé, le kaka, le kakapo, le kahikatea ou encore le kotokutuku sont inféodés aux îles de Nouvelle-Zélande et ne vivent nulle part ailleurs. Tout comme le titi des Andes, inféodé aux contreforts péruviens d'une partie de la chaîne montagneuse éponyme, ou bien encore, beaucoup plus proche de nous, le desman des Pyrénées. Mais comment ces exclusivités se sont-elles développées et pourquoi certains écosystèmes sont-ils plus riches en espèces que d'autres ?

De retour de son expédition dans les forêts tropicales du continent sud-américain, Alexander von Humboldt déclare que ces milieux abritent bien plus d'espèces que toutes les régions du globe, assertion reprise par d'autres explorateurs, puis confirmée par les théoriciens et chercheurs du XXe et du XXIe siècle. De fait, ce qui est frappant lorsque l'on est immergé dans le dédale de la vaste forêt de la réserve péruvienne de Pacaia Samiria, c'est le nombre d'animaux qu'on rencontre en un minimum de temps. Tamanoir géant traversant un bras de rivière, vol d'ara bleu et jaune, groupe de capucins bruns (sajous) curieux venant nous observer d'une branche surplombant le passage de la pirogue, sauterelle vert pomme, anaconda lové dans un buisson, caïman à lunette et dauphins roses de l'Amazone, dans une fascinante diversité de formes végétales, arbres, lianes, épiphytes, buissons et herbacées. Inversement, sous les latitudes polaires, le nombre d'espèces d'animaux et de plantes se compte sur les doigts de la main et le nom de chacune d'entre elles est bien vite apprivoisé. Entre ces deux extrêmes existe un gradient, dit latitudinal de diversité. Mais ce dernier suit-il une règle ? Humboldt, précurseur en la matière, fit également le constat que le nombre d'espèces était proportionnel à la taille de la région : les surfaces plus grandes sont plus riches en espèces. Bientôt, d'autres biologistes tentèrent de mettre cette diversité spécifique en équation et, en 1921, l'écologue danois Olaf Arrhenius proposa la formule $S = CA^z$ où S représente le nombre d'espèces, A la surface de la région et C et z des constantes à définir en fonction du contexte. Bien que de facture très simple, cette équation est vérifiée à l'échelle d'îles ou de continents, tant pour les plantes que pour les animaux et même les fossiles, mais reste un peu hasardeuse dès lors que l'on s'aventure dans les océans. Si la constante C ne pose pas de réel problème, le calcul de la valeur théorique de z est un véritable casse-tête qui occupe les écologues depuis plusieurs décennies. Bien que cette formule n'ait toujours pas été démontrée, nombreux sont les chercheurs qui la considèrent comme l'une des lois – si rares dans ce domaine – générales de l'écologie.

Si la biogéographie, cette discipline consistant à étudier la répartition des espèces sur le globe, est née au XIXe siècle avec les travaux de Humboldt mais également d'Aimé Bonpland puis d'Alfred Russel Wallace, Charles Darwin ou Sir Julian Huxley, elle connaît un changement de cap dans les années 1960. D'abord descriptive, la biogéographie commence à fouiller dans l'histoire de l'évolution des faunes, puis des flores. Cette approche, ébauchée par Darwin, Wallace ou Huxley, est développée par Ernst Mayr. Le kakapo, ce perroquet ne volant pas, ne vit aujourd'hui que sur trois îles de Nouvelle-Zélande, Maud, Codfish et Little Barrier. Pourquoi est-il cantonné à cet archipel et n'existe-t-il nulle part ailleurs ? De même pour les lémuriens cloîtrés sur l'île-continent de Madagascar ou ces marsupiaux dont la majorité sont australiens bien que certaines espèces (opossum de Virginie ou opossum-souris commun) aient colonisé le continent américain. La biogéographie entre alors dans le domaine prédictif et s'efforce, avec les travaux de George E. Hutchinson, Robert MacArthur et Edward O. Wilson, d'expliquer les processus d'immigration des espèces, de colonisation des milieux, de renouvellement et de structuration des communautés d'espèces mais aussi d'extinction.

Après cette phase prédictive, la biogéographie est désormais entrée dans une phase expérimentale : diverses hypothèses sont testées grâce à la création artificielle de milieux et de communautés d'espèces. C'est également cette démarche qui est utilisée pour tenter de mieux comprendre les effets de certains facteurs naturels ou artificiels induits par l'homme, comme la pollution ou le réchauffement climatique. Un vaste champ expérimental est ouvert depuis quelques années dans les serres de l'écotron[a],

a. L'écotron est une station de recherche rassemblant diverses infrastructures dédiées à l'étude, dans des conditions contrôlées, de la réponse des écosystèmes et des organismes aux modifications anthropiques de l'environnement.

en Europe notamment. Mentionnons également les travaux sur les pratiques agricoles et leurs rendements menés par l'INRA de Versailles, comparant cultures intensive, biologique, intégrée et sans labour, ou ceux de la station de recherche de Rothamsted. C'est en 1843 que celle-ci fut fondée, sur l'initiative de John Bennet Lawes, propriétaire du terrain, et de son collaborateur scientifique, un chimiste, Joseph Henry Gilbert. Lawes s'intéressait de très près aux effets des engrais sur la croissance des végétaux et monta sa propre entreprise de fabrication d'engrais chimiques. Mais son activité ne s'arrêta pas là : en 1843, il initia avec Gilbert une série d'expériences de terrain destinées à mesurer l'effet des engrais naturels et chimiques sur les cultures – elles continuent encore à ce jour. Ces données sont éminemment précieuses car les scientifiques disposent aujourd'hui d'un siècle et demi d'échantillons, conservés précieusement à Rothamsted, leur permettant d'étudier l'évolution au fil des années de la composition des sols, notamment de leur acidité, et de la présence de certaines substances polluantes telles que les PCB.

Mais revenons à la biogéographie descriptive, à l'endémisme et au kakapo. En règle générale, le taux d'endémisme dans une région indique le degré d'isolement de celle-ci : plus elle est séparée par diverses barrières naturelles (ou anthropiques) de ses voisines, plus le taux d'endémisme sera élevé. Les montagnes, lacs et îles font partie de ces zones. Il faut cependant distinguer deux types d'endémismes : le néo-endémisme, l'apparition de nouvelles espèces à la suite de l'isolement d'une région, et le paléo-endémisme, conséquence de la disparition de l'espèce d'une partie de son ancienne aire de répartition et de son cantonnement à de petites zones isolées. Ainsi, le kakapo, dont la répartition est limitée à trois îles, vivait autrefois dans tout l'archipel néo-zélandais. C'est une espèce résultant à la fois d'un néo-endémisme, puisqu'elle a évolué en isolement sur l'archipel, zone reculée par excellence, et d'un paléo-endémisme, puisqu'elle a disparu plus récemment d'une grande partie de son aire originelle de répartition, à cause de l'action de l'homme et de l'introduction d'espèces invasives, comme les furets ou les chats domestiques.

Immigration choisie

Les îles, de par leur situation très particulière, sont un terrain de choix pour les biogéographes, avec une mention toute particulière pour les plus récentes, en plein processus de colonisation.

Alors que le ferry s'approche de l'île d'Heimaey, dans l'archipel des Vestmann en Islande – dont les falaises abritent l'une des plus importantes colonies de macareux moines, que je suis venue observer –, je distingue au loin, dans la brume (et la bruine) matinale, les contours d'une île montagneuse : Surtsey. Une île où seule une poignée de scientifiques sont autorisés à se rendre afin de ne pas perturber les mécanismes biologiques de la colonisation en action. C'est le 14 novembre 1963, à 130 mètres sous la mer, que Surtsey est née, résultat d'une immense éruption volcanique qui devait durer jusqu'en juin 1967 et déverser tant de lave qu'une île de 2,7 kilomètres de long et 173 mètres de haut se forma. Une fabuleuse opportunité pour les biologistes, qui allaient pouvoir suivre l'évolution de la colonisation de l'île par les plantes et les animaux. L'éruption est encore loin d'être achevée en 1965, mais une première plante fait déjà son apparition sur le sol de lave : non pas un lichen ou une mousse, espèces pionnières pourtant, mais une plante à fleur, *Cakile edentula*, transportée par le vent ou bien par un oiseau ayant survolé le site. Puis, en 1966, c'est au tour d'une araignée de débarquer sur les rivages de cette île nouvellement formée, très certainement portée par un bois flotté. En retard, les mousses débarquent sur Surtsey en 1968 et les lichens deux années plus tard. Avec les mousses sont arrivés les premiers oiseaux, des fulmars et des guillemots, dont le guano constitue un fertilisant essentiel pour la flore. Grâce à l'installation à demeure des premiers volatiles, le sol se modifie et permet bientôt l'installation d'un premier buisson, un saule nain. Depuis, ce sont environ deux à cinq nouvelles espèces qui élisent domicile sur Surtsey chaque année, dont des vers de terre, des limaces, des coléoptères mais aussi des mouettes et des macareux, et des relations se sont nouées entre certains organismes, pour l'instant essentiellement de l'ordre prédateur/proie. En Indonésie, l'Anak Krakatoa, autre île volcanique créée par une grande éruption, celle du volcan Krakatoa à la fin du XIXe siècle, offre elle aussi un laboratoire grandeur nature pour l'observation de la colonisation par la faune et la flore.

Cependant, la diversité spécifique insulaire reste toujours inférieure à celle d'autres espaces plus vastes et comptant moins de barrières géographiques, qui limitent les possibles émigrations et immigrations. (Ce qui ici est appelé île peut être constitué par d'autres entités isolées, telles qu'un lac, une péninsule, un îlot forestier au milieu de cultures, etc.) De plus, les espèces établies sur des îles forment des populations relativement restreintes et sont plus sensibles aux perturbations, maladies ou autres pouvant entraîner leur extinction. Toutes ces constatations empiriques ont conduit à l'énonciation d'une théorie de la biogéographie insulaire par MacArthur et Wilson, corrélant notamment la distance séparant l'île du point d'origine de la colonisation (le continent par exemple) et la vitesse de cette dernière. Bien que dépassée aujourd'hui du fait qu'elle ne prenait pas en compte le caractère hétérogène des paysages et donc la diversité des types d'îles, cette théorie reste un outil conceptuel de base, utilisé notamment en conservation.

Pourquoi la forêt tropicale est-elle si riche ?

En tête des milieux les plus riches caracolent les forêts tropicales et les récifs coralliens. La moindre immersion dans l'un de ces deux écosystèmes est à cet égard édifiante. Les barrières de corail ceinturant atolls et autres îlots tropicaux fourmillent de bancs de poissons scintillants, de toutes couleurs et motifs – à taches, à rayures ou unis –, et d'une myriade d'autres espèces. Dans les sylves tropicales, on ne croise pas de hordes d'animaux comme cela peut être le cas dans les savanes d'Afrique de l'Est par exemple (ce milieu détient le record de biomasse par surface), mais un petit nombre d'individus d'une multitude d'espèces différentes. À tel point qu'on aperçoit rarement deux fois le même insecte, à moins d'être spécifiquement à sa recherche. Les forêts du bassin de l'Amazone abritent par exemple 7 500 espèces de papillons connues à ce jour, contre une soixantaine seulement en Grande-Bretagne. De la même manière, le nombre d'essences d'arbres sur un hectare est étourdissant, plus de dix fois supérieur à ce que l'on observe dans une forêt tempérée, européenne.

Ce foisonnement d'espèces doit avoir une cause, historique ou biologique, et c'est ce que de nombreux chercheurs se sont efforcés de découvrir. L'une des hypothèses les plus communément admises pour expliquer cette diversité fait appel aux facteurs externes et aux fluctuations climatiques. Ainsi, au pléistocène, les grandes glaciations provoquent des changements majeurs. Selon l'hypothèse, la baisse du niveau des océans a provoqué de grandes périodes de sécheresse au niveau des Tropiques. Les zones de forêt sont perturbées, et les régions d'altitude isolées. Les sommets des montagnes et les tepuis deviennent de véritables îles, coupées de leurs voisines par de vastes étendues desséchées. Chaque petite zone aurait alors évolué indépendamment des autres et, lorsque la période glaciaire prend fin, les nouvelles espèces créées peuvent à nouveau se disperser et coloniser les régions voisines, augmentant la richesse spécifique globale.

Cependant, des études récentes viennent contredire ce scénario. Alaine Whinnett[2] et son équipe ont mené une étude sur les papillons en Amazonie péruvienne, le long du fleuve Hual-laga. Le séquençage des gènes de l'ADN mitochondrial codant pour les deux enzymes COI et COII utilisés comme codes-barres moléculaires a permis de dater l'ancienneté des différentes espèces étudiées, appartenant à différents genres, dont *Melineae* et *Oleria*. Lorsque les séquences d'ADN de deux espèces présentaient beaucoup de similitudes, cela indiquait une séparation et une évolution récentes, et inversement. Le genre *Melinaea* présente un véritable foisonnement d'espèces différentes, toutes relativement jeunes, à peine âgées de quelques centaines de milliers d'années, tandis que le genre *Oleria* ne comprend que très peu d'espèces, très âgées, nées il y a des dizaines de millions d'années. Or, ces deux genres cohabitent dans une même zone géographique relativement restreinte ; ces différences de rythme évolutif ne peuvent donc être imputées à un facteur externe, qui aurait dû toucher les deux genres en produisant le même type de conséquences. Aussi, ce ne seraient pas des conditions externes qui auraient été en cause dans les schémas d'évolution des espèces, mais plutôt des facteurs d'ordre biologique, propres à chaque genre et à chaque espèce, tels que la compétition pour les ressources alimentaires.

Néanmoins, si les glaciations n'ont pas contribué à une évolution rapide du nombre d'espèces, elles ont entraîné des extinctions de masse dans les zones tempérées. Depuis la fin des dernières glaciations, les espèces ayant survécu n'ont pas disposé de suffisamment de temps pour foisonner et évoluer en une myriade d'autres. Sous les Tropiques (en forêt ou bien en mer), les bouleversements climatiques furent moins rudes et moult espèces anciennes ont pu survivre, continuer leur évolution et leur diversification spécifique, et donc se multiplier.

5

L'ÉQUILIBRE N'EXISTE PAS !

L'image est usée, le discours, rodé. La nature, c'est un équilibre. Un château de cartes fragile mais stable si tant est que chacune de ses pièces reste en place. Cependant, qui dit équilibre dit immobilité, état statique. Or prenons, au hasard, une population de rongeurs, ou des lapins de garenne : peut-on parler de stabilité ? Pas tout à fait puisque plusieurs portées par an entraînent une augmentation exponentielle de la population. La vie est en expansion, continuellement. Ce qui amène l'écologiste Charles Elton à postuler que « l'équilibre de la nature n'existe pas et n'a probablement jamais existé. Les effectifs des animaux sauvages varient constamment à un degré ou à un autre, et ces variations sont habituellement irrégulières dans leur périodicité, toujours dans leur amplitude. Chaque variation dans les effectifs d'une espèce a des répercussions directes et indirectes sur les effectifs des autres, et, parce que beaucoup de ces dernières fluctuent elles-mêmes de manière indépendante, il en résulte un désordre remarquable[1] ».

La vie n'a donc rien de statique. Alors comment expliquer cet équilibre apparent et la relative stabilité des populations (*Homo sapiens* mis à part) ? Reprenons nos petits rongeurs et nos lapins. Un couple de rats va donner naissance à une moyenne de 7 à 10 jeunes par portée et ce, 6 à 8 fois par an. Soit 42 à 80 ratons annuellement qui, dès l'âge de 10 semaines, vont à leur tour pouvoir se reproduire. En l'absence de mécanismes de régulation, nous serions vite envahis par les rats, ce qui visiblement n'est pas (encore) le cas. En effet, la disponibilité en quantité finie des ressources, la présence de prédateurs, de parasites et de compétiteurs sont un frein à cette croissance de la population de rats, et permettent de créer un état de relatif équilibre. Si cet équilibre, dit dynamique, est rompu, par la disparition d'un prédateur par exemple, les rats pourraient vite devenir envahissants et mettre à mal l'écosystème dans son ensemble (ce qui se produit avec les introductions d'espèces, voir chapitre 6).

N'est-ce pas exactement ce qui est en train de se jouer avec l'explosion démographique humaine ? Ne sommes-nous pas confrontés à ce problème de la limitation des ressources alimentaires et énergétiques, ainsi qu'à l'épuisement d'autres matières premières ?

Suicide dans la toundra

Enfant, j'ai entendu parler du suicide des lemmings. Lorsque les ressources de nourriture deviennent insuffisantes pour subvenir à leurs besoins, ces petits rongeurs se jettent du haut d'une falaise dans un dernier acte désespéré. Cette histoire m'a profondément marquée et ce n'est que quelques années plus tard, lorsque j'ai commencé à étudier la biologie et plus particulièrement l'écologie, que j'ai compris cet étrange comportement. Les lemmings ne sont pas des animaux suicidaires, comme le veut la légende, mais leurs populations sont soumises à de très importantes fluctuations cycliques, comme celles d'autres espèces, telles que les lièvres arctiques. Les populations explosent régulièrement d'un facteur 100 ou 1000 – le sol de la toundra se couvre alors de ces rongeurs – puis s'effondrent soudain. Quelles peuvent être les causes de telles fluctuations ?

Charles Elton, le père de l'écologie des populations, était convaincu que la clé du mystère résidait dans les variations climatiques, et il étudia les effectifs des lemmings en corrélation avec les données climatiques sur un grand laps de temps sans que cela soit concluant. Le mystère lemming restait entier. De nombreuses équipes de chercheurs suivirent les traces d'Elton et, en 2003, une étude publiée par Olivier Gilg, Ilkka Hanski et Benoît Sittler[2] proposa un nouveau modèle pour expliquer ces cycles. Ce seraient quatre prédateurs, hermine, renard polaire, chouette harfang et labbe à longue queue, qui influeraient sur les fluctuations des lemmings à collier, tous les quatre ans environ. L'hermine, basée à l'année sur la zone, tient le premier rôle, tandis que les trois « seconds rôles » ne la rejoignent que pour la saison estivale. Ces chercheurs ont étudié pendant quinze années les populations de ces espèces et ont montré que les cycles de population des hermines suivent ceux des lemmings à collier. Rien d'étonnant à cela quand on sait que l'hermine est monomaniaque et ne mange que ces petits rongeurs. Quant aux trois autres prédateurs, ils sont plus généralistes et amateurs de nombreuses proies. Le lemming, ils l'inscrivent à leur menu en période d'abondance. Alors, ils se goinfrent, accompagnés dans leur festin par les hermines, qui deviennent de plus en plus nombreuses et freinent ainsi la croissance trop rapide des populations de rongeurs, jusqu'à la faire chuter au plus bas. C'est le moment où les seconds rôles quittent la scène et migrent vers des zones plus clémentes, hiver oblige. La saison suivante, nombreuses sont les hermines qui n'ont pu survivre face à la faible quantité de lemmings, et harfangs, labbes et renards se tournent vers d'autres proies. Le lemming est plus tranquille et les populations s'étoffent… jusqu'au prochain pic, où un nouveau cycle recommencera.

Cet exemple fait désormais office de référence en écologie des populations, car il est finalement relativement simple, ne fait intervenir qu'un seul facteur externe (les prédateurs), et sa modélisation permet de mieux étudier des réseaux trophiques bien plus complexes.

Vie et mort des espèces

Les espèces ne sont pas éternelles… contrairement à ce que véhiculent les idées et les convictions héritées de la religion chrétienne. C'est à un certain Georges Cuvier que l'on doit la naissance de la paléontologie. Cela peut paraître curieux de la part d'un fervent partisan du fixisme, une conception de la vie dérivée du créationnisme s'appuyant sur la Bible. Ainsi, selon Cuvier, il n'y aurait pas eu une Création unique sur la planète, âgée selon les textes religieux de 6 000 ans, mais plusieurs successives. Pour lui, ce n'est pas l'imperfection de certaines espèces qui aurait causé leur perte, car cela remettrait en question la capacité de Dieu à créer des êtres fixes et parfaits. Ces nouveaux épisodes de création feraient suite à de véritables catastrophes ayant laissé pour seules traces les fossiles des espèces disparues. Ainsi, les espèces qu'observe Cuvier sont constituées de tous les survivants de la faune et de la flore des origines de la Création. Hors de question d'imaginer que les espèces puissent se transformer, pire, évoluer, aussi Georges Cuvier s'oppose-t-il violemment à certains de ses contemporains, comme Jean-Baptiste Lamarck (qui contribue également à la naissance et au développement de la paléontologie) ou Geoffroy Saint-Hilaire. Avant Cuvier, les fossiles fascinaient déjà de nombreux hommes de sciences et lettrés, tels que Pline l'Ancien, Aristote ou le Chinois Shen Kuo au XIe siècle. Le terme de « fossiles » désignait alors aussi bien les restes d'êtres vivants que tout ce que l'on pouvait trouver dans le sol. Au Moyen Âge, en Occident, ces fossiles étaient interprétés comme des traces du Déluge biblique. Inutile de préciser qu'on ne connaissait nullement l'existence des temps géologiques, concept élaboré par Buffon au XVIIIe siècle ! Shen Kuo, ayant observé la présence de fossiles d'animaux marins dans les roches d'une montagne chinoise située à plusieurs centaines de kilomètres des côtes, en déduisit que ces roches avaient dû, au cours de leur histoire, se situer au niveau de la mer.

Si Cuvier et Lamarck se plongent respectivement dans l'étude de fossiles de vertébrés et d'insectes, il faudra encore attendre quelques années pour que cette discipline naissante soit baptisée. C'est l'un de ses disciples, Henri Ducrotay de Blainville, qui, après avoir proposé les mots de « paléozoologie » ou encore « paléosomiologie », suggère en 1822 le terme de « palaeontologie », très vite devenu « paléontologie ». Quant aux fossiles, ils sont définis comme les « dépouilles des corps vivants altérés par leur long séjour dans la terre ou sous les eaux, mais dont la forme et l'organisme sont encore reconnaissables ». Cette discipline va se développer en même temps que la géologie, également très récente.

Une certitude s'impose avec les premiers résultats obtenus par ces nouvelles disciplines : le monde n'a pas toujours été comme nous le voyons ; il était autrefois peuplé de quantité d'animaux (et de plantes) aujourd'hui disparus. S'ensuit un immense chantier de reconstitution encore largement lacunaire. Le passé se reconstruit petit à petit, certains découvrent des fossiles aux contours étrangement humains, d'autres des libellules géantes, des ammonites, des trilobites, des paresseux géants ou encore des reptiles étranges, plus imposants que les plus gros mammifères connus et que l'on rangera dans une nouvelle catégorie : celle des dinosaures.

Dans cette histoire qui s'ébauche, les paléontologues notent un grand foisonnement de fossiles concentrés à certaines périodes très précises, tandis que dans les intervalles ils trouvent relativement peu de chose : ce sont des épisodes d'extinction massive. Ainsi, si le processus de vie, mort et évolution des espèces est continu, parfois il s'emballe et les disparitions d'espèces s'accélèrent. Il y a eu cinq crises majeures d'extinction et de nombreuses autres de plus faible ampleur. La première se déroule à la jonction entre l'ordovicien et le silurien, il y a 435 millions d'années, et voit un tiers de la faune marine disparaître. Il y a 365 millions d'années, ce sont les récifs coralliens, les poissons primitifs et les trilobites qui disparaissent en masse. La crise suivante, il y a 250 millions d'années, bat tous les records : 90 % des espèces périssent. Elle est suivie 40 millions d'années plus tard par une autre crise majeure voyant l'extinction de nombreux nautiloïdes, d'amphibiens et de reptiles. Mais la plus connue d'entre toutes reste la dernière crise d'extinction en date, qui a marqué la fin des dinosaures puis l'avènement des mammifères, il y a 65 millions d'années.

Et les causes de ces cataclysmes, me direz-vous ? Trois éléments sont susceptibles de provoquer ce vaste chamboulement. Le réveil de volcans, tout d'abord, projetant parfois dans l'atmosphère d'énormes quantités de poussière et de cendres. Celles-ci l'obscurcissent tant et si bien que le soleil ne peut plus jouer pleinement son rôle de radiateur planétaire. Or, sans soleil, c'est toute la chaîne de la photosynthèse qui est perturbée. Et, si les plantes meurent, les animaux sont touchés à leur tour, les chaînes alimentaires s'écroulent – sans compter l'effet du froid. L'ennemi peut aussi venir d'ailleurs... Les chutes de météorites par exemple peuvent entraîner des tsunamis, des rejets de gaz toxiques ou encore de vastes feux de forêt. Enfin, l'explosion démographique d'un groupe d'animaux prédateurs, comme ce fut le cas des nautiloïdés (mais aussi de l'homme, à l'œuvre dans la sixième extinction en cours), crée une telle pression sur d'autres espèces que celles-ci risquent de disparaître en masse.

Il faut cependant noter que chaque extinction massive a été suivie d'explosions radiatives : de nombreuses espèces nouvelles ont évolué à partir des survivantes afin de prendre place dans les niches écologiques laissées vacantes. Ces épisodes semblent suivre un certain rythme cyclique, même si le foisonnement d'hypothèses et de théories n'a pas encore été complètement élucidé.

Quant à la sixième extinction de masse, nous la vivons actuellement, mais ceci sera le thème de la deuxième partie…

L'hypothèse Gaïa

Revenons aux années 1980. Parallèlement à la naissance du concept de la biodiversité émerge un autre terme intimement lié au vivant, qui est vite érigé en théorie. « Gaïa » n'est pas un mot nouveau puisqu'il désigne une déesse de la mythologie grecque personnifiant la terre, une déesse redoutable à laquelle les ouvriers de la terre, les agriculteurs, savent qu'il faut prêter une grande attention. Elle donne notamment naissance à Ouranos (le ciel), Pontos (la mer, les flots), Ourea (les montagnes), mais aussi aux cyclopes et aux titans. Énoncée par le chercheur James Lovelock, l'hypothèse Gaïa avance que toute la matière vivante sur la terre, la biomasse, influe sur la planète dans son ensemble et fonctionne comme un super-organsime capable d'autorégulation. La terre est une « planète vivante ». Chaque espèce verrait donc son existence contrôlée et disciplinée au profit de l'ensemble de l'écosphère (système formé par la biosphère, son substrat géologique ainsi que l'atmosphère), et les conditions de vie seraient modifiées par la biomasse elle-même pour devenir plus hospitalières. Ce que dit finalement l'hypothèse de James Lovelock, c'est bel et bien que tout sur terre – les êtres vivants, les sols, l'atmosphère, les climats, les mers et océans – est lié et doit être considéré désormais comme tel, alors que nous avions jusqu'ici toujours séparé ces entités. Le maître mot devient ainsi « interdépendance ». Derrière cette nouvelle vision de la terre se cache un message, que Lovelock veut crier au monde : la terre, devenue entité vivante, doit être respectée, choyée. Car finalement, comme l'explique la philosophe Isabelle Stengers dans une analyse de l'hypothèse Gaïa[3], « plutôt que de protéger la Terre-mère contre nos agressions, il s'agit de nous protéger nous-mêmes contre l'éventualité qu'elle se débarrasse de nous, comme nous nous débarrassons, d'un haussement d'épaules, de l'insecte qui nous chatouille ».

Cette hypothèse cependant ne fait pas l'unanimité et, si certains mécanismes d'homéostasie sont bel et bien à l'œuvre au sein de la biomasse et de l'écosphère, la participation de ces régulations à un schéma plus global prête encore à débats et discussions. Pour certains, cette hypothèse entrerait en conflit avec la théorie synthétique de l'évolution ou néodarwinisme. Avant tout, pour être véritablement considérée comme un organisme à part entière, il manque à la planète des aspects clés, constitutifs de la condition même d'un organisme vivant et de son évolution – la pression de sélection sous la forme de relation prédateur / proie par exemple. La terre en outre ne se multiplie pas et ne se reproduit pas. Certes elle reçoit et se nourrit des rayons solaires perçant son atmosphère, mais seuls des organismes vivants qui l'habitent ont la capacité de transformer cette énergie en matière organique.

Certains se sont engouffrés dans la brèche et ont brandi cette nouvelle théorie, terreau propice au développement de nouveaux courants idéologiques et religieux, allant jusqu'à attribuer des intentions voire une conscience à l'écosphère, à Gaïa. Cette dérive mystique est peu surprenante car elle était déjà à la base de certaines conceptions mythologiques et religieuses, notamment dans des ethnies amérindiennes. L'hypothèse Gaïa a également fait son entrée en politique, tout particulièrement dans les mouvements écologistes. L'homme, bien évidemment partie intégrante de Gaïa, aurait un rôle majeur : en luttant contre le réchauffement climatique, il pourrait rétablir l'équilibre perdu.

Du fait de ses contours fuyants et du foisonnement de théories dans et hors du champ scientifique auquel elle a donné lieu, il paraît difficile de valider cette hypothèse. Mais n'est-ce pas trop simple d'abandonner ici la partie ? N'est-ce pas faire le jeu des détracteurs de l'hypothèse Gaïa ? Qui se révèle finalement fort gênante : la terre ne serait pas totalement soumise à l'homme. Dans une vision religieuse, la terre et ses ressources ont été créées pour les hommes, ordonnées pour répondre à leurs besoins et leur permettre de les exploiter sans aucune limite (car elles sont disponibles à l'infini). Ce qu'ils ont fait et continuent de faire, d'où cette inexorable érosion de la biodiversité et cette dégradation des milieux. Reconnaître à la terre une existence supérieure, un caractère vivant reviendrait à remettre profondément en cause notre mode de vie prédateur et notre relation au monde qui nous entoure. Or, sommes-nous réellement capables de mener cette révolution intérieure profonde ? Je crains que le présent et le futur qui s'annonce ne nous donnent d'ores et déjà la réponse, qui n'est malheureusement pas celle que l'hypothèse Gaïa devrait susciter.

II

LE GRAND PILLAGE

6

LA COMPLAINTE DU PINGOUIN

Il était grand, habillé d'un élégant costume noir et blanc. Costaud également et excellent plongeur. C'était un VIP sur les falaises et côtes européennes où il avait élu domicile. C'était… En effet, le grand pingouin, de son petit nom *Pinguinus impennis*, a disparu en 1844, à tout jamais. Victime de sa belle allure et de son côté dandy mais aussi de ses piètres performances aériennes. Le responsable, c'est l'homme, les pêcheurs tout d'abord, puis, quand il fut devenu de plus en plus rare, les collectionneurs. Arraché à la vie alors qu'il accédait tout juste à la fleur de l'âge : à peine quelque 100 000 ans d'existence, ce qui est très peu pour une espèce !

Que s'est-il passé exactement ? Un petit voyage dans le temps s'impose pour comprendre la tragédie du pingouin. Son arbre généalogique prend racine au paléocène, il y a 65 millions d'années : c'est la date de « naissance » de ses lointains ancêtres. Le genre *Pinguinus* s'est différencié il y a une poignée de millions d'années, comme le suggèrent certains fossiles, et le grand pingouin avait déjà ses quartiers sur de nombreuses côtes européennes lorsque les premiers *Homo erectus* sont arrivés sur le Vieux Continent et ont commencé à jouer avec le feu. Il y a 10 000 ans, le volatile est présent de l'Islande à Madère, en passant par Jersey, le Portugal et les rivages de la Méditerranée occidentale. Ensuite arrive un âge de glace, qui ne pose pas de gros problème au pingouin. Avec le redoux, il va étendre son aire de répartition au Groenland, à Terre-Neuve et finalement à toute la zone Atlantique-Nord. C'est le seul oiseau aptère à avoir jamais vécu dans cet hémisphère, une caractéristique qui lui fut d'ailleurs fatale. En effet, ceux que nous appelons encore parfois pingouins, par une traduction erronée du terme anglais *« pinguin »*, n'ont aucun lien familial avec *Pinguinus*. Ce sont des manchots, des sphéniscidés et non des alcidés. Qui plus est, ce sont des sudistes qui ne fréquentent jamais la moitié nord de la planète. Seul point commun : leur allure générale et leur incapacité de voler.

En pleine préhistoire, l'homme n'était encore qu'un « oiseau rare », un prédateur qui faisait parfois rôtir un grand pingouin, mais les densités de populations humaines restaient faibles et elles ne prélevaient que ce dont elles avaient besoin. Cependant, tout allait très vite changer, car l'homme est une espèce qui réussit plutôt bien à survivre. Une sorte de baby-boom préhistorique eut pour conséquence la colonisation progressive de nouvelles régions, de nouveaux milieux. Puis, l'homme se mit à tailler des silex, entre autres pierres, et donc à fabriquer des armes qui se révélèrent de destruction massive pour la faune.

Le grand pingouin devait cependant être vénéré, comme en atteste cette étonnante représentation de trois d'entre eux dans la grotte Cosquer, près de l'actuelle Marseille, en compagnie de 174 autres animaux. C'est l'une des seules œuvres d'art pariétal faisant figurer un oiseau et, qui plus est, un pingouin.

Cependant, le destin du grand pingouin se joua un peu plus tardivement. S'ils furent chassés, pourchassés et évincés des sites de reproduction les plus accessibles par des chasseurs affamés[a],

a. *Pinguinus* passe la majeure partie de l'année en mer, comme d'autres de ses voisins à plumes, les macareux par exemple. Il vient à terre uniquement pour se reproduire, nicher et élever sa couvée. C'est à ce moment qu'il est le plus vulnérable.

ce sont l'invention et l'utilisation de navires qui signèrent l'arrêt de mort du volatile. À la fin du XVe siècle, ils furent délogés des falaises et des côtes les plus inaccessibles et ne survécurent plus que sur une poignée d'îles particulièrement reculées. L'Islande et l'île Funk au large de Terre-Neuve étaient de celles-là. Malheureusement, cette dernière devint le garde-manger estival des Amérindiens, qui y débarquaient en canoë pour s'approvisionner en œufs, plumes et viande. Ce grand pingouin était une proie de choix car, contrairement aux autres oiseaux, il ne s'envolait pas et un coup de pagaie ou de massue suffisait à le neutraliser. Les Inuits se mirent à leur tour à chasser les oiseaux en pleine mer. Mais c'est au XVIe siècle que les populations de Funk déclinèrent, jusqu'à s'éteindre à la fin du XVIIIe siècle. Les Européens avaient découvert les Amériques et l'île se situait sur la route maritime reliant les deux continents. Comme de nombreux autres animaux (dodo, moa, æpyornis, tortue géante des Galapagos…), les grands pingouins furent une aubaine pour des marins n'ayant pas mangé de viande fraîche depuis leur départ d'Europe. L'escale sur Funk devint dès lors l'étape obligée pour l'approvisionnement en viande mais aussi en plumes et en graisse, revendues sur le continent, et bientôt il ne resta sur place qu'un monceau d'os délavés et desséchés par le sel jonchant le sol. Cette île ayant abrité près de 30 000 oiseaux était devenue un lugubre cimetière. Ce ne fut pourtant pas réellement une surprise. En effet, de nombreuses voix s'étaient élevées au XVIIIe siècle pour prévenir des conséquences définitives d'une telle surexploitation. Mais ces lanceurs d'alerte, qui se nommaient alors Georges Cartwright ou Robert Duff, gouverneur de Terre-Neuve, ne furent pas ou peu écoutés. Un juge condamna bien l'auteur d'un prélèvement d'œufs sur Funk et les Anglais prirent un décret interdisant l'abattage du grand pingouin, mais il était déjà trop tard. Ce décret intervint en 1794 sous la pression des Terre-Neuviens et interdisait seulement la chasse pour les plumes ; l'abattage d'un grand pingouin pour toute autre raison restait autorisé. Ce qui n'est pas sans rappeler certaines situations actuelles... À croire que l'homme n'apprend rien, ou si peu, du passé et de ses erreurs !

Mais revenons à nos pingouins : l'espèce n'avait désormais plus que quelques rares terres d'asile : aux Orcades et à Saint-Kilda, en Grande-Bretagne, et en Islande, sur les îles de Geirfuglasker, littéralement « l'île du grand pingouin », et Eldey, baignée par des courants réputés dangereux. C'est à un joaillier devenu revendeur de spécimens naturalistes à ses heures perdues que l'on doit la disparition de l'espèce aux Orcades, et à Napoléon, l'extermination en Islande. Comme l'explique Henri Gourdin dans son incroyable ouvrage sur le grand pingouin[1], c'est le blocus des côtes anglaises lors des guerres napoléoniennes qui poussa les Britanniques à partir en mer afin de trouver de quoi se nourrir. Après un pillage aux îles Féroé, un bateau corsaire accosta en Islande puis, après razzia, passa sur le chemin du retour par les îles Fuglasker. Un concours de circonstances eut un effet fatal : par le plus grand des hasards, la mer était calme et, bien que la saison estivale touchât à sa fin, les grands pingouins étaient encore là, près de leurs nids. Des œufs furent récoltés en nombre, des oiseaux tués. L'année suivante, le massacre reprit et la petite colonie rescapée fut bientôt réduite à quelques individus isolés. Une forte activité sismique dans la région stoppa toutes velléités prédatrices mais, entre-temps, des collectionneurs d'espèces rares avaient appris l'existence de rescapés pingouins sur ces îlots perdus au large de l'Islande. Il n'en fallait pas davantage pour attiser leur morbide et cupide appétit. Nouveau coup dur pour les pingouins, sur qui le sort semblait s'acharner : l'archipel des Fuglasker disparut en un rien de temps après l'ouverture de la faille sur laquelle toute l'Islande est située. Les derniers volatiles (moins d'une centaine certainement) se réfugièrent sur les côtes, où ils furent aussitôt mangés, et sur une petite île, Eldey, malheureusement relativement aisée d'accès pour tout homme disposant d'une solide embarcation. Le *Pinguinus* étant devenu un oiseau rare, le prix pour un œuf ou une dépouille flamba. En 1830, Brandu Gudmundsson et quelques acolytes, après avoir enfin découvert où se cachaient les derniers pingouins, débarquèrent sur Eldey, ramassèrent autant d'œufs qu'ils purent et tuèrent quelques adultes. Ils revinrent à plusieurs reprises et de nouveau l'année suivante pour ramener 24 oiseaux – 24 assassinats en règle sur une espèce désormais moribonde. Puis, en 1844, un trafiquant du nom de Carl Siemens loua les services d'un pêcheur et se rendit sur Eldey, où il savait que survivaient les derniers pingouins de la planète. Ils étaient au nombre de deux et couvaient leur seul et unique œuf. Plus pour longtemps. Piètres coureurs, ils furent vite capturés et étranglés. Quant à l'œuf, il fut abandonné. Un triple crime qui consacra la disparition du grand pingouin, désormais relégué au statut de souvenir et à quelques spécimens empaillés.

Si cette histoire peut paraître au premier abord anecdotique, le jugement se voit vite révisé lorsque l'on comprend que les moa, æpyornis, dodo et une myriade d'autres espèces ont disparu dans les mêmes circonstances. Et que dire de toutes celles qui jouent aujourd'hui les funambules sur ce fil ténu de l'extinction, prêtes à céder sous la pression du plus grand prédateur et assassin de tous les temps ? (Car, lorsque l'on ne tue plus pour se nourrir mais uniquement pour engranger toujours plus de profits, n'est-ce pas ce que l'on devient ?)

Et l'histoire du grand pingouin n'en finit pas de se répéter. Si au XVIIIe siècle certains peuvent certainement jouer du « On ne savait pas », une telle réplique n'est aujourd'hui plus possible. Tout le monde sait. Nous vivons actuellement la sixième crise majeure d'extinction des espèces sur la planète. Nous y sommes plongés, car nous l'avons provoquée. Il y a certes toujours les sceptiques, ceux-là mêmes qui souvent ne veulent pas croire au réchauffement climatique, ou en tout cas n'y voient pas l'empreinte de l'homme, prônent les OGM comme solution miracle à la famine dans le monde (alors que, depuis l'arrivée de ces semences génétiquement modifiées, la crise alimentaire est pire que jamais et les émeutes de la faim se multiplient), estiment que la planète se porte comme un charme et pensent que seule la croissance économique sera garante du bien-être de ses habitants. En réalité, il ne fait plus aucun doute que cette sixième vague d'extinction a été amorcée, et ce, dès les XVe et XVIe siècles, avec les grandes explorations et la découverte notamment des Amériques puis des terres d'Océanie.

Si l'extinction est un phénomène tout ce qu'il y a de plus naturel, il faut compter pour chaque espèce une espérance de vie moyenne de 5 millions d'années et un taux normal d'extinction s'élevant à 1 espèce sur 50 000 par siècle. Admettons que le nombre total d'espèces soit 10 millions, nous devrions avoir, pour le XXe siècle par exemple, environ 200 extinctions. Or, chez les seuls vertébrés, on comptabilise déjà 260 actes de disparition… Selon le Millenium Ecosystem Assessment[2] qui a comparé les données fossiles et les extinctions récentes identifiées, le taux actuel d'extinction global est près de 1 000 fois supérieur au taux d'extinction du passé géologique. En 1979, Norman Meyers estimait à 40 000 le nombre d'espèces disparaissant chaque année. Paul Ehrlich en 1981 le révisa à la hausse et annonça un chiffre terrifiant de 250 000 espèces par an, et une disparition de 50 % des espèces du globe d'ici 2000 ; quant à Edward O. Wilson, il avança un chiffre situé entre 27 000 et 100 000. Le tout tenant évidemment compte des espèces déjà disparues avant même d'avoir été découvertes ; autant dire que ces chiffres sont difficilement vérifiables. Si les 50 % d'Ehrlich sont peut-être un peu exagérés, il n'en reste pas moins qu'une grande quantité d'espèces connues et inconnues ont déjà été rayées de la surface de la planète et que celles qui risquent de rejoindre cette très longue liste des disparitions sont innombrables.

7

LE JOUR OÙ TOUT BASCULA

Quelque 10 000 ans avant notre ère, un événement majeur allait bouleverser l'histoire de la biodiversité et ce, à double titre et de manière totalement antagoniste. L'espèce humaine allait vivre une véritable révolution, dite « néolithique », passant de l'âge des pierres taillées (le paléolithique) à celui des pierres polies. L'impact allait être considérable, similaire à celui, quelques millénaires plus tard, d'une autre révolution, industrielle celle-ci.

L'arrivée de ces nouveaux outils est accompagnée d'un changement de modèle socio-économique. L'homme passe en effet d'une économie de prédation (la chasse et la cueillette) à une économie de production (l'agriculture et l'élevage). Ce faisant, les rapports que les hommes entretenaient entre eux et avec la nature se trouvent profondément bouleversés. En effet l'homme va peu à peu s'extraire de la nature (l'usage du feu, l'art et le culte des morts avaient déjà ouvert une brèche). Au paléolithique, même si *Homo sapiens* avait colonisé la planète, il restait un prédateur d'animaux et de plantes, certes intelligent, mais tributaire de la nature et asservi à celle-ci. En effet, il ne contrôlait rien et surtout pas l'abondance des plantes et des animaux dont il se nourrissait ; il ne pouvait vivre que de manière nomade, pour éviter d'épuiser les ressources dans un endroit donné, ce qui aurait signé sa perte.

Au néolithique (de 9 500 à 395 av. J.-C. environ), tout bascule : l'homme s'affranchit de son environnement en domestiquant plantes et animaux. L'agriculture et l'élevage lui permettent d'abandonner le nomadisme, il se sédentarise et s'installe dans des villages, dont les premiers avaient été établis dès 12 000 ans av. J.-C. Les outils se perfectionnent – haches, herminettes et autres outils en pierre polie – afin de pratiquer le défrichement des zones dédiées à l'agriculture naissante, et bientôt une division du travail, une spécialisation des tâches, va s'ébaucher. C'est le prélude aux futures sociétés humaines telles que nous les connaissons aujourd'hui.

À cette époque débute l'explosion démographique de l'espèce humaine. À la fin du paléolithique, on estime la population mondiale à 6 ou 8 millions d'individus ; elle est multipliée par dix avec la révolution néolithique, soit 80 millions d'habitants entre 8 000 et 6 000 ans avant notre ère. Ce phénomène continue de plus belle au fil des millénaires et surtout au cours des derniers siècles. De là à affirmer que l'agriculture et l'expansion démographique fonctionnèrent de concert en permettant aux humains de contrôler leur environnement et donc d'être à l'abri des famines liées aux aléas climatiques, il n'y a qu'un pas. Mais l'histoire n'est peut-être pas si simple, comme le suggèrent des travaux d'anthropologues. En effet, outre la quantité accrue de travail (il faut défricher, ameublir le sol, l'ensemencer, protéger les cultures des herbivores puis récolter), l'agriculture reste soumise aux aléas climatiques, et ce, encore aujourd'hui, malgré la « révolution verte » et l'arrivée en force de l'agrobusiness (dont il sera question dans les prochains chapitres). Plusieurs thèses s'opposent. Pour certains, c'est la nature qui a contraint l'homme à changer et à s'adapter. Nous sommes en effet à la fin de la dernière glaciation et le réchauffement apporte de nombreux changements, floristiques notamment. Dans les zones sèches voire arides, hommes, plantes et animaux se concentrent autour des points d'eau ; ce serait cette proximité qui aurait incité l'homme à s'intéresser à ces espèces puis éventuellement à en domestiquer certaines. Pour d'autres, c'est l'évolution des capacités intellectuelles de l'homme qui serait l'unique moteur de ces changements.

L'homme, formidable créateur de biodiversité

Quoi qu'il en soit, le néolithique marque les grands débuts de la domestication. À la fin du paléolithique, certains hommes – aux Amériques par exemple – cultivaient bien quelques plantes, comme le tabac, mais cela requérait des efforts et un investissement considérables, qui pouvaient paraître inutiles lorsque ces plantes étaient à portée de main, dans le milieu naturel. Les hommes étaient alors de très fins botanistes et récoltaient quotidiennement dans la nature ce dont ils avaient besoin pour l'alimentation, les rites et les soins. Avec la sédentarisation progressive, certains se mettent à conserver quelques graines des plantes régulièrement cueillies et les sèment aux proches abords de leurs maisons. Puis ils cherchent d'autres endroits, plus étendus, pour installer ces cultures ; débute alors un cycle qui ne s'est plus arrêté – ou plutôt qui est en train de s'arrêter avec l'agro-industrie. Une partie des récoltes était mise de côté pour les semences de l'année suivante et ainsi de suite, année après année. Un processus de sélection s'enclenche, prélude à une évolution des organismes donnant naissance aux variétés (puis aux races chez les animaux) les plus adaptées aux besoins des hommes.

C'est probablement au Proche-Orient que l'agriculture est née, il y a de cela 10 à 9 000 ans avant notre ère, avec blé, orge, pois, lentilles et fèves, mais plusieurs autres foyers sont apparus de manière indépendante : en Nouvelle-Guinée, où les hommes domestiquent et cultivent le taro, en Extrême-Orient, avec le millet et le riz, en Amérique, avec le maïs et les haricots mais aussi les courges, les pommes de terre et les piments, ou encore en Afrique, avec le mil et le sorgho. Entre 10 000 et 5 000 av. J.-C., la plupart des céréales et légumineuses constituant encore aujourd'hui la base de notre régime alimentaire vont donc être domestiquées. C'est également dès la fin du paléolithique que l'homme s'intéresse au loup et tente de s'en faire un allié. Une relation se noue vers 12 000 ans avant notre ère environ, la première de ce genre, probablement parce que les deux espèces se partagent depuis longtemps les mêmes espaces. C'est le tour de la chèvre vers 10 000 av. J.-C., puis du mouton et du bœuf un millénaire plus tard. Seul le cheval résiste et ne sera domestiqué qu'aux alentours de 4 000 à 3 500 ans av. J.-C. Ce qui change véritablement avec ces domestications, c'est le fait que l'homme maîtrise désormais les déplacements, l'alimentation et la reproduction des animaux qui lui sont utiles. Il n'a plus besoin de partir chasser, il dispose désormais à côté de son logis d'une réserve de viande sur pied. Ces animaux peuvent aussi devenir des auxiliaires fort utiles pour cultiver les champs ou se déplacer et certains fournissent du lait très nutritif, de la laine pour le tissage de vêtements et des crottes servant d'engrais naturel. Mais il est également très intéressant de noter le caractère mutualiste voire symbiotique de ces relations entre l'homme et les espèces qu'il domestique. Par le biais d'une sélection en fonction des meilleurs rendements, des résistances aux maladies et aux aléas climatiques, et d'autres critères, l'homme se met à créer une infinité de variétés et de races. Il endosse alors le rôle de formidable créateur de biodiversité (avant d'en devenir le destructeur). Il fait de même pour les plantes : les espèces sauvages côtoient les formes cultivées, avec un perpétuel brassage et un échange de gènes entre les deux, ce qui aboutit à une amélioration naturelle des variétés cultivées. En effet, les plantes sauvages ont par le jeu de la sélection naturelle développé des résistances aux sécheresses, aux pathogènes ou aux ravageurs. Les plus intéressantes sont sélectionnées par l'homme pour les semis de l'année suivante.

Une appropriation lente de la nature, pour le meilleur… et pour le pire

Cette image de l'homme devenu agent de la biodiversité ne doit en aucun cas oblitérer l'autre facette de sa relation avec la nature qui l'environne. En effet, avec l'adoption de l'agriculture, devenue un pilier des sociétés humaines, c'est une tout autre vision du monde qui se met en place. Et c'est à ce moment précis que tout bascule. Se développe en effet une notion de « propriété » sur les terres, sur la nature. Un concept qui ira de pair avec le non-respect de celle-ci et verra très vite les peuples nomades et sédentaires s'opposer. Celui qui cultive de manière permanente la terre estime qu'il peut se l'approprier, alors que celui qui ne l'utilise qu'épisodiquement n'a aucun droit sur elle. Cela ne vous rappelle-t-il rien ? Que dire des peuples forestiers, Papous, Pygmées, Nukaks et autres nomades tels que les Nenets ou les Bushmen, évincés des terres qu'ils occupent depuis toujours ou presque, sous prétexte que d'autres hommes avides de profits en ont besoin pour exploiter les matières premières qu'elles abritent ou installer des grandes zones cultivables destinées non pas à subvenir à leurs propres besoins, mais à participer aux échanges commerciaux mondiaux ?

Au néolithique, ces conflits entre communautés pour s'approprier les ressources se généralisent et s'intensifient, pour ne plus jamais cesser. C'est aussi à ce moment que l'agriculture et l'élevage se tournent vers une certaine forme d'exploitation de la nature par l'homme, amplifiée au fil des siècles et des millénaires jusqu'à atteindre son apogée au XXe et au XXIe siècle.

L'emprise de l'homme sur son environnement devient de plus en plus visible. L'homme modèle et façonne les paysages, tout d'abord avec l'agriculture, puis avec l'urbanisation. Citons par exemple les rizières en terrasse dans la province du Yunnan en Chine. À l'origine, le blé et le millet formaient les aliments de base des Chinois et ce serait l'empereur Shennong qui aurait introduit dans le pays le riz, une graminée alors sauvage (il y aurait eu trois espèces ou sous-espèces de riz sauvage à l'origine des variétés domestiquées, une provenant de Chine, une d'Inde et une d'Afrique de l'Ouest). Les premières rizières furent certainement plantées aux alentours de 8 000 av. J.-C. dans le Hunan, puis plus au sud, là où le millet ne pouvait pas pousser, comme dans le Yunnan, où l'homme au fil du temps se mit à sculpter les montagnes afin d'obtenir plus de surfaces cultivables dans une région au relief très accidenté. Ces paysages ont traversé l'histoire et nous pouvons toujours les admirer. Le riz, l'une des céréales majeures dans le monde (la base alimentaire de la moitié de l'humanité actuelle), est désormais cultivé sur 170 à 180 millions d'hectares dans 120 pays différents. Il est également un facteur structurant des sociétés. En Asie tout particulièrement où la petite céréale devient très vite omniprésente dans l'alimentation mais également dans la pratique religieuse. Rendez-vous à des cérémonies hindoues en Inde ou à Bali par exemple, et vous verrez que le riz est indissociable des offrandes faites aux dieux. Toutes les activités humaines tournent autour du riz, impliquant une importante coopération entre les individus lors de l'entretien des systèmes d'irrigation, du repiquage des plants de riz ou encore de la récolte.

D'autres cultures ont par la suite entraîné un important chamboulement des paysages sur chacun des continents, et le passage de l'agriculture dite traditionnelle à l'agro-industrie a relancé ce processus au siècle dernier, avec des conséquences particulièrement dramatiques, comme nous le verrons plus loin.

Sédentaire, agriculteur et éleveur, l'homme a commencé à apposer une empreinte de plus en plus visible et imposante sur le monde, mais aussi à puiser dans les richesses naturelles sans se soucier des conséquences à moyen et à long terme. Cette révolution néolithique a constitué la première véritable rupture entre l'homme et la nature, la deuxième se situant certainement à l'avènement des religions monothéistes, qui ont balayé le paganisme et l'animisme – au moins en partie. Quant à la troisième, elle s'est jouée au moment de la révolution industrielle et a vu l'homme se déconnecter totalement ou presque de son environnement. L'homme est dès lors devenu une espèce invasive, pillant les ressources jusqu'à épuisement, menaçant une cohorte d'autres espèces, pour ne pas dire la plupart, déréglant le climat et polluant les sols, l'air et les eaux.

8

LA LONGUE, TRÈS LONGUE LISTE ROUGE

Si l'homme du néolithique fut un formidable bâtisseur de diversité biologique, il avait déjà entamé en parallèle une carrière de destructeur de cette même diversité. Mais cela restait néanmoins anecdotique. Longtemps accusé d'avoir fait disparaître les mammouths, il n'est désormais plus suspecté que d'avoir accéléré un processus déjà en marche. La fin de la dernière glaciation et le changement climatique auraient été les véritables responsables du déclin du grand pachyderme[a] [1]. L'homme, super-prédateur, aurait juste porté un dernier coup, fatal, à cette espèce déjà fragilisée.

À la même période, entre les 13e et 9e millénaires avant notre ère, de nombreux autres gros mammifères hantaient les toundras, steppes et autres vastes étendues continentales. Rhinocéros laineux, hyène des cavernes, *Megaloceros*, tigre à dents de

a. Selon les études de D. Guthrie, le réchauffement climatique aurait favorisé la colonisation des latitudes nordiques par une végétation de plus en plus abondante et arborée ainsi que par des marais. Ce fut le début de l'explosion des graminées, une nourriture plus riche que la rase flore de la toundra et qui aurait favorisé les ruminants comme le wapiti ou le bison, au détriment des animaux à simple estomac comme le mammouth… Pour d'autres chercheurs, ce n'est pas la cause de disparition du mammouth, l'espèce aurait pu s'adapter si l'homme ne l'avait pas à ce moment-là chassé de manière intensive. Le débat reste donc toujours (un peu) ouvert.

sabre, mastodonte ou encore lion des cavernes… toutes ces espèces sont aujourd'hui réduites à quelques fossiles et traces. Que s'est-il passé en cette fin de paléocène et début d'holocène qui a marqué le début d'une sixième crise majeure d'extinction ? En Amérique, ce sont des centaines de mammifères (plus de 70 genres) qui disparaissent, tous de taille imposante. Un véritable bestiaire de titans, avec des pécaris géants, des mégathériums, des paresseux et des castors géants, un cobaye de la taille d'une vache ou encore le *Purussaurus*, un crocodile lui aussi géant dont des fossiles ont été découverts récemment en Amazonie péruvienne, et cet animal qui m'a toujours fascinée, le glyptodon, une sorte de tatou pouvant peser près de 1,5 tonne. En Australie, un scénario similaire se déroule, les animaux les plus imposants disparaissent. Adieu diprotodon, rat marsupial aussi gros qu'un rhinocéros, kangourou de 3 mètres de haut, lion marsupial ou *Megalania prisca*, un cousin du varan de Komodo de 6 mètres de long et 600 kilos. Deux hypothèses sont susceptibles d'expliquer ces extinctions : un réchauffement climatique et l'impact de l'homme. Comme pour le mammouth, les deux ont probablement fonctionné de concert, cependant l'étude et la découverte de nouveaux fossiles semblent bien incriminer *Homo sapiens*…

Homo predatus

Le débat fait rage. Depuis de nombreuses années, la vaste question de la responsabilité de l'homme dans la disparition de la mégafaune du début de l'holocène partage les scientifiques en deux clans. D'un côté ceux qui rejettent toute la faute sur le climat, fin de l'âge de glace oblige, et de l'autre les sceptiques, convaincus en leur for intérieur que les exactions de l'homme sur la nature ont bel et bien commencé là, à ce moment précis de son histoire. Un *overkill* versus un *overchill*[a]. Certes, l'histoire des mammouths semble contredire cette dernière hypothèse, mais que dire des centaines d'autres espèces mystérieusement disparues à la même époque, alors que ces extinctions coïncident avec l'explosion de la démographie humaine et l'arrivée des hommes dans des zones où ils étaient il y a peu encore absents ?

Il y a un peu plus de trente ans, le paléontologue Paul Martin propose sa théorie de la guerre éclair (*Blitzkrieg*), ainsi dénommée en raison de la rapidité avec laquelle les hommes auraient rayé de la carte des centaines d'espèces de la mégafaune américaine, au moment du passage à l'holocène. C'est en étudiant des fossiles de paresseux géants dans une grotte aux États-Unis, entouré de mètres de crottes également fossilisées, qu'il élabore son hypothèse. Il y a environ 13 000 ans, des hommes posent le pied sur le continent américain. (Sont-ils les tout premiers ? Cela aussi est un sujet controversé.) Ils maîtrisent déjà l'usage d'outils de pierre et ont conçu un système de propulsion de flèches leur permettant d'atteindre de très gros animaux depuis une certaine distance. Pour corroborer sa théorie, il y a ces restes de mastodontes et de mammouths dans les sites dits de Clovis, des flèches plantées dans les côtes. N'est-ce pas une preuve suffisante ? Mais Martin n'avait à disposition qu'une quinzaine de sites où les restes fossilisés attestaient d'une prédation de l'homme sur certains de ces animaux géants. Comment expliquer le carnage ayant conduit à l'éradication de milliers, voire de millions d'animaux ?

De nouvelles découvertes effectuées sur d'autres fossiles de paresseux pourraient apporter la réponse. À l'holocène, environ 19 espèces de paresseux vivaient sur le continent américain et dans les îles des Caraïbes, au sein d'une grande variété d'écosystèmes (aujourd'hui, il subsiste seulement cinq espèces, toutes

a. Une expression pouvant se traduire par : « Une "sur-chasse" vs un gros coup de froid. »

arboricoles et inféodées aux zones tropicales américaines). David Steadman et son équipe[2] ont donc émis l'hypothèse suivante : si la disparition de la plupart des paresseux était liée au changement climatique en cours à cette époque, alors toutes les extinctions observées, tant sur le continent que dans les îles, avaient dû se produire en même temps, peu ou prou. Disons dans l'intervalle compris entre 15 000 et 9 000 ans avant notre ère. Bien sûr, ce n'est pas ce qui a été observé à partir de la datation au carbone 14 des os, tissus et crottes fossilisées. Les espèces nord-américaines ont été les premières à disparaître, et ce, il y a environ 11 000 ans, suivies de près, un demi-siècle plus tard, par les espèces sud-américaines. Quant aux paresseux vivant sur les îles de Cuba, Hispaniola (désormais partagée entre Haïti et la République dominicaine) et quelques autres petites îles dont l'île de la Tortue, ils survécurent encore quelques millénaires et ne disparurent qu'il y a 4 000 ans avant notre ère. Curieusement, cela coïncide avec l'arrivée des premiers hommes sur ces îles…

D'autres éléments de preuve nous emmènent vers l'Océanie. Là aussi, de nombreux poids lourds du monde animal ont disparu. Près de Nullarbor en Australie, les scientifiques ont découvert 23 squelettes de kangourous dans des grottes, dont des espèces encore inconnues. Tous étaient herbivores, comme l'indique leur dentition, et vivaient dans un climat peut-être un peu plus humide qu'aujourd'hui, mais sans différence majeure. Il est donc inenvisageable que leur disparition soit liée à un changement climatique !

Néanmoins, les sceptiques n'ont pas dit leur dernier mot et certains proposent de nouvelles hypothèses, telles que l'apparition à ces époques de virus et autres pathogènes ayant causé ces extinctions. À chacun de se faire une idée, néanmoins il peut sembler curieux qu'une même controverse ait vu le jour pour des extinctions plus récentes, en Nouvelle-Zélande notamment. Durant les cinq siècles ayant suivi l'arrivée des Maoris en Nouvelle-Zélande, au début du XIVe, environ 40 espèces d'oiseaux ont été portées disparues, dont 10 espèces de moas. Ces oiseaux, comme les autres ratites (comprenant autruches, casoars, nandous, æpyornis, émeus et kiwis), ne pouvaient voler, notamment car ils ne possédaient pas de bréchet sur le sternum, ce petit os indispensable pour l'ancrage des muscles des ailes. Par ailleurs, ayant évolué en l'absence de prédateurs naturels, ils avaient un cycle de vie et de maturation très lent. Cela peut sembler pour le moins étrange que ces oiseaux, des proies faciles, aient tous disparu dans un laps de temps relativement court après la colonisation de l'archipel par l'homme. Pourtant, certains nient l'implication d'*Homo sapiens* dans ces disparitions et blâment le climat, toujours lui !

Pour tenter de leur répondre, Richard Duncan, Tim Blackburn et Trevor Worthy[3] ont étudié et comparé des squelettes d'oiseaux qui s'étaient accumulés au cours du temps sans aucune intervention de l'homme, et des os de volatiles qui avaient été chassés et dégustés par les Maoris en Nouvelle-Zélande. Ils ont trouvé une surabondance d'ossements de certaines espèces sur des sites maoris, alors que de tels empilements d'ossements ne se retrouvaient pas de manière naturelle, ce qui les a amenés à évoquer une chasse accrue de l'espèce. Or un grand nombre de ces espèces ont depuis disparu… Une preuve flagrante de la pression exercée par l'homme sur ces volatiles et qui a conduit à leur inexorable disparition. Cependant, il est clair que d'autres facteurs ont probablement contribué à accélérer le phénomène d'extinction, tels que la destruction (déjà à l'époque) de leur habitat et l'arrivée d'espèces invasives. Deux des causes majeures d'extinctions actuelles.

Quelles que soient les conclusions sur le degré d'implication de l'homme (s'il n'a pas été le seul fautif, il est indéniable qu'il est en partie responsable, quoi qu'en disent certains, qui ne peuvent probablement pas se résoudre à imaginer l'homme dans ce rôle de tueur en série), ces évènements préfiguraient de ce qui allait suivre…

Petit mémorial des espèces disparues

L'éléphant de Sicile : disparu vers 500 av. J.-C. Cause : incertaine, l'homme ?

Le dodo : disparu en 1681. Cause : chassé pour sa viande, le dodo, grosse dinde dodue, a également été victime des espèces introduites par les Hollandais au XVIIe siècle sur l'île Maurice, où il vivait.

L'æpyornis : disparu entre le XVIIe et le XVIIIe siècle. Cause : probablement une conjonction entre plusieurs facteurs, dont une chasse intensive par l'homme et des variations climatiques (sécheresse).

Le nestor de Norfolk : disparu en 1851. Cause : chassé pour sa viande et comme animal d'ornement.

Le quagga : disparu entre 1865 et 1872. Cause : la chasse et la destruction de son habitat pour créer des pâturages.

La rhytine de Steller : disparue en 1768. Cause : chassée pour sa viande mais aussi pour sa graisse et sa peau.

Le discoglosse peint de Palestine : disparu en 1955. Cause : assèchement des marais dans lesquels cette grenouille vivait.

Le thylacine : disparu en 1936. Cause : campagne d'éradication et concurrence avec les chiens sauvages introduits par l'homme.

Le pigeon migrateur : disparu en 1914. Cause : chasse intensive et conversion des forêts en terres agricoles.

Le *Sophora toromino* : disparu de son milieu d'origine en 1962. Cause : cet arbre endémique de l'île de Pâques a été victime d'une déforestation intensive.

La violette de Cry : disparue entre 1930 et 1951. Cause : cette petite plante endémique du département de l'Yonne n'a pas survécu à la destruction de son habitat.

Le crapaud doré : disparu en 2001. Cause : réchauffement climatique ayant contribué au développement de maladies.

L'huître portugaise : disparue vers 1970. Cause : victime d'une maladie introduite par une huître japonaise.

La liste pourrait être étendue sur des dizaines, voire des centaines de pages. En effet, depuis le XVIIe siècle, plus de 654 espèces de plantes et 784 espèces animales ont déjà été décrétées disparues, comprenant entre autres 89 mammifères, 108 oiseaux, 21 reptiles, 5 amphibiens, 92 poissons, 326 invertébrés, dont 73 insectes, 239 mollusques et 10 crustacés. Et toujours un même responsable, direct le plus souvent, indirect parfois : *Homo sapiens*.

L'histoire du grand pingouin est à cet égard édifiante, cependant je ne peux manquer d'évoquer quelques autres drames démontrant, si cela était encore nécessaire, la déraison et les fâcheux excès de l'espèce humaine. Prenons le cas du pigeon migrateur, *Ectopistes migratorius*. Fut une époque, récente, où cette espèce était si abondante que le ciel pouvait se couvrir et être obscurci par le vol en bandes de ces volatiles, comme s'il se produisait une éclipse, écrivait le célèbre ornithologue John James Audubon dans les années 1830. C'était certainement l'oiseau le plus répandu et abondant sur le continent nord-américain, avec des effectifs estimés entre 3 et 5 milliards d'individus. La tourte voyageuse, comme l'appelaient les Canadiens, était sociale et vivait en vastes colonies couvrant des territoires de plusieurs centaines de kilomètres carrés. Une queue effilée taillée pour le vol et un poitrail coloré de rose rendaient cet oiseau particulièrement élégant, bien loin du pigeon bizet, qui a désormais investi nos villes. Pourtant, en moins d'un siècle, l'espèce a disparu. Les pigeons migrateurs étaient chassés depuis toujours pour leur viande, mais au XVIIIe siècle la chasse devint commerciale ; c'est alors que tout bascula. Dans les concours, un bon tableau de chasse excédait souvent plus de 25 000 volatiles en un seul jour. Un chasseur pouvait mettre sur le marché plusieurs millions d'oiseaux en une année. Une tâche d'autant plus simple que les pigeons formaient des cibles faciles. À cette époque, l'Amérique du Nord vivait une profonde mutation agricole. Le pays déforestait à tout-va, afin de convertir de plus en plus de terres en vastes zones agraires ; or les pigeons migrateurs se nourrissaient de glands, de baies et de faînes et se virent peu à peu privés de nourriture et de gîte. Ils se réfugièrent en masse dans les quelques arbres et bosquets subsistants, où il devenait encore plus simple de les tirer. Dès le milieu du XIXe siècle, il était pourtant devenu évident que les effectifs de l'espèce avaient entamé une lente et inexorable chute, ce qui ne suffit pas à arrêter les chasseurs. Bien au contraire, le massacre redoubla d'intensité. En 1914, c'était fini. Le pigeon migrateur était entré dans l'histoire et avait rejoint le grand pingouin au panthéon des espèces disparues. Les quelques malheureux individus préservés au zoo de Cincinnati avaient tous rendu l'âme, aidés en cela probablement par la maladie de Newcastle, qui avait affecté l'espèce. Comme si un malheur ne suffisait pas…

Encore une fois, ce qui frappe ici, comme pour le grand pingouin et de nombreuses autres espèces depuis disparues, c'est que l'homme était parfaitement au courant du déclin de l'oiseau et de sa responsabilité. Pourquoi alors avoir continué la chasse et délibérément achevé ces animaux, qui fournissaient de la nourriture et d'autres produits, comme de la graisse dans le cas de la rhytine de Steller, un matériau particulièrement important à l'époque, utilisé pour le chauffage mais aussi pour l'éclairage public ? (Les baleines furent également exploitées pour ces mêmes ressources, et le massacre continue de nos jours pour d'autres raisons, plus politiques, voir le chapitre 10.) Une question toujours d'actualité, non seulement en ce qui concerne la disparition des espèces, mais également celle des habitats, la pollution et le réchauffement climatique. Nous sommes au courant mais préférons fermer les yeux et continuer à piocher dans les réserves de la planète et à polluer afin de préserver notre petit mode de vie confortable. Advienne que pourra… Les générations suivantes trouveront bien une solution pour réparer toutes ces blessures. Seulement, aujourd'hui, la génération suivante, c'est la nôtre, et nous sommes acculés, au bord du précipice.

Car, pour revenir à la biodiversité, si de nombreuses espèces ont d'ores et déjà disparu, de nombreuses autres sont actuellement sur le fil de l'extinction et risquent de les rejoindre d'ici peu. Selon le dernier recensement de l'UICN, 41 415 espèces sont aujourd'hui menacées, soit un mammifère sur quatre, un oiseau sur huit, un tiers de tous les amphibiens et de nombreuses autres espèces animales et végétales, dont une myriade qui n'auront probablement pas encore été décrites qu'elles auront déjà disparu. Parmi ces espèces de la longue liste rouge de l'IUCN, 16 306 sont en situation critique, soit près de 50 % de plus par rapport au recensement effectué en 2000. Océans et forêts tropicales sont particulièrement touchés, ainsi que les différents types de zones humides, marais, lacs, estuaires et fleuves. C'est indéniable, le rythme s'accélère depuis quelques siècles. En cause, trois facteurs. Le morcellement et la dégradation des milieux tout d'abord. Depuis l'avènement de l'agriculture, l'homme a profondément modifié les paysages. Il a rasé de plus en plus de forêt afin de gagner des surfaces cultivables, détruisant une partie de la biodiversité. Ces cultures, devenues strictes monocultures avec l'utilisation généralisée au XXe siècle de pesticides et herbicides, ont en outre favorisé les invasions de rongeurs. Impossible pour ces petits animaux au cycle de vie ultrarapide de résister à l'envie d'élire domicile dans ces étendues, où les céréales sont disponibles à volonté. Par ailleurs, l'élimination par l'homme de la plupart des prédateurs a favorisé l'expansion sans précédent de ces rats, mulots, souris et autres. Les villages du néolithique se sont au fil des millénaires, des siècles, transformés en villes puis, récemment, en mégapoles et cette urbanisation galopante a également largement contribué à l'érosion de la biodiversité. Citons par exemple le cas du xercès bleu, un charmant petit papillon originaire des côtes californiennes, plus précisément des abords de la ville de San Francisco. L'expansion de la ville a causé sa perte – le dernier individu a été observé en 1941. Mais il y a plus : l'homme est ici doublement responsable, car il a introduit dans cette zone une espèce de fourmi aussitôt entrée en compétition avec la fourmi locale qui, peu habituée à la concurrence, a vite été évincée. Or elle avait développé une relation symbiotique avec les chenilles du xercès et était devenue essentielle au cycle de vie du papillon. Sans fourmi, les chenilles n'ont pas su mener leur développement jusqu'à la métamorphose et le papillon a disparu.

Car la deuxième cause majeure de cette sixième crise d'extinction de masse est l'introduction par l'homme, dans certaines zones, d'espèces devenant pour certaines invasives, au détriment de la flore ou de la faune locales. Les rats, chats, chiens et furets amenés par les colons en Australie et en Nouvelle-Zélande par exemple furent responsables de nombreuses extinctions et menacent encore certaines espèces comme le kakapo, ce drôle de perroquet incapable de voler, désormais reclus dans les sous-bois des seules îles néo-zélandaises de Maud, Codfish et Little Barrier. En Polynésie, ce sont les petits escargots du genre *Partula* (appelés *pûpû* en polynésien) qui firent les frais de l'appétit des hommes. Ces étranges bipèdes ne les dégustèrent pas assaisonnés de beurre aillé, car ils étaient certainement trop petits et peu goûteux pour ça, mais ils introduisirent dans différentes îles de l'archipel l'achatine, un poids lourd chez les escargots – et très vorace. Dans la végétation luxuriante, l'achatine se trouva à son aise et commença à se reproduire tant et si bien que les hommes furent vite débordés. Leur appétit ne suffisait plus à enrayer l'ascension de l'escargot géant. Ils décidèrent alors d'introduire un autre escargot, un prédateur carnivore, afin de réguler les populations d'achatine. Cependant, à la chair des achatines, celui-ci préféra celle des *pûpû* et, très vite, les *Partula*, qui comptaient jusqu'alors une centaine d'espèces, perdirent 50 d'entre elles, qui rejoignirent le grand cimetière de la faune disparue. Quatorze autres sont en sursis et ne vivent plus qu'en captivité.

Drame dans le lac Victoria

En 1858, lorsque l'explorateur britannique John Speke tomba au hasard de ses pérégrinations africaines sur les rives sud du lac, il pensa avoir découvert les sources mythiques du Nil. Quelques années plus tard, c'est un autre grand nom de l'exploration (mais aussi un implacable « trafiquant » d'ivoire et de caoutchouc pour le compte du roi Léopold II de Belgique), Henry Morton Stanley, qui confirme la découverte ; il va ensuite faire venir missionnaires et exploitants d'Angleterre. La déforestation destinée à créer des plantations de thé, de café, de tabac et de coton commence.

Dans le lac vit une incroyable diversité de poissons appartenant à la famille des cichlidés, et notamment au genre *Haplochromis*. Ces quelque 500 espèces endémiques seraient issues d'une radiation évolutive produite il y a moins de 14 000 ans, autant dire hier pour les géologues et les évolutionnistes. En effet, il y a 16 000 ans environ, le lac Victoria ressemblait plutôt à une immense prairie (c'est aujourd'hui le plus grand lac tropical en superficie). Il était entré et ce, pour une période de deux millénaires, dans une intense période d'assèchement. Si quelques cichlidés ont pu alors survivre dans de petites mares, il ne s'agissait que d'une dizaine d'espèces au maximum, selon les experts. L'évolution des espèces contemporaines fut donc extrêmement rapide. Malheureusement, depuis un demi-siècle, près de 200 d'entre elles ont déjà disparu et une grande majorité se trouvent particulièrement fragilisées.

À l'arrivée des premières plantations sur les rives du lac succéda une implantation humaine grandissante et, bientôt, le lac devint une zone de pêche essentielle, permettant aux villages de subvenir à leurs besoins. Puis la pêche de subsistance devint commerciale : les marchés des villes s'approvisionnaient en tilapias, appelés localement « *ngege* », un cichlidé très goûteux. Les nasses traditionnelles en papyrus furent remplacées par de grands filets importés par les colons britanniques, ce qui signa les débuts de la surpêche dans le lac. Plus les prises diminuaient, plus les pêcheurs réduisaient la taille des mailles des filets, contribuant ainsi à l'inéluctable épuisement des stocks de poissons de ce lac, aux proportions pourtant marines. Dans les années 1950, le ngege disparut et le labeo, une autre espèce commerciale, semblait devoir suivre le même chemin.

C'est alors que les colons eurent une « brillante » idée. Pourquoi ne pas introduire une espèce à croissance rapide et à forte valeur économique dans ce lac ? L'essai fut tenté avec des tilapias d'une autre espèce non endémique au lac, mais il ne fut pas suffisamment concluant. Alors, en 1954, pour relancer l'industrie de la pêche devenue moribonde – mais aussi pour satisfaire quelques pratiquants de la pêche dite sportive, avides de grosses prises –, quelques perches du Nil, un poisson originaire d'Éthiopie et parfois dénommé, à tort, capitaine sur les étals des poissonniers, furent jetées illicitement et discrètement dans les eaux du lac Victoria, probablement par le Département ougandais de la faune et de la pêche lui-même[4] et malgré une très forte opposition des écologistes de l'époque, qui craignaient le pire. La suite ressemble presque à un scénario de film d'horreur, si on se place du point de vue des cichlidés. Ce superprédateur se mit à tout dévorer, les cichlidés en particulier, avec pour conséquence une explosion démographique totalement incroyable. Ceci ne s'est pas produit de manière graduelle, mais soudaine. Ainsi, à la fin des années 1970, des études montraient que la biomasse « poisson » était composée à 80 % de cichlidés *Haplochromis* et à 20 % d'une variété d'autres espèces, parmi lesquelles la perche, à hauteur de 2 % environ. La même étude en 1980 montra une véritable explosion des « envahisseurs », puisque 80 % de la biomasse étaient désormais composés de perches du Nil. Ceci allait de pair avec l'effondrement des cichlidés haploichrominiens, qui furent réduits à un petit 1 %

du total de la biomasse du lac (la perte du nombre de cichlidés fut telle que la perche, privée de ses proies favorites, qu'elle avait dévorées en quasi-totalité, fut obligée de se tourner vers d'autres espèces, jusqu'à devenir cannibale et à dévorer ses propres jeunes).

Au-delà de la perte des cichlidés, il y eut d'autres graves conséquences. En effet, la perche est beaucoup plus grasse que les autres poissons pêchés, et il faut la sécher bien plus longtemps. Or, le séchage des poissons se fait de manière traditionnelle, en allumant de grands feux. Il fallut donc plus de bois pour alimenter ces foyers et on abattit plus d'arbres dans les proches abords du lac, ce qui contribua à l'accélération de l'érosion. Sans arbres pour retenir la terre, à la moindre averse tropicale celle-ci était lavée de ses nutriments, qui affluèrent dans le lac et participèrent à son eutrophisation et à sa lente asphyxie. Régulièrement, des remontées d'eau hypoxique du fond du lac provoquent la mort massive de poissons en surface et la charge en nutriments a favorisé l'implantation d'une autre espèce invasive : la jacinthe d'eau. L'asphyxie du lac en est encore accélérée. Le phénomène se retrouve d'ailleurs dans beaucoup d'autres régions tropicales, où la jacinthe d'eau fut importée comme plante d'ornement pour jardins aquatiques, et continue de l'être malgré la mort lente des lacs, des fleuves et des autres zones humides. Pour parachever le tableau, de nombreux déchets finissent dans le lac, en provenance des industries, des cultures (engrais et pesticides) et des villes. Or, le lac Victoria joue un rôle essentiel. Non seulement en fournissant de la nourriture aux nombreuses communautés vivant sur ses rives (alors que la pêche industrielle et commerciale bénéficie surtout à des entreprises), mais également en tant que source d'eau potable. Le bassin du lac dessert quelque 30 millions d'habitants. Seul petit point positif dans ce drame : la perche s'avère relativement sensible au stress hypoxique, ce qui a permis à certaines espèces, notamment de cichlidés, de se réfugier dans les zones les plus touchées par l'absence d'oxygène et desquelles la perche avait disparu, et de s'adapter à ce nouvel environnement. Au fil des années 1990, la chercheuse Lauren Chapman[5] a ainsi constaté que les cichlidés reprenaient petit à petit une place de choix dans la chaîne alimentaire. Cependant, la pollution n'a pas cessé et le lac reste terriblement menacé, comme le souligne L. Chapman[6], qui prend pour exemple une vaste surface océanique, dans le golfe du Mexique, devenant chaque année au printemps une zone morte privée de toute forme de vie à cause du ruissellement en masse des engrais provenant de l'agriculture industrielle. Un même drame pourrait très vite survenir dans le lac Victoria si personne n'y prend garde…

Des immigrations choisies ou illégales en cascade

Lapin en Australie, tortue de Floride en Europe, écureuil gris en Grande-Bretagne, écrevisse de Louisiane en Europe, jussie à grandes fleurs en France, caulerpe en mer Méditerranée, crapaud buffle en Australie ou encore ragondin en Europe, les invasions causant de multiples ravages sont désormais légion. Si les espèces tendent naturellement à accroître leur zone de répartition, l'homme a donné de nombreux coups de pouce à certaines d'entre elles, pas toujours pour le meilleur. C'est en devenant grand voyageur qu'*Homo sapiens* s'est métamorphosé en passeur clandestin de flore et de faune, malgré lui ou délibérément. Si vous regardez votre potager et commencez à détailler l'origine de chacune des plantes mais aussi des céréales que vous consommez, vous verrez que cela ressemble à un véritable tour du monde : les tomates, les poivrons, les piments et les pommes de terre sont originaires d'Amérique du Sud, le blé du Moyen-Orient, le maïs du Mexique, les haricots d'Amérique centrale et du Sud, les fraises du Chili (mais la fraise des bois avait une répartition couvrant l'Europe, l'Asie et l'Amérique du Nord), les pêches, les prunes et les poires de Chine, le poivre d'Inde, la pomme d'Asie centrale ; la banane est originaire de Nouvelle-Guinée, tandis que le sarrasin provient d'Asie du Nord et le topinambour d'Amérique du Nord. Cela ne laisse plus grand-chose originaire d'Europe… Dès le début de l'agriculture, l'homme a exporté les plantes qu'il avait réussi à domestiquer, riz, seigle, épeautre, et ce, de plus en plus loin à mesure que se développaient les moyens de locomotion et que se nouaient les échanges commerciaux entre les civilisations naissantes.

Le rythme s'est cependant accéléré avec les grands voyages d'exploration et de conquête. Parti en quête d'une route menant aux Indes, où poussaient des épices telles que la cannelle, bien plus précieuse encore que l'or, Christophe Colomb mit le pied aux Amériques. Un événement qui eut de multiples répercussions, tant humaines qu'environnementales. Sa découverte fut suivie par l'arrivée sur le Nouveau Continent de nombreux conquistadors[a] dont Gonzalo Pizarro et Francisco de Orellana, qui se mirent à la recherche de l'Eldorado mythique, une cité regorgeant d'or, dans l'Amazonie profonde. À la place, ils découvrirent un autre trésor, ayant pour noms caoutchouc, quinquina, cacahuète, vanille et cacao. La guerre du caoutchouc (les puissances européennes se disputaient le monopole de cette matière première) eut pour conséquence l'acclimatation des hévéas en Asie, où ils croissent désormais en grand nombre ; le cacao et la vanille furent quant à eux introduits dans les diverses colonies et s'y sont fort bien développés. Aujourd'hui, vous pouvez traverser des plantations de cacao en Guinée, au

a. Ces terres étaient considérées comme *terra nullius*, « terres inhabitées », selon un principe du XVIIe siècle qui affirmait que toute terre non réclamée par une puissance souveraine reconnue par les gouvernements européens n'était tout simplement possédée par personne. Une manière simple de coloniser et de s'approprier de vastes régions sans se soucier des peuples indigènes et de leurs droits.

Nigeria, en Indonésie... À la même époque, alléchés par les épices que rapportaient des marchands arabes de Chine et d'Inde, Portugais et Hollandais bataillaient pour prendre le contrôle des îles Moluques notamment, où poussaient poivre et noix de muscade, et ainsi dominer le très lucratif commerce des épices. Au XVIIIe siècle, l'administrateur colonial et agronome français Pierre Poivre réussit à subtiliser des plants de muscadier et de giroflier qui furent acclimatés à l'île de France, devenue depuis île Maurice.

C'est ainsi qu'épices, fruits et légumes ont voyagé, certaines espèces réussissant à s'implanter sur de nouveaux territoires, toujours dans le cadre d'une exploitation commerciale pour alimenter les tables européennes très gourmandes. Certaines nous sont devenues si communes et habituelles que nous avons peine à imaginer qu'elles n'aient pas toujours poussé en Europe !

L'épopée des chasseurs de plantes

Puis les plantes ornementales furent à leur tour rapportées de voyages lointains afin de satisfaire un besoin d'exotisme, notamment à l'époque victorienne. L'horticulture battait alors son plein, particulièrement dans l'aristocratie anglo-saxonne, et le désir de trouver LA fleur rare revêtait des allures de quête du Graal. Les Philippines et la Chine étaient des destinations très prisées, pleines de mystères. George Forrest travaillait comme assistant pharmacien lorsqu'un héritage lui permit de partir en Australie, pays alors plongé dans la fièvre de l'or. Nous étions en 1891. À son retour en Écosse, il trouva un emploi dans l'herbarium des jardins botaniques royaux et fut choisi pour accompagner une expédition botanique en Chine, dans la province du Yunnan, la première d'une longue série tant il fut fasciné par ces contrées. Là, dans les montagnes à la frontière tibétaine, puis quelques années plus tard dans le Sichuan et en

Birmanie, il découvrit de magnifiques forêts de rhododendrons et surtout une myriade d'espèces inconnues des Occidentaux. Il décrivit plus de 1 200 nouvelles espèces, collecta de nombreux échantillons destinés à compléter l'herbier ainsi que des graines, dans le but d'acclimater certaines de ces plantes en Grande-Bretagne. Aujourd'hui fleurissent dans nombre de jardins occidentaux des asters, des cotoneasters, des buddleias, le *Camellia saluensis*, 6 espèces de rhododendrons dont *Rhododendron forrestii* et plus de 50 espèces de primevères.

Citons aussi Joseph Rock, un autre explorateur botaniste, qui fut tout d'abord envoyé en Inde à la recherche du chaulmoogra (*Hydnocarpus kurzii),* un arbre dont on tirait une substance supposée guérir de la lèpre. Sa mission fut couronnée de succès, mais la plante médicinale se révéla n'avoir aucune efficacité réelle sur la maladie. Néanmoins, Rock continua à voyager, en Chine, pour le compte de l'université américaine d'Harvard, d'où il rapporta, outre des plantes en quantité, une immense collection de plaques photographiques témoignant de la vie quotidienne dans ce pays, destinée elle à la célèbre National Geographic Society. Si dans nos parcs et jardins nous avons aujourd'hui des buddleias, appelés aussi arbres à papillons, de magnifiques pavots de Chine, certaines espèces de lilas ou encore des roses, c'est en partie à Rock que nous le devons. Toutes ces plantes sauvages furent ensuite croisées, sélectionnées et ce, afin d'obtenir des centaines voire des milliers de variétés horticoles. Une activité qui avait débuté au XVIIIe siècle, avec les bégonias par exemple, des plantes originaires des Antilles, découvertes par le père Charles Plumier et ainsi nommées en l'honneur de Michel Bégon, alors gouverneur de Saint-Domingue.

Si la plupart de ces plantes restent cantonnées à nos intérieurs et jardins, certaines se sont échappées et ont envahi les milieux naturels, comme la jussie à grande fleur, originaire d'Amérique du Sud et introduite en Europe au XIXe siècle pour agrémenter les jardins aquatiques et les aquariums. Très vite, à l'aise dans ce nouvel environnement, cette plante à croissance très rapide (elle double voire triple de volume en moins d'un mois) commença à coloniser de très nombreux étangs et plans d'eau, tant et si bien qu'un arrêté ministériel fut adopté en France en 2007, interdisant la vente, l'achat, l'utilisation et l'introduction de cette plante dans le milieu naturel. La jacinthe d'eau, la berce du Caucase, la renouée du Japon ou le camphrier ont tous été disséminés hors de leur zone d'origine pour leurs qualités ornementales, mais sont vite devenus des espèces envahissantes, causant parfois une importante dégradation des milieux et la disparition d'espèces indigènes.

Le rythme des invasions s'est accéléré avec l'essor du commerce mondial, qui a permis à de nombreuses espèces de coloniser de nouvelles terres. Des premiers grands voyages, les navires ramenèrent très souvent dans leurs cales des rats qui hébergeaient un autre passager clandestin : la peste, transmise par une puce qui avait élu domicile dans le pelage du rongeur. C'est ainsi que Marseille, principal port français jusqu'au XVIIIe siècle, connut de nombreuses épidémies, dont la terrible peste noire de 1348, qui fit 13 millions de morts et laissa la ville quasiment vide. Autre refuge de choix pour les espèces invasives, tout particulièrement les insectes ravageurs ou les pathogènes : les cargaisons de fruits ou de légumes transportées d'un pays à l'autre. C'est ainsi parmi divers exemples que *Phytophtora infestans*, plus connu sous le nom générique de « mildiou », arriva en Irlande en 1845, enfoui dans un paquet de graines de pommes de terre destinées à des agriculteurs belges. Ce champignon originaire du Mexique eut de terribles conséquences puisqu'il anéantit brutalement les cultures de pommes de terre, nourriture de base du pays, et provoqua une terrible famine qui dura jusqu'en 1852 et causa la mort d'un million de personnes et l'émigration d'un million d'autres.

Si des précautions sont prises aujourd'hui, notamment dans les avions au départ de certaines zones tropicales, avec la pulvérisation de produits à l'odeur nauséabonde, il faut savoir que le transport maritime est l'un des vecteurs majeurs d'invasion. Nombreuses sont les espèces véhiculées par les coques des navires et les eaux de ballasts : 3 000 d'entre elles font chaque jour une grande circumnavigation. Heureusement, toutes ne survivent pas !

Le commerce ne connaît pas la crise… de la biodiversité

Après le morcellement et la dégradation des milieux, après les espèces aliens, une troisième cause d'érosion de la biodiversité – et non des moindres ! – est la surexploitation des espèces « commerciales ». Commerce de viande de brousse en Afrique conduisant au syndrome des forêts vides, abattage en masse de certaines essences arborées pour l'industrie des parquets ou des meubles de jardin, surpêche, les conséquences sont partout similaires. Prenons les océans : tous les scientifiques le clament, la surpêche représente LA plus grande menace pesant sur la survie de la biodiversité marine. « Il faudrait des siècles pour que les fonds marins se remettent du rabotage qu'ils ont subi », lance Daniel Pauly, professeur à l'université de Colombie britannique (Canada), spécialiste des ressources marines et fondateur d'une base de données mondiale sur les poissons, lors d'une interview au quotidien *Libération* (juin 2009). Aujourd'hui, ces milieux sont de plus en plus dominés par des espèces de petite taille qui ont de très courtes durées de vie, sont davantage tributaires des fluctuations de l'environnement et donc sensibles. Tous les stocks de grands prédateurs, requins, thons, morues, sont en chute libre. Même dans les grandes profondeurs, les espèces se meurent. Prenez le grenadier : ses effectifs auraient chuté de 99,6 % entre 1978 et 2003. Il y a vingt ans, qui connaissait ce poisson ? Personne ou presque. Aujourd'hui, il a envahi les étals des poissonniers, en compagnie de l'empereur, du siki, du sabre noir ou du lingue, tous pêchés entre 400 et 2 500 mètres de profondeur. Ce type de pêche, initié par les Néo-Zélandais dans les années 1960, est devenu une spécialité des Européens et tout particulièrement des Français. Une pêche rendue possible par l'avènement des nouvelles technologies, notamment le GPS et des sondeurs très performants, mais également parce que les cartes détaillées des fonds sous-marins établies par les services de renseignements américains sont tombées dans le domaine public dans les années 1990. Désormais, chaque année plus de 65 000 tonnes de poissons sont puisées dans les grands fonds océaniques par les chalutiers hauturiers européens à l'aide de terribles filets détruisant de manière irrémédiable les coraux et la vie marine.

Derrière les trois causes évoquées de la disparition des espèces s'en cache une autre qui a pour noms économie de marché et mondialisation. N'avons-nous pas déjà atteint le point de non-retour ? Qu'allons-nous devenir, *Homo sapiens*, si nous ne sommes plus capables de stopper ce crime contre la biodiversité ? Pourrons-nous vivre seuls au monde, sans cette biodiversité qui a contribué à nous façonner et qui fut en grande partie le maître d'œuvre de notre succès planétaire ?

9

D'UNE NATURE À L'AUTRE... PLUS VRAIMENT NATURELLE

> « Il y a [...] des cultures qui font l'apartheid de la nature, qui ne la supportent pas, qui ont besoin de s'en séparer, de la dominer.
> Il y en a d'autres qui, sans renoncer à modifier le milieu, ont choisi la coopération, l'équilibre.
> Les premières sont fières de leurs terres nues et infinies.
> Les deuxièmes sont attachées sentimentalement à leurs chemins et à leurs bois.
> Ce sont les premières qui sont en train de gagner. »
>
> François Terrasson
> *La Peur de la nature*, Sang de la terre, 2007

La rupture entre l'homme et la nature n'a pas eu lieu uniquement dans les faits, mais également dans la façon de penser la nature et de vivre avec (ou sans) elle.

L'homme n'est plus un animal comme les autres...

Ou tout du moins feint-il de le croire. Le néolithique fut révolutionnaire pour ses nouvelles pratiques, mais aussi parce que, en parallèle, une nouvelle pensée commençait timidement à pointer le bout de son nez. Maîtrisant la domestication de plantes et d'animaux, *Homo sapiens* ne serait-il pas différent des autres espèces, ne leur serait-il pas supérieur ?

Le Rubicon était franchi, mais il fallut attendre l'arrivée des religions monothéistes pour que l'homme peaufine cette idée et procède à son extraction totale (ou presque) de la nature. Il devint alors une créature bénie de Dieu, un être parfait, au contraire de toutes les autres espèces, dont la seule raison d'être sur cette planète Terre était de le servir, lui, l'Homme. Dans la Genèse (I, 26) par exemple, les mots d'Elohim (Dieu en hébreu) illustrent très bien cela : « Faisons l'homme à notre image, à notre ressemblance ! Qu'il ait autorité sur les poissons de la mer et sur les oiseaux des cieux, sur les bestiaux, sur toutes les bêtes sauvages et sur tous les reptiles qui rampent sur la terre. » Tout est dit. La nature et ses créatures sont à la disposition de l'homme, qui peut les utiliser selon son bon vouloir, les choyer ou les exploiter, puisqu'elles n'ont aucune existence autonome et lui sont dédiées. L'homme s'affranchissait ainsi de toute contrainte, de tout devoir, et ouvrait grand la porte à la monoculture, à la destruction des habitats naturels et des espèces mais aussi à l'élevage en batterie ou aux OGM. Tout ceci en effet résulte d'une vision anthropocentrée de la nature.

La fin des mythes païens

En 2003, après plusieurs années passées en partie dans la moiteur des forêts tropicales, je découvrais pour la première fois l'Islande, un petit caillou volcanique blotti au cœur de l'Atlantique-Nord, à cheval sur une immense faille fort agitée. Outre des paysages austères, bruts et d'une époustouflante beauté, il y avait ici un je-ne-sais-quoi de différent, un certain rayonnement « naturel ». Les Islandais sont issus d'un peuple païen chérissant de multiples dieux issus de la mythologie nordique ; leur univers est composé de neuf mondes, représentés par un arbre dénommé Yggdrasil. S'y côtoient entre autres le monde des nains, celui des elfes, celui des géants, le monde de la glace et des brumes, et bien sûr le royaume des hommes ou Midgard. En Islande, lorsqu'une entreprise décide de construire une route, elle doit tout d'abord s'assurer que son tracé ne passe pas par certains lieux, propriétés des elfes, ou par un rocher incarnation d'un troll pétrifié.

Dans la mythologie païenne nordique, diverses créatures apparurent avant l'homme, dont Audhumla, la vache nourricière, des pis de laquelle coulaient quatre rivières de lait nourrissant Ymir, le premier géant, grand-père d'Odin (lui-même père de tous les dieux scandinaves). C'est en tuant Ymir qu'Odin, aidé par ses deux frères, créa le ciel et la terre. Son sang forma les océans, ses os, les montagnes, ses cheveux, les arbres, et son crâne, la voûte céleste. Le peuple des nains naquit des larves se nourrissant du cadavre. Puis, Odin et ses frères coupèrent une branche de frêne pour créer l'homme et une branche de bouleau pour la femme. Parmi les enfants nés de ce couple d'humains, Jarl fut éduqué par l'un des dieux, qui lui enseigna le langage des oiseaux et lui apprit les mots à utiliser pour calmer la mer. Ces neuf mondes soutenus par Yggdrasil étaient gardés par différentes créatures prenant forme d'animaux, aigle, écureuil, dragon ou serpent, et cerf.

Cette religion n'avait pas placé l'homme au centre de l'univers mais en avait fait un élément d'un monde multiple incarné par un arbre et plusieurs espèces animales. L'Islande fut dans un premier temps hors de portée des missionnaires chrétiens du Moyen Âge qui avaient entrepris de convertir toutes les terres à leur religion monothéiste. Seuls vivaient là une poignée de Vikings, célébrant les dieux nordiques. Quelques moines chrétiens avaient bien réussi à mettre pied sur l'île, mais les Vikings étaient trop nombreux pour être convertis. En Europe cependant, les chrétiens exerçaient une influence croissante et bientôt l'Église se mit à détruire un à un tous les mythes païens. La plupart des textes scandinaves antérieurs à la christianisation du pays ont ainsi disparu et le seul témoignage ayant subsisté est un recueil de légendes, l'Edda.

La France aussi était païenne : les Celtes célébraient la nature et ses cycles à de multiples occasions. Ainsi, pendant longtemps, le 2 février fut la fête dite du chant de l'ours. À cette date, l'ours (qui était alors le roi des animaux) sortait de sa tanière, signe que les activités allaient reprendre. Lors de la christianisation, l'Église bannit toute manifestation païenne et décida pour contrer cette fête d'organiser au même moment la fête des chandelles, devenue depuis « chandeleur ». Par la même occasion, l'ours fut accusé de tous les maux et déchu de sa place de monarque du monde animal pour être remplacé par le lion, bien lointain et sans aucune attache avec les religions païennes. De la même manière, la naissance de Jésus-Christ fut fixée au 25 décembre afin de se substituer aux fêtes païennes telles que les saturnales romaines ou la fête du solstice d'hiver, occasion de grands banquets en hommage à la renaissance du soleil et au renouveau prochain de la nature.

Une fois les mythes païens brisés et l'Europe convertie au christianisme, l'Église devenue toute-puissante entreprit de faire de même ailleurs, notamment dans ces terres récemment découvertes qu'étaient les Amériques, mais aussi en Afrique, où elle envoya quantité de missionnaires censés apporter la parole du Christ et enseigner les Évangiles pour le salut des hommes – celui-ci ne pouvant passer que par le christianisme. Cela eut pour dramatique conséquence de couper les derniers fils entre *Homo sapiens* et la nature.

Qu'est-ce que la nature ?

Nous, hommes du XXIe siècle, avons hérité de cette vision d'une nature créée par un Dieu unique pour le seul bien-être de l'homme.

Le chemin pour recréer ce lien avec la nature et retrouver une place en son sein est long et semé d'embûches. Nous nous en sommes extirpés avec tant de force que bien peu sont désormais capables de définir même ce qu'elle est. Est-ce ce pot de géraniums posé sur son balcon, ou encore ces quelques touffes d'herbes émergeant péniblement d'une anfractuosité du bitume, comme beaucoup l'imaginent et le clament ? N'est-ce pas une nature artificielle, créée par l'homme ? Finalement, la question qui se pose n'est-elle pas de savoir s'il reste une vraie nature ?

La plus belle définition de la nature, et à mon sens la plus juste, fut probablement celle proposée par François Terrasson. La nature, écrivait-il, « c'est ce qui ne dépend pas de notre volonté ». Elle est spontanée et difficile, voire impossible à contrôler, comme ces ronces que ce grand naturaliste et philosophe aimait tant.

Notre rapport à la nature est pour le moins ambigu, en effet. Pour la plus grande majorité, nous pensons aimer la nature et le clamons de suite lorsque la question fuse au hasard d'une question, mais est-ce réellement la nature que nous aimons, ou bien une image que nous nous faisons d'elle ? Je pencherais pour la seconde hypothèse. Ce que nous chérissons, c'est une pseudo-nature que nous maîtrisons, un plant de tomates copieusement arrosé d'engrais, un rosier dont les fleurs sont issues d'un long processus de sélection, un petit terrain que nous avons soigneusement agencé, allant jusqu'à lui donner une touche sauvageonne dans les jardins « anglais ». Mais celui-ci tout comme cette tomate n'existeraient pas sans le contrôle que nous exerçons sur eux. Sans nos bons soins, ils seraient bientôt envahis d'herbes que nous nommons mauvaises ; un an plus tard, nous ne reconnaîtrions plus rien, peut-être juste un rosier enfoui sous les graminées, la clématite sauvage et la viorne.

Si vous n'êtes pas convaincus par ces explications, faites un petit test. Demandez autour de vous qui se sent à l'aise dans un sous-bois tropical moite et humide où grouillent, volent, rampent des milliers de créatures inconnues, dans un fouillis végétal parfois inextricable. Ou qui aime patauger dans un marécage boueux en s'enfonçant dans la vase jusqu'à la taille... Je connais quelques personnes qui apprécient ces environnements et peuvent y passer des heures, des jours, des semaines, simplement pour le plaisir de se sentir happées par la nature et d'observer son fonctionnement, son agencement. Mais ces drôles d'individus sont rares. La plupart n'imaginent pas pénétrer dans un environnement inconnu, y perdre leurs repères d'humains et surtout s'y sentir impuissants. Car, avouons-le, nous avons peur de la nature, une peur bleue. Mais n'est-ce pas simplement parce que nous ne la connaissons pas, ou plutôt parce que nous ne la connaissons plus ?

Partez marcher en forêt tropicale humide dans le bassin du Congo en compagnie de Pygmées dont c'est la demeure et vous ne ressentirez plus du tout la même chose. La forêt, les arbres, les lianes, les animaux font partie de leur univers, de leur vie, et ils en connaissent les moindres détails. Certains arbres, comme le moabi pour les Pygmées Baka au Cameroun, sont sacrés. Ils incarnent les esprits de la forêt. Avant le départ pour la chasse, les hommes se réunissent autour du moabi sacré pour une cérémonie appelée *yéyi*, au cours de laquelle ils se couvrent d'une poudre à base d'écorce de l'arbre, censée les rendre invisibles. Les moabis font aussi office de tribunal pour les palabres et, autrefois, la monnaie utilisée lors des transactions entre villages était faite de graines de moabi gravées. Les Baka connaissent chaque plante et chaque animal de la forêt, ainsi que les nombreux mythes et légendes qui leur sont associés. Ils s'identifient à la nature qui les entoure et, s'ils l'utilisent, ils la respectent néanmoins.

Au contraire, nous, Occidentaux, nous sommes différenciés à toute force de la nature. De fait, elle est désormais perçue comme une étrangère. Il est urgent et essentiel que nous arrivions à reconnaître que cette nature forme la base du fonctionnement des sociétés humaines et que nous ne pouvons plus continuer à nous en éloigner, à la renier et à la détruire sans que cela ne nous affecte profondément. Il nous faut désormais nous réconcilier avec elle. Voilà le grand défi de l'avenir – et probablement pas la création d'énièmes réserves et parcs naturels, la réintroduction d'une poignée d'individus d'espèces proches de l'extinction et autres projets de « conservation », de toute façon voués à l'échec si cette réconciliation ne se produit pas au plus profond de nous. L'ennemi de l'homme, ce n'est pas la nature, mais bel et bien lui-même.

10

UN PILLAGE EN RÈGLE
QUAND L'ÉCONOMIE DIRIGE LA PLANÈTE

L'air, l'eau, la biodiversité font partie des biens communs essentiels à la vie. Produites par la nature, ces ressources sont gratuites et accessibles à tous (et à toutes les espèces, la nôtre y compris). En principe. Car, depuis quelques années, le monde s'est transformé en un vaste hypermarché de la biodiversité, avec une double conséquence. Tout d'abord, ces ressources naturelles étant gratuites, certains n'hésitent pas à y piocher allégrement, sans se soucier de leur pérennité sur le moyen et le long terme. Malheureusement, rien n'est inépuisable… Par ailleurs, l'air, l'eau et la biodiversité échappent à toute gestion, étant issus d'un travail gratuit de la nature qui n'appartient à personne – a priori. Or, nous assistons depuis quelques années à un hold-up permanent sur ces ressources, et tout particulièrement sur la biodiversité. Des multinationales se les sont accaparées et s'enrichissent dans l'exploitation des écosystèmes, au détriment de nombreuses populations vivant directement de la biodiversité, comme les peuples de chasseurs-cueilleurs, Pygmées, Papous, Bushmen, Enawene Nawe, Ogiek, Nukak ou encore Innu et Orok. Or cette confiscation est également préjudiciable à la plupart d'entre nous, car elle réduit de plus en plus l'accès à la nourriture, à l'eau et à d'autres types de ressources, et induit des inégalités de plus en plus flagrantes. Aucune prise de conscience politique n'a eu lieu, aucune institution mondiale ne joue les garde-fous pour répartir équitablement ces biens communs et en assurer une gestion pérenne pour le bien de tous. Les écosystèmes sont peu à peu verrouillés et pillés par les industriels. En favorisant l'enrichissement à tout prix et à court terme, nous courons au suicide...

La deuxième révolution...

À une première révolution néolithique, qui vit l'homme commencer à se démarquer des écosystèmes naturels en devenant notamment cultivateur et éleveur, a succédé bien plus récemment une deuxième révolution, industrielle.

L'impact d'*Homo sapiens* se faisait pourtant déjà cruellement sentir à travers la multiplication des campagnes de défrichage et de déforestation destinées à accroître les surfaces cultivables et les pâturages. La population humaine ne cessait d'augmenter et il fallait toujours plus de ressources pour subvenir à ses besoins. Ce qui eut pour effet une lente et inexorable destruction du couvert végétal, accompagnée d'une érosion et d'une dégradation des sols accentuées par la gourmandise et le piétinement des nombreux animaux d'élevage, ovins et bovins tout particulièrement. Cependant, le pire restait à venir.

À la fin du XVIIIe siècle en Grande-Bretagne, puis au XIXe en France et dans le reste du monde, eut lieu la révolution industrielle. Le monde occidental passait cette fois-ci d'une société agraire à une société industrielle, grâce à la modernisation des transports et des industries. Les conséquences économiques, politiques, sociales furent innombrables ; l'impact environnemental, terrible. Jusque-là, le commerce mondial, déjà dominé par l'Europe occidentale et ses grandes compagnies des Indes ou des Amériques, concernait exclusivement des produits onéreux réservés à une certaine élite. Certes, l'exploitation souvent abusive des richesses avait déjà débuté (avec l'ivoire ou les épices), mais la modernisation des transports allait provoquer une accélération des échanges marchands très vite désastreuse pour la biodiversité.

La révolution industrielle allait avoir une autre conséquence, sur les pratiques agricoles cette fois. Dès le XVIIIe, l'assolement continu commença à se substituer à l'assolement triennal avec jachère, mais le réel changement fut l'apparition des machines agricoles d'une part et de la fabrication d'engrais et autres pesticides artificiels d'autre part. C'est peu avant la fin de la Seconde Guerre mondiale que le sort de l'agriculture allait être scellé, pour le pire. La révolution dite verte commença entre 1941 et 1943 avec la création de l'Office of Special Studies par la fondation Rockefeller. Un programme de développement d'une agriculture dite « scientifique » fut lancé au Mexique, en collaboration avec l'administration présidentielle de Manuel Avila Camacho. Au sein de cette structure, on retrouvait des spécialistes des pathologies des plantes et des généticiens, dont l'axe de recherche était le développement de nouvelles variétés de maïs et de blé à très hauts potentiels de rendement.

Cette agriculture industrielle, en pleine explosion dès la fin de la Seconde Guerre mondiale, allait ainsi accélérer les processus de dégradation des sols. Désormais sollicités en permanence, ils devaient offrir toujours plus de rendements, quel qu'en soit le prix. Les fumiers et les engrais de compostage ont été remplacés par des engrais chimiques, des pesticides ont été répandus à des doses massives. Les sols ont petit à petit été empoisonnés, leur structure modifiée jusqu'à épuisement, tandis que les rivières, fleuves et nappes phréatiques devenaient de plus en plus pollués. Par ailleurs, la sélection des plantes (mais aussi des animaux d'élevage) a été systématisée à partir du XIXe siècle et ce, au détriment des variétés locales et sauvages. Certains cultivars étaient favorisés puis cultivés à très grande échelle – le début de vastes monocultures. Tout ce qui entravait le développement de celles-ci était éliminé, exterminé. Cependant, les conséquences sur les rendements à moyen et long termes ne sont pas toujours celles que l'on croit.

L'exemple de la Chine est édifiant. En 1958, Mao Zedong souhaita donner une nouvelle impulsion au pays par un changement de la politique économique. Ce fut le Grand Bond en avant. On y suivait alors le modèle soviétique en investissant massivement dans le développement industriel. Ce grand pays déjà fort peuplé était cependant essentiellement rural et Mao décida de collectiviser l'agriculture afin de stimuler ses rendements. Fin 1958, le pays comptait 750 000 coopératives agricoles regroupées en communes qui devaient idéalement, selon le modèle de Mao, être autosuffisantes pour l'agriculture mais également pour les petites industries, comme les fonderies. Ce programme allait mener à un véritable drame à la fois humain et écologique. Si les récoltes de 1958 furent plutôt bonnes, la production baissa de 195 à 175 millions de tonnes en 1959, puis à 160 millions une année plus tard. Les sols furent épuisés, pollués et d'autres catastrophes contribuèrent à la famine au cours de laquelle périrent entre 15 et 30 millions de personnes.

Mao avait observé que les moineaux faisaient des haltes dans les champs de céréales pour se nourrir de graines. Aussi, afin de maximiser à outrance les rendements, il décida de lancer une vaste campagne d'extermination de ce concurrent jugé déloyal, mobilisant des millions de paysans. Ceux-ci devaient occuper les champs et taper inlassablement sur des casseroles et autres objets métalliques afin de faire envoler les moineaux et surtout de les empêcher de se poser où que ce soit, afin qu'ils meurent d'épuisement. Des milliers de moineaux furent ainsi exterminés et les effectifs chutèrent de plus de 90 %, disparaissant même dans certaines régions. Or, cette espèce occupe une place essentielle dans la chaîne alimentaire, ce que la Chine apprit à ses dépens. Amateurs d'insectes, les moineaux une fois disparus laissèrent le champ libre aux sauterelles et aux autres ravageurs. Les conséquences furent dramatiques : des milliers d'hectares de récolte furent ainsi détruits et dévorés, provoquant la terrible famine. Si de telles campagnes d'éradication n'ont pas été menées en Occident, la généralisation de l'utilisation de divers pesticides hautement toxiques a eu et continue d'avoir un effet beaucoup plus sournois mais au moins aussi dramatique : de très graves pollutions, dont il sera question dans la troisième partie. Cette course aux rendements allie à la destruction des sols une uniformisation génétique de plus en plus grande, tant pour les plantes que pour les animaux. Cependant, l'amélioration continue des rendements n'est pas l'unique objectif de l'industrie agricole : la disparition progressive des exploitations familiales au profit de vastes entreprises et la création de situations de monopole pour une poignée d'industriels en sont un autre. Retournons quelques années en arrière : au moment de la révolution industrielle est votée une législation sur les brevets, dans le but de protéger les inventeurs de nouvelles machines contre la concurrence. Bientôt, de nombreux brevets sont également déposés en chimie, notamment pour de nouveaux pesticides et engrais ; l'avènement des biotechnologies va ensuite accélérer le hold-up mené sur une certaine partie de la biodiversité.

Confiscation du vivant

Le recours au brevet s'est en effet étendu à tout ce qui touche à l'amélioration et à la sélection des plantes, verrouillant petit à petit le marché des semences. Jusqu'au XVIIIe siècle, l'agriculteur sélectionnait le plus souvent lui-même les variétés les plus résistantes, dont il récoltait les semences pour l'année suivante. C'était un cycle autogéré, même si certaines semences pouvaient déjà être achetées. Puis, l'activité de sélectionneur est devenue un métier à part entière. Afin de protéger les nouvelles créations – les variétés – et d'assurer un revenu au sélectionneur, un Certificat d'obtention végétale (COV) fut créé. Le sélectionneur protégeait ainsi son « invention », tout en s'assurant un quasi-monopole sur la vente de semences pendant plusieurs décennies. Ce COV protège une variété, donc un patrimoine génétique, tandis que les brevets, qui se développent rapidement avec l'avènement des biotechnologies, protègent un gène précis d'une plante ou d'un animal.

Les pays utilisant les COV sont regroupés au sein d'une Union pour la protection des obtentions végétales, l'UPOV, créée en 1961. Si certains soutiennent corps et âme ce système, d'autres le critiquent vivement, notamment parce qu'il sert les intérêts commerciaux des sélectionneurs industriels des pays du Nord, et parce qu'il promeut une uniformisation génétique de l'agriculture. Principal point de discorde : la remise en cause profonde du droit de l'agriculteur de ressemer sa récolte. Ce qui était pratiqué depuis les débuts de l'agriculture a aujourd'hui totalement (ou presque) disparu, avec la nouvelle ratification de l'UPOV en 1991. De ce fait, l'agriculteur ne peut pas non plus sélectionner ses meilleures semences ni améliorer une variété, car la commercialisation de ses récoltes lui sera interdite, celles-ci étant issues de semences non autorisées. Il existe bien un « privilège de l'agriculteur » dans l'énoncé des COV, c'est-à-dire que, moyennant finance, l'agriculteur peut utiliser une partie de sa récolte pour réensemencer. Mais c'est un principe sur le papier ; en réalité, le droit de réutilisation des semences est laissé à l'appréciation de chaque pays membre de l'UPOV. Pire, ont désormais été mises sur le marché des semences dites « Terminator », c'est-à-dire des graines génétiquement programmées pour que les plantes s'autostérilisent. Le but : obliger tout agriculteur à acheter de nouvelles semences chaque année à la multinationale qui en détient le COV (ou le brevet).

Par ailleurs, il faut savoir que l'OMC (Organisation mondiale du commerce) a scellé un pacte avec l'UPOV dans le but de convaincre les gouvernements de tous les pays, et en particulier les pays en voie de développement, que le seul système juridique acceptable – et en tout cas accepté par l'OMC – est celui mis en place par l'UPOV. Un moyen de rendre le brevetage du vivant obligatoire pour toute pratique agricole. Derrière cette manipulation se cache un enjeu de taille : le contrôle du système alimentaire mondial. Tout pays devenant adhérent de l'UPOV doit en suivre les règles et donc utiliser les semences proposées par les catalogues officiels de semences. Il s'agit ici de spéculation financière et de course au monopole. En France, 90 % des courgettes hybrides F1 sont aux mains de trois grands groupes semenciers : Syngeta, Limagrain et Monsanto. Cinq multinationales semencières possèdent 75 % des semences potagères et dix groupes détiennent 50 % de toutes les semences mondiales. Au-delà du danger économique et politique d'un tel monopole se pose également la question de la diversité.

Prenons l'exemple de la France, et tout particulièrement le cas Kokopelli, afin de comprendre les dérives de ce système, créé non pas pour le bien-être de tous et la survie d'une biodiversité essentielle, mais pour satisfaire de gros intérêts économiques.

Kokopelli et les semenciers : David contre Goliath

Janvier 2008. Le verdict tombe : Kokopelli est condamné. Alors que le Grenelle de l'environnement plaidait haut et fort la cause de la biodiversité, cette petite association attachée à sauver le patrimoine naturel et historique constitué par des variétés anciennes de fruits et légumes, ayant glissé pour beaucoup dans l'oubli, est aujourd'hui lourdement condamnée... pour vente illégale de semences et pratiques dangereuses. Tiens, il est donc dangereux de produire et de vendre des graines de courge Giraumon Galeux d'Eysines, de panais de Guernesey ou de tomates noires de Crimée ? Étrange : vendre en libre-service dans des grandes enseignes divers engrais et pesticides semble bien plus périlleux, et pourtant cette pratique est, elle, totalement légale !

Derrière ce procès aux allures de mascarade se cache un enjeu économique. En effet, la FNPSP (Fédération nationale des industriels de la semence et plants) et le GNIS (Groupement national interprofessionnel des semences, sous l'égide du ministère de l'Agriculture) à l'origine de la plainte contre Kokopelli ne sont autres que des marionnettes agitées par de grands groupes semenciers (Limagrain, Syngeta et Monsanto notamment) à la recherche de profits et d'un monopole sur les semences et produits associés. Le chef d'accusation : Kokopelli distribue des variétés de plantes non inscrites dans le fameux catalogue officiel national. Créé en 1932 par l'État, ce catalogue répertorie les différentes variétés, afin d'éviter par exemple que deux semences différentes soient vendues sous le même nom. Pour être inscrite, une nouvelle variété doit remplir un certain nombre de critères et, dans le cas des semences « agricoles », apporter un progrès agronomique et/ou technologique, selon les termes mêmes du GNIS. Aussi, comme cet organisme l'explique, les variétés anciennes de légumes ne pouvaient être inscrites car elles ne sont pas assez homogènes (les graines naturelles ne sont pas très calibrées, c'est aussi cela la nature !). Quand bien même elles le seraient, le prix d'inscription au catalogue est de 4 000 euros pour une variété potagère et 15 000 euros pour une céréale. Un coût prohibitif pour une petite structure ou un agriculteur « individuel » – le but étant évidemment que seuls les grands groupes puissent inscrire leurs variétés. Cependant, il existerait désormais une liste annexe, gratuite d'accès, pour ces variétés anciennes (une gratuité toute relative, puisqu'on découvre après inspection des textes que chaque inscription d'une variété coûte en réalité 246,79 euros, selon le tarif en vigueur en 2007).

Pourquoi donc attaquer Kokopelli ? Parce que cette association fait office de poil à gratter et promeut l'agriculture biologique et la diversité biologique, contrairement aux deux entités précédemment citées, le GNIS et la FNPSP, pilotées par des ténors de l'agriculture intensive, de l'agrochimie des pesticides et des OGM. Comment expliquer par exemple que 15 variétés de maïs OGM, dont le maïs Monsanto MON 810, sont répertoriées sur ce catalogue, pour ne citer qu'un exemple ? Est-ce cela la protection de la biodiversité ?

En attendant, Kokopelli a été condamné à verser 12 000 euros au grainetier Baumaux pour concurrence déloyale. Or Baumaux affiche un chiffre d'affaires de 8 à 10 millions d'euros et un bénéfice annuel d'environ 800 000 euros… Kokopelli devra également verser 17 500 euros à l'État français pour vente de semences illégales. Cinq mille euros seront consacrés à informer le peuple français sur les pratiques dangereuses de Kokopelli.

Bien que l'ancienne secrétaire d'État chargée de l'écologie, Nathalie Kosciusko-Morizet, eût reconnu quelque temps après le procès – au grand dam des semenciers et des politiques les soutenant – que cette association « contribue à la biodiversité », cette décision de justice nous apprend donc qu'il est dangereux et illégal en France de protéger la biodiversité. En revanche, nous pouvons allégrement utiliser pesticides, engrais et OGM. Le monde ne tourne décidément plus rond – il tourne autour des intérêts de poids lourds de l'industrie. Pourtant, Kokopelli protège un patrimoine en train de disparaître. Près de 80 % des légumes cultivés il y a moins d'un siècle ont disparu. À l'échelle mondiale, seules trois à quatre variétés de blé sont cultivées, sans parler des différents légumes. Que se passera-t-il d'ici dix, vingt ou cent ans ? Nous ne devons pas escamoter cette question, car les enjeux, politiques notamment, sont bien plus importants qu'on pourrait le croire…

La vache en noir et blanc

Cette uniformisation du vivant dictée par les industriels soucieux de s'approprier le contrôle des biens dits communs s'impose de plus en plus sur les variétés céréalières, fruitières ou potagères, mais elle ne concerne pas uniquement le monde végétal. En effet, aujourd'hui, où que vous alliez en Europe mais aussi dans le monde, vous croisez immanquablement des vaches noir et blanc, ces Prim'Holstein qui ont envahi les prés et les étables de plus de 128 pays, au détriment de nombreuses autres races. Il faut dire que ses 10 000 litres de lait annuels font rêver lorsque les races dites rustiques en produisent environ la moitié. Or celles-ci affichaient une résistance bien plus grande aux conditions climatiques ou à la nature du terrain. Ainsi, en Ouganda, les races Watusi et Ankole, qui résistent bien mieux à la sécheresse, risquent de disparaître au profit de la Prim'Holstein importée des pays du Nord.

Un recensement international a estimé à 6 500 le nombre de races domestiquées de chèvres, vaches, moutons, buffles, yacks, porcs, chevaux, lapins, oies, dindes, canards et poules dans le monde. Mais un rapport de la FAO vient de montrer que, en l'espace de quinze ans à peine, plus de 1 500 races sont devenues menacées et 190 ont d'ores et déjà été déclarées officiellement éteintes. Adieu par exemple la vache fribourgeoise en Suisse, la poule Banaba des Philippines, pourtant très résistante aux maladies respiratoires, la chèvre angora Pak au Pakistan, dont il ne reste plus qu'un troupeau alors qu'elle s'adapte bien aux maladies et à la chaleur. Les bœufs yakoutes tolérant le froid glacial sibérien pourraient également disparaître, comme les chevaux Nokota ou de nombreuses autres races d'ânes, d'ovins et de volailles. La forte augmentation de la demande mondiale en viande, lait et œufs a participé à cette érosion de la biodiversité au même titre que l'industrialisation de l'agriculture. Depuis le milieu du XXe siècle, une poignée de races à hauts rendements, originaires d'Europe et d'Amérique du Nord, ont commencé à envahir les régions du globe où se pratique l'élevage, parmi lesquelles évidemment la vache Holstein-Friesan mais aussi la Jersey, les porcs Large White, Duroc et Landrace, ou encore les volailles Rhode Island et Leghorn… C'est ainsi que l'on a observé la quasi-disparition du mouton Red Masai au profit du Dorper au Kenya et la lente disparition des races de cochons indigènes au Vietnam. Si ces races comptaient pour 72 % du cheptel en 1994, au début des années 2000 elles ne représentaient plus que 26 % de la totalité des porcins et, sur les 14 races locales recensées, 5 sont désormais en danger critique d'extinction et 5 sont vulnérables.

Une uniformisation qui a un coût : à la moindre fluctuation environnementale, à la première introduction d'un pathogène, l'éleveur risque la catastrophe là où auparavant, avec ses races rustiques, il ne craignait rien ou presque. On ne saurait mieux illustrer les dangers de l'uniformisation et l'intérêt de la diversité, véritable assurance sur le futur.

La dictature du profit

Existant depuis plusieurs siècles (les caravanes de sel, la route de la soie, les compagnies…), le commerce international a connu un essor fulgurant à partir du milieu du XXe siècle notamment grâce à la modernisation des transports. C'est le début de la mondialisation, avec un accroissement des échanges, des mouvements de biens, de services, de main-d'œuvre, de capital et de technologies à l'échelle internationale. Entre 1950 et aujourd'hui, le volume des échanges commerciaux a été multiplié par 16. Ceci n'est pas sans impact sur l'environnement et sur la biodiversité de manière générale. En effet, il est désormais facile pour une entreprise établie en Europe, par exemple, d'exploiter des ressources dans les forêts tropicales du bassin du Congo puis de les exporter en Amérique du Nord ou en Asie. Le système de libre-échange reposant sur divers traités et accords, notamment les accords multilatéraux négociés au niveau de l'OMC, favorise ces pratiques et on assiste depuis un demi-siècle à un pillage en règle des ressources naturelles de la planète – sans qu'on se préoccupe de la pérennité de ces ressources sur le moyen et le long terme. L'exemple du pétrole vient immédiatement à l'esprit, mais bien d'autres matières premières sont l'objet de ce commerce débridé, qui ne profite pas ou rarement aux populations locales et qui cause de graves perturbations environnementales, parmi lesquelles une érosion de la biodiversité sans précédent. Particulièrement touchés sont les forêts et les océans, deux écosystèmes ravagés par l'homme et dont l'avenir semble de plus en plus compromis.

Quand les forêts disparaissent

En moins d'un siècle, la terre a perdu plus des deux tiers de ses surfaces boisées. L'homme les a coupées, rasées, brûlées pour en exploiter le bois, les minerais ou bien installer de vastes monocultures : palmiers à huile, hévéas, soja, plantations destinées à l'industrie de la pâte à papier, biocarburants ou encore pâturages pour l'élevage bovin. Cependant, s'il ne fait aucun doute que les forêts tropicales payent le plus lourd tribut à ce crime contre la biodiversité orchestré par d'importantes multinationales avec le concours de politiques et des institutions financières internationales, d'autres forêts, sous des latitudes plus tempérées, sont également victimes de cette déforestation industrielle.

Miette de terre perdue au large de l'Australie, la Tasmanie abrite une forêt féerique, échappée d'un autre temps et dont les hôtes sont des géants (les *Eucalpytus regnans* hauts de

80 mètres), des vénérables vieillards (comme le cèdre de Tasmanie, ou *pencil pine*, et le pin huon, qui peuvent vivre jusqu'à 1 000 ans) mais aussi d'incroyables eucalyptus des neiges aux écorces bariolées. Ici subsiste encore une des dernières forêts tempérées humides du globe, dominée par une cohorte d'espèces endémiques. Y pénétrer, c'est faire un voyage dans le temps, retourner à une époque très lointaine, où la terre était formée d'un super-continent, le Gondwana. Pandanus, mousses, lichens, orchidées et autres épiphytes cramponnés aux arbres tortueux et majestueux, dégouttant de rosée, façonnent un paysage tout droit sorti du royaume des elfes. La faune vivant dans ce sous-bois est elle aussi d'une diversité et d'un endémisme incroyables, en partie dus à une évolution en vase clos, sur ce petit bout d'île isolé du reste des terres émergées depuis 80 millions d'années.

Mais ce royaume végétal est en train de disparaître. La forêt de Wielangta et la vallée de Styx autrefois luxuriantes ressemblent désormais par endroits à de vastes cimetières de troncs calcinés. Des wombats et autres marsupiaux morts jonchent le sol, tandis que les souches des anciens géants témoignent d'une beauté aujourd'hui reléguée au rang de vagues souvenirs couchés sur papier glacé. La vision est tellement apocalyptique qu'il est difficile d'imaginer comment un tel désastre a pu être occasionné. Ces forêts ont été assassinées par une poignée d'hommes qui, non contents de couper les arbres les plus vénérables, ont achevé leur terrible besogne en lançant des bombes au napalm afin de faire place nette pour de futures plantations d'arbres à croissance rapide. Mais ce n'est pas tout. Les phalangers, les dendrolagues de Bennett et les thylogales ne sont pas morts des conséquences de la destruction du milieu, mais ont été délibérément exterminés pour que les pousses des jeunes arbres ne soient pas grignotées. Pour ce faire, des appâts empoisonnés ont été disséminés dans les zones de plantations, tuant toute la faune environnante, dont des espèces menacées et protégées par le gouvernement fédéral australien et le gouvernement tasmanien, comme le diable de Tasmanie, le chat marsupial à queue tachetée ou l'aigle d'Australie, sans parler des wombats, des bettongies et des oiseaux victimes de ce carnage.

Ce terrible crime contre la biodiversité a été orchestré par l'industrie de la pâte à papier, plus particulièrement par l'entreprise Gunns Limited, ainsi que par l'agence d'État Forestry Tasmania, responsable de la gestion des forêts du pays. À elles deux, entre concessions privées et forêts d'État, elles détiennent un quasi-monopole sur l'industrie forestière en Tasmanie. Chaque année, ce sont plus de 35 000 hectares de forêt ancienne qui sont rasés en Tasmanie, dont 15 000 par de sévères et meurtrières coupes à blanc. L'objectif est double : utiliser cette matière première boisée pour alimenter les usines de pâte à papier pendant plusieurs années, jusqu'à ce que les plantations soient « installées » et fonctionnelles. Ainsi, dans un premier temps les usines fonctionnent avec 80 % de bois issu de forêts anciennes, puis le chiffre est supposé tomber à 20 % une décennie plus tard, quand ce bois est remplacé par le produit des plantations. Selon l'ONG Wilderness Society[1], depuis 1997 plus de 140 000 hectares de forêts anciennes ont été convertis en plantations ; celles-ci auront une durée de vie de 30 à 80 ans. Les forêts humides tempérées d'eucalyptus, comme celles abritant les eucalyptus rois (*E. regnans*) pouvant culminer à 108 mètres, plus haut que les plus grands des séquoias, sont les plus touchées. Plus de 50 % ont déjà disparu sous les tronçonneuses.

En décembre 2006, la Cour fédérale australienne a affirmé que les pratiques de Gunns Lt. et de Forestry Tasmania dans la forêt de Wielangta violaient le Tasmanian Regional Forest Agreement[2], conclu entre la Tasmanie et l'Australie (points 30 à 38), et les lois australiennes sur la protection de l'environnement et de la biodiversité (Australia Environmental Protection and Biodiversity Act), en portant atteinte à la survie d'espèces protégées, telles que l'aigle d'Australie, la perruche de Latham ou encore le lucane à mandibules larges (*Lissotes latidens*). Les pratiques de Gunns Lt. et de Forestry Tasmania ont donc été jugées illégales – notamment à cause de l'utilisation de napalm et de 1080, un puissant poison neurotoxique, appelé également sodium monofluoroacétate et utilisé pour exterminer les « nuisibles » et « ravageurs », selon les termes employés par Forestry Tasmania. Selon un rapport du Tasmania Conservation Trust[3], environ 100 000 animaux sauvages ont été tués tous les ans entre 2002 et 2004, un chiffre très certainement sous-estimé étant donné le nombre de cadavres impossibles à retrouver, enfouis sous des débris ou dans des cavités où les animaux se sont cachés durant leur agonie. Ce poison sans antidote fut développé par l'armée nazie durant la Seconde Guerre mondiale comme arme chimique. Son utilisation fut interdite dans les forêts d'État tasmaniennes fin 2005, mais Gunns Lt. continue de l'utiliser dans ses concessions privées. À propos de l'utilisation du 1080, le Forestry Tasmania n'hésite pas à déclarer que « l'utilisation de produits chimiques dans la plantation forestière est faible comparé à ce qui est pratiqué dans l'agriculture ». Mais est-ce un si bon argument lorsqu'on connaît les problèmes de pollution et les désastres occasionnés par les engrais et pesticides chimiques utilisés dans l'agro-industrie ?

Malgré les coupes à blanc, malgré l'usage du napalm et du 1080, la direction de Forestry Tasmania continue de déclarer que l'exploitation de la forêt de Wielangta est sélective et que ce n'était pas une forêt ancienne. Une partie du débat repose justement sur ce terme de forêt ancienne : la définition établie par les autorités est suffisamment floue pour que n'importe quelle parcelle de forêt puisse en être exclue, et donc ouverte à l'exploitation. Afin d'apaiser l'opinion et les ONG, la Tasmanie s'était finalement engagée en 2001 à protéger ses forêts anciennes, notamment la vallée de Styx et les highlands du nord-est, pour ne citer que ces deux zones, de l'exploitation forestière. En réalité, toutes continuent d'être exploitées par Forestry Tasmania et Gunns Ltd. Le problème de définition n'est pas la seule faille dans laquelle ces deux entités se sont allégrement glissées. Elles utilisent un autre argument pour justifier leur système d'exploitation : elles ne pratiqueraient pas la coupe à blanc, contrairement à ce que clament les ONG, mais un système appelé « *retained aggregates* ». Çà et là, de petites zones sont laissées intactes, îlots de forêts parsemés dans un désert. Cependant, d'un point de vue écologique, l'impact est similaire à la coupe rase, car la biodiversité au sein de ces îlots est fortement réduite et les populations menacées notamment par un manque de diversité génétique. En outre, exposées au vent, ces zones sont soumises à la sécheresse, aux feux de forêt et aux pathogènes. Elles sont donc condamnées sur le moyen terme. Utiliser cet argument revient simplement à faire du « *green washing* » auprès de l'opinion publique tout en continuant à sacrifier ces écosystèmes forestiers.

N'existe-t-il donc pas de pressions du côté des acheteurs afin d'obtenir un produit certifié issu de forêts gérées durablement ? En réalité, si, notamment grâce aux campagnes d'action menées par un regroupement d'ONG comprenant entre autres Les Amis de la Terre, The Wilderness Society, Greenpeace, Rainforest Action Network ou encore l'Australian Conservation Foundation. Mais à quelle certification faire confiance ? La plupart des copeaux de bois produits en Tasmanie sont certifiés AFS, un label qui est loin de satisfaire aux critères de la certification FSC (Forest Stewardship Council) : il a en réalité été créé de toutes pièces par l'industrie forestière, avec la complicité du gouvernement, afin de fournir un alibi à Gunns Ltd. et à Forestry Tasmania. L'histoire ne s'arrête cependant pas là : le gouvernement britannique a missionné une structure interne, le CPET (Central Point of Expertise on Timber), pour évaluer les différents critères de certification utilisés dans l'industrie forestière. L'AFS, qui ne remplit aucun critère de gestion durable, a d'emblée été rejeté. Or, l'AFS est affilié au PEFC (Pan European Forest Certification Scheme), un schéma de certification européen ne fonctionnant pas du tout comme le FSC, beaucoup plus souple et montrant de grandes lacunes, selon les ONG spécialisées sur cette question. Alors que le label FSC n'est obtenu qu'une fois tous les critères du cahier des charges remplis, la certification PEFC précède le passage des experts, qui valident (ou non) a posteriori la conformité de l'exploitation aux critères exigés par le label (un délai qui peut parfois se compter en années). Du fait de ce rapprochement AFS et PEFC, le CPET a accepté de mettre provisoirement le PEFC sur sa liste de certifications valables, en attendant de mener une expertise plus poussée. Quelques mois plus tard, en décembre 2006, après d'âpres discussions et de nombreuses pressions de la part du gouvernement australien, curieusement la certification PEFC est reconnue comme un système garantissant une gestion durable des forêts… Implicitement, cela signifie que le PEFC considère que les coupes à blanc, le largage de napalm et l'empoisonnement de la faune au 1080 font partie d'une bonne gestion durable d'un écosystème forestier !

Il y a cependant des révélations encore plus explosives. Peu de temps après, l'ONG Wilderness Society reçoit un pli anonyme contenant un document classé secret : le projet de stratégie de communication conjointe des entreprises forestières et des gouvernements australien et tasmanien[4], stratégie visant à contrer les campagnes des ONG et à poursuivre la déforestation. Dans ce document on peut lire qu'« une stratégie de communication efficace doit protéger les parts de marché de la Tasmanie sur les marchés internationaux en éliminant les préoccupations environnementales qui entraînent les clients vers d'autres fournisseurs », et qu'un service spécial est mis en place pour les clients de ces industries forestières. Lorsqu'ils sont contactés par des groupes de protection de l'environnement, ils doivent immédiatement transférer les requêtes au PEFC ou bien à l'Académie forestière de Pékin, avec qui le gouvernement australien a signé un accord de coopération agricole (l'ACACA). L'un des objectifs de cet accord australo-chinois vise la reconnaissance mutuelle des systèmes de certification forestière des deux pays, afin de maximiser leurs futurs échanges commerciaux de bois et de produits dérivés. Le PEFC répond à ces demandes par des courriers et des kits d'informations préécrits par les deux gouvernements et les signale aux gouvernements tasmanien et australien, afin qu'ils puissent identifier toute « campagne émergente ou menace » visant à déstabiliser l'exploitation forestière. En échange de ces bons et loyaux services, les gouvernements australien et tasmanien se sont engagés à verser 50 000 dollars australiens (environ 27 500 euros) par an au PEFC (et la même somme à l'Académie forestière de Pékin) ; l'ensemble de la campagne de publicité dans les médias vantant les méthodes de l'industrie forestière en Tasmanie s'élèverait à plus de 1,54 million de dollars australiens (environ 845 000 euros).

Le produit issu de cette déforestation est destiné à un usage local mais surtout à l'exportation en direction du Japon, le plus gros acheteur de pulpe mais aussi de matière brute (90 % du bois issu de la déforestation sont convertis en copeaux). 80 % de la production de Gunns Ltd. sont exportés au Japon, à destination notamment de Nippon Paper, Oji Paper et dans une moindre mesure Chuetsu Pulp & Paper Co. Quant à Mitsubishi Paper Mill et Daio Paper, ils continuent de se fournir en Tasmanie, mais seulement en copeaux issus de plantations (qui se sont néanmoins faites au détriment de la forêt ancienne)[5]. Par ailleurs, il faut également noter que, dans la zone de Hampshire, la plantation de Gunns Ltd. ne sert pas à alimenter en matière première l'usine de pâte adjacente, mais que les copeaux sont exportés dans leur quasi-totalité. Pour fonctionner, l'usine (qui à plein régime consomme 4,5 millions de tonnes de bois par an, dont 4 millions pour la pâte elle-même et 500 000 tonnes comme combustible pour faire fonctionner l'usine) va se servir dans les forêts anciennes situées un peu plus loin. Un double profit !

Ces pratiques ne nuisent pas seulement à la biodiversité : ces forêts tasmaniennes sont pour certaines extrêmement riches en carbone, avec un taux de plus de 1 200 tonnes de carbone stocké à l'hectare. Après la coupe à blanc et les feux dus au napalm, la plus grande partie de ce carbone retourne sous forme de CO_2 dans l'atmosphère et contribue au réchauffement climatique. En effet, point souvent oublié dans les discussions sur la lutte contre le réchauffement climatique (sciemment peut-être tant les enjeux économiques sont grands !), la déforestation émet à elle seule 25 % des gaz à effet de serre (contre 14 % pour l'industrie, 14 % pour les transports ou 3 % pour l'aviation)... La protection de ces forêts et de leur biodiversité est un enjeu mondial, mais de faible poids face à la puissance de l'industrie forestière, prête à tout pour continuer à amasser des profits, comme en témoigne un responsable forestier de Forestry Tasmania lors d'une enquête menée par le Sénat australien : « La culture de l'industrie forestière et des organes de réglementation supposés la contrôler est fondée sur l'intimidation, le mensonge et l'absence de transparence. [...] De nombreux forestiers voudraient faire les choses dans les règles, mais ont trop peur[6]. »

Enfin, n'oublions pas de mentionner que Forestry Tasmania travaille sur trois projets de centrales au bois destinées à alimenter l'île en électricité. Un drame de plus pour les forêts et pour le réchauffement climatique mondial !

La guerre du thon rouge

16 juin 2008. C'est fini, la pêche au thon rouge est fermée, annonce l'Union européenne. Les quotas sont atteints et, face à la diminution inquiétante des stocks de cette espèce, elle a décidé de ne tolérer aucun dépassement cette année. C'en est trop pour les pêcheurs, indignés de se voir ainsi refuser la

poursuite de cette pêche « miraculeuse », très lucrative : le thon rouge est à la mode et les demandes sont en forte augmentation sur le marché, japonais notamment, où un seul poisson de 200 kilos peut se négocier 20 000 à 30 000 euros au bas mot, voire davantage lorsque le toro (la chair de la partie ventrale du thon rouge) est particulièrement beau et gras. Alors que le syndicat regroupant 24 des 36 thoniers-senneurs français donne des consignes pour continuer la pêche malgré la décision européenne (la Sathoan, le deuxième syndicat, a quant à lui décidé de respecter la fermeture de la pêche), il reçoit le soutien plutôt inattendu du pourtant très européen et ancien ministre de l'Environnement (entre 1993 et 1995) Michel Barnier, devenu ministre de l'Agriculture et de la Pêche puis député européen. Les critiques fusent vis-à-vis de Bruxelles et des experts scientifiques qui ont pointé du doigt l'épuisement des stocks de thon. Une véritable guerre ouverte est désormais déclarée entre la réalité économique et la réalité écologique.

La pêche au thon était déjà pratiquée durant l'Antiquité, 7 000 ans avant notre ère, par les Phéniciens et les Romains, à la ligne ou à la senne de plage (les poissons étaient encerclés et capturés à l'aide d'un filet). Dès le XVIe siècle, ces techniques furent remplacées par les madragues (des filets fixes piégeant les thons lors de leurs migrations), permettant des captures d'environ 110 000 thons par an. À la fin des années 1950, alors que cette technique était peu à peu abandonnée, 400 000 tonnes de thonidés étaient pêchées par an dans le monde. L'industrialisation de la pêche à partir des années 60 a fait exploser ces chiffres, avec plus de 4 millions de tonnes en 2000 et 6,31 millions de tonnes en 2003. Ceci grâce à des bateaux de plus en plus grands et performants, les thoniers-senneurs, désormais équipés de sonars, radars et systèmes de localisation satellitaires (GPS). Les sennes, ces filets coulissants, permettent de capturer 400 tonnes de poissons en une seule prise et la capacité des thoniers de 90 mètres de long tourne autour de 1 400 tonnes de poissons par campagne de pêche. Qui plus est, la mode des sushis et sashimis a contribué à augmenter la pression de pêche sur ce poisson pélagique et grand migrateur. Le thon n'a pas toujours été si prisé, même au Japon. En un demi-siècle, ce poisson tout juste bon à faire des conserves et des aliments pour animaux est devenu un aliment noble et hautement apprécié.

Les thons occupent tous les océans du globe mais sont subdivisés en plusieurs espèces et en « stocks » : le thon rouge du Pacifique (*Thunnus obesus*), stock de l'océan Pacifique, le thon rouge du Sud (*Thunnus macoyii*), stock de l'océan Indien, et enfin le thon rouge de l'Atlantique (*Thunnus thynnus*), stock de l'Atlantique, lui-même subdivisé en stock Ouest-Atlantique et Est-Atlantique. Le premier est classé « Vulnérable » sur la liste rouge de l'IUCN, tandis que le deuxième est en danger critique d'extinction. Dans les deux cas, c'est la surpêche qui a provoqué un effondrement des stocks. Mesurant jusqu'à 4 mètres et pesant parfois plus de 900 kilos, le thon rouge du Sud, avec sa chair particulièrement grasse, a été la première victime des sashimis. En 1994, l'Australie, le Japon et la Nouvelle-Zélande, rejoints en 2001 par la Corée du Sud, ont signé une convention pour protéger cette espèce et enrayer son déclin. Cependant, ses effectifs auraient chuté de 97 % et les experts jugent aujourd'hui les mesures encore insuffisantes. Et la pression de pêche s'est de fait portée sur les autres stocks de thon ; celui du Pacifique étant également profondément affecté par la surpêche, ce sont désormais les populations de l'Atlantique qui sont visées. Depuis deux ans, les experts tirent la sonnette d'alarme. En effet, en 2006, le comité scientifique de l'ICCAT[a] a montré que l'exploitation du thon rouge avait atteint

a. Ou CICTA : Commission internationale pour la conservation des thonidés de l'Atlantique. Organisation multilatérale où siègent les principaux pays riverains de l'Atlantique et de la Méditerranée ainsi que quelques pays « pêcheurs » comme le Japon.

un niveau jamais égalé et que la capacité de pêche, en Méditerranée tout particulièrement, dépassait largement la capacité de reproduction du poisson. En clair, il y a beaucoup trop de pêcheries, thoniers et palangriers par rapport au stock de thon et les 50 000 tonnes pêchées annuellement (entre quotas officiels et pêche illégale) seraient environ le double du potentiel de production du stock Est-Atlantique. Fin 2007, lors de l'attribution des quotas pour l'année 2008, les experts scientifiques ont été formels. Pour permettre aux stocks Est-Atlantique et méditerranéen de se refaire une santé, il ne faut pas pêcher plus de 15 000 tonnes de thon. Et l'ICCAT de conclure : parfait, ce sera donc 29 500 tonnes, comme l'année passée…

Aujourd'hui, la flottille comprend 614 navires dans la zone méditerranéenne, dont 229 thoniers-senneurs mis en service durant la dernière décennie. Or, pour respecter les quotas imposés par l'UE en 2008, il faudrait au minimum 110 thoniers de moins. Dans un rapport, le WWF[7] montre que cette flotte surdimensionnée, particulièrement onéreuse à l'achat et à l'entretien, doit pêcher un minimum de 42 000 tonnes de thon rouge simplement pour être à l'équilibre et couvrir ses coûts, soit 13 000 tonnes de plus que ce qui est imposé par les quotas. Il est donc facile d'imaginer que la pêche illégale bat son plein… Une surcapacité avérée dénoncée également par l'IFREMER[8]. Or, si la flottille dépasse déjà largement les capacités de production du stock (entraînant une pêche illégale en dehors des quotas), pourquoi de nouveaux thoniers-senneurs sont-ils actuellement en construction ? En juillet 2007, les chantiers Piriou annonçaient avec fierté une commande de trois thoniers-senneurs congélateurs-surgélateurs de 90 mètres et 1 500 mètres cubes destinés à la flotte de SAPMER, basé à la Réunion. *C289*, *C291* et *C292*, livrés en 2009, seront les plus grands thoniers-senneurs français et opéreront dans l'océan Indien, tout particulièrement autour des Seychelles. Certes, ce n'est pas le stock de l'Atlantique-Est qui est concerné, mais le thon albacore et le thon rouge du Sud, *Thunnus macaoyii*. Si le thon albacore, régulièrement surveillé dans ces zones, voit ses effectifs baisser, le thon rouge du Sud, lui, est sur le fil de l'extinction. Quel est alors l'intérêt de mettre trois nouveaux thoniers-senneurs géants en service ? Et ce ne sont pas les seuls : 25 autres de ces navires-usines sont actuellement en construction en Turquie, en Croatie, en Espagne, en Italie et en Tunisie ! Ils sont destinés à écumer les eaux méditerranéennes malgré les nombreux avis de surpêche et de risque d'épuisement des stocks.

Ce qui est plutôt curieux lorsqu'on regarde à la loupe l'évolution de la flotte, c'est le fait que la Libye a acquis son premier thonier-senneur en 2002 seulement et en a 39 actifs aujourd'hui. Elle ne communique par ailleurs aucune donnée sur ses prises à l'ICCAT, ce qui en fait un pays de choix pour des navires français, italiens ou tunisiens voulant échapper à la surveillance de l'ICCAT et aux quotas européens. De fait, 12 thoniers-senneurs français battent désormais pavillon libyen, tout comme 9 navires tunisiens et 6 italiens, entre autres. Par le jeu de joint-ventures avec des sociétés libyennes, ces bateaux appartiennent à leurs armateurs d'origine, au moins en partie, et la majorité de l'équipage est en général constituée de pêcheurs de nationalité française. Ainsi, ces armateurs pêchent à la fois sous quota libyen et sous quota européen. La Libye entretient un grand flou quant à la gestion de son stock de poissons et a par ailleurs partiellement entériné le plan de sauvetage du thon rouge proposé en novembre 2006 par l'ICCAT. Ceci s'accompagne d'une autre inconnue : on ignore le nombre de fermes d'engraissement en activité dans les eaux libyennes et le pays a étendu ses eaux territoriales, créant une « zone de protection des pêches ». Un moyen de verrouiller un peu plus ces territoires où les thons viennent notamment se reproduire. « Si rien n'est fait, comme plus de la moitié des stocks de thon se trouve dans ses eaux ou au large de ses eaux, la Libye jouera un rôle pivot dans l'effondrement des stocks prévu par les scientifiques d'ici un à cinq ans ! » expliquait Stephan Baucher, responsable de la campagne Océans à Greenpeace, fin 2007 lors d'une interview.

Revenons à ces fermes d'engraissement. Il est devenu de plus en plus difficile d'obtenir des données fiables sur les captures de thon, car depuis 1997 l'augmentation de sa valeur a entraîné l'expansion de l'embouche[a] en Méditerranée, et jusqu'à 90 % des prises des thoniers-senneurs ne sont plus débarquées à terre (où il était plus facile d'effectuer des contrôles, des recensements et des échantillonnages), mais remorquées et transférées directement dans de vastes cages flottantes. Là, les thons sont engraissés avec de petits poissons sauvages jusqu'à atteindre un poids et une qualité de chair conformes aux critères exigés par les importateurs japonais. Personne ne sait donc combien de poissons sont réellement capturés. Pour rendre l'exploitation du thon encore un peu plus opaque, les Japonais ont construit des usines de conditionnement « délocalisées », en Chine par exemple, afin de brouiller les chiffres sur les importations de cette ressource dans leur pays. Les prises illégales, notamment les quelque 10 % de poissons succombant au voyage de plusieurs jours dans les filets entre la zone de capture et la ferme d'élevage, sont ainsi écoulées sur les marchés de pays en voie de développement par le biais de quelques officiels corrompus. Là, les thons sont conditionnés, emballés puis vendus sous des dénominations telles que « sashimis au thon ». En 2003, près de 18 000 tonnes de thons capturés illégalement en Atlantique pourraient avoir été blanchies ainsi, comme le rapporte le gouvernement japonais[9]. Peter Miyake, un expert auprès de l'ICCAT, a comparé les prises déclarées et les importations enregistrées (en considérant une hypothétique croissance de 25 % de la masse des thons dans les fermes d'embouche entre leur capture et l'abattage).

a. Technique de l'industrie agroalimentaire, consistant à nourrir poissons ou bovins avec des aliments « riches » pour un engraissage rapide.

Curieusement, si les importations de thon du Japon augmentent, ainsi que les revenus issus de l'élevage, les prises déclarées par les senneurs diminuent. Une seule explication possible à cela : l'augmentation du nombre de prises non déclarées, c'est-à-dire de la pêche illégale.

Les thoniers-senneurs et certains responsables politiques n'auraient-ils pas dépassé un autre quota, celui de la mauvaise foi ?

Le cas du thon rouge peut malheureusement être décliné pour de nombreuses autres espèces. Avec cette surexploitation des océans, les spécialistes craignent que, d'ici moins d'un demi-siècle, il ne reste plus grand-chose à pêcher. La « révolution bleue » se sera alors tuée elle-même. Il existe un nom pour tout ceci, m'expliquent Arnaud et Sophie Bertrand, chercheurs à l'IRD (Institut de recherche pour le développement) : c'est la tragédie des biens communs, ou tragédie des communaux. On doit cette expression à l'écologiste Garrett Hardin, qui publia un article sous ce titre dans *Science* en 1968, même si le phénomène qu'il décrit est connu depuis bien plus longtemps. Prenez une ressource, limitée, dont l'accès est libre et gratuit, comme les poissons dans l'océan ou bien le bois de teck sauvage. Chaque individu aura un intérêt personnel à utiliser cette ressource commune afin de maximiser son intérêt personnel tout en redistribuant à l'ensemble des utilisateurs les coûts d'exploitation et les problèmes causés. Hardin utilisait la métaphore d'un champ de fourrage commun à tout un village où chacun amenait toujours plus de bêtes afin de s'accaparer un maximum de fourrage et d'éviter que son voisin prenne l'avantage à sa place. À la fin, le champ était devenu une mare boueuse. Malheureusement, c'est ce qui est en train de se produire aujourd'hui avec tous les biens communs que nous avons à disposition, à savoir la biodiversité dans son ensemble, mais aussi l'air que nous respirons, par exemple.

En moins de quinze ans, les océans ont perdu 50 à 90 % de leurs poissons prédateurs et la tendance n'est pas du tout à la hausse des stocks, puisque, malgré les nombreuses mises en garde, on continue de puiser allégrement dans ces ressources. Pourtant, l'exemple de la pêche à la morue pourrait faire réfléchir. Dans les années 1980 et 1990, les stocks de ce poisson se sont effondrés et, en 1992, le Canada s'est vu forcé de fermer ses pêcheries de Terre-Neuve, pourtant actives depuis cinq siècles. À la suite du moratoire imposé sur cette ressource halieutique, 40 000 emplois ont dû être supprimés, et en 2002 les poissons n'étaient pas revenus. En 2006, des projets pilotes autorisant de faibles prises (moins de 3 000 tonnes) étaient à nouveau autorisés, mais les études ont montré que le stock ne s'était toujours pas rétabli.

La même question se pose en Europe pour le thon rouge, et ailleurs pour les requins, les raies, les espadons, les loups de mer, les saumons sauvages de l'Atlantique, les soles, les turbots, les flétans, les daurades et autres empereurs. Faut-il que les stocks s'effondrent et que tout le secteur de la pêche soit définitivement sinistré pour que l'on fasse enfin preuve de prudence et de bon sens ? Il y a bien quelques signes encourageants : le distributeur Auchan a décidé de cesser de proposer du thon rouge dans ses hypermarchés ; la Suède va réduire sa flotte pour participer à la sauvegarde des stocks de morue. Ces signes sont néanmoins insignifiants au regard de la situation globale, et ceux qui continuent de piller ces ressources préfèrent ignorer que toute catastrophe écologique s'accompagnera d'une catastrophe économique. Dans le cas des ressources halieutiques, et après la disparition déjà amorcée des petits pêcheurs traditionnels, elle sera sans précédent, touchant des millions de personnes dans le monde.

Trafic d'espèces

Mars 2008. Le manager d'une compagnie forestière de nationalité grecque est arrêté au Cameroun par les autorités grâce au travail de l'ONG LAGA[10]. Dans ses bagages, deux jeunes chimpanzés, un cercopithèque de Brazza et cinq perroquets gris du Gabon. Un mois plus tard, un escroc qui tentait de vendre sur internet un bébé chimpanzé en utilisant de faux permis d'exportation et d'importation CITES[a] est appréhendé à son tour. Si les bébés bonobos, gorilles, chimpanzés ou orangs-outans vendus comme animaux de compagnie font l'objet d'un important trafic, notamment à destination de la Russie pour les espèces africaines, et de la Thaïlande et de Hong Kong pour les orangs-outans, les grands singes ne sont pas les seules espèces touchées par le commerce de faune sauvage, qui s'amplifie avec la globalisation des échanges commerciaux.

Il est cependant important de différencier le commerce légal du commerce illégal. Le commerce légal rapporte environ 159 milliards de dollars par an et concerne entre autres, selon les spécialistes, 1,5 million d'oiseaux vivants, 640 000 reptiles vivants, 1 600 000 peaux de lézard, 150 000 fourrures de mammifères divers, environ 300 tonnes de caviar et pas moins de 21 000 trophées de chasse. Quant au commerce illégal, il peut revêtir plusieurs formes, de la simple négligence ou méconnaissance des lois nationales et internationales régissant la détention et le négoce de certaines espèces sensibles et protégées, au trafic organisé.

Tien Shan, Kirghizistan. Le minibus russe gris amiral tente péniblement de gravir les chemins de montagne abrupts et

a. Convention sur le commerce international des espèces de faune et de flore sauvages menacées d'extinction, appelée aussi convention de Washington.

caillouteux. À son bord, les trois membres du Gruppa Bars, une patrouille luttant contre le braconnage et le trafic des panthères des neiges, un félin particulièrement menacé depuis la chute du bloc communiste. « Les effectifs de ce grand prédateur des cimes ont baissé de 50 à 80 % ces dernières années, notamment au Kirghizistan, où vivait autrefois la plus importante population de panthères », explique Birga Dexel, une Allemande spécialiste du droit international ayant travaillé aux Nations unies puis à l'EIA (Environmental Investigation Agency), un organisme chargé de lutter contre le trafic de faune et flore sauvage. « Parce que les gens n'ont plus eu le soutien économique de Moscou, il a fallu survivre et le braconnage est une façon simple, lorsqu'on vit dans la montagne, de gagner un peu d'argent, continue Birga. De plus, auparavant, il existait une structure officielle, le ZooCombinat, chargée de capturer différentes espèces dans la nature, dont les panthères des neiges, pour répondre aux demandes des zoos et des cirques européens, en échange d'autres espèces "exotiques" ou bien de devises. Cela était très contrôlé, avec des quotas, et chaque animal arraché à la nature était consigné dans des archives. Cet organisme n'est plus et aujourd'hui c'est l'anarchie, plus personne ne contrôle quoi que ce soit en matière de faune sauvage. » Forte de son expérience (elle a remonté les filières de la contrebande de perroquets et de cornes de rhinocéros au sein de l'EIA), elle a créé cette unité d'élite, au sein de laquelle deux ex-militaires et un policier détachés du gouvernement et un ancien chasseur de panthères tentent, tant bien que mal, de pister les braconniers et de remonter jusqu'aux commanditaires. Ces derniers sont souvent de très puissants trafiquants qui trempent également dans le trafic de drogue ou d'armes. La tâche est loin d'être facile et les trois hommes risquent souvent leur vie, comme cette fois où l'un d'eux, se faisant passer pour un acheteur potentiel d'un bébé panthère des neiges vivant, s'est vu démasqué par les deux trafiquants, ex-agents du KGB. Heureusement, ses collègues avaient flairé le piège et ont réussi à le sortir d'affaire et à saisir la panthère. De plus, il semblerait que même des officiels haut placés dans le gouvernement soient corrompus. Chaque hiver voit arriver son cortège de riches chasseurs américains et européens. Étrangement, des hélicoptères de l'armée sont mis à leur disposition pour atteindre les sommets enneigés les plus reculés du pays, où vivent les panthères et les mouflons de Marco Polo recherchés comme trophées. Or le commerce de l'once, en annexe I de la CITES, est interdit, et celui des mouflons, en annexe II, très réglementé.

Des trophées, les douaniers de la cellule de ciblage du fret à Roissy en voient passer. Si la plupart remplissent toutes les conditions de légalité de la convention de Washington, « il n'est pas rare de trouver dans un chargement un éléphant avec quatre défenses, dont seules deux sont enregistrées, ou bien trois pieds arrière pour un seul pachyderme sur le permis CITES, ou encore une peau de léopard avec une bague CITES n° 300 lorsque le pays n'a un quota autorisé que de 200 animaux par an », explique Claude Batout. À la tête de la cellule CITES, il arpente sans cesse les immenses hangars de transport du fret. Chaque jour, des milliers de conteneurs sont débarqués ici, dans le deuxième plus important aéroport de l'Union européenne après Heathrow en Grande-Bretagne. D'immenses plaques tournantes pour le commerce… et le trafic, comme le sont aussi Bangkok en Asie et de nombreuses capitales africaines. « En 2005, 35 000 hippocampes, 192 peaux de crocodiles du Nil et plus de 300 kilos d'ivoire ont été saisis à Roissy, sans compter les pangolins, porcs-épics, tortues et autres reptiles sans papiers ou dont le commerce international est interdit », commente Claude Batout tout en ouvrant un chargement de poissons vivants en provenance des eaux indonésiennes. Cachés sous ces poissons dont le commerce n'est pas interdit, il a récemment trouvé plusieurs tonnes de corail, d'une espèce protégée par la CITES. À Londres, le service des douanes a lui aussi l'habitude des saisies de ce genre. Depuis 1996, il a confisqué plus d'un million d'animaux ou de produits dérivés d'animaux. Parmi lesquels des animaux vivants (reptiles, oiseaux, amphibiens, primates et félins) et des trophées (grande faune africaine en particulier) destinés à des collectionneurs, des parties d'animaux pour la pharmacopée traditionnelle (os de tigre, corne de rhinocéros, bile d'ours, hippocampes...), pour l'alimentation (caviar, ailerons de requin, viande de brousse boucanée...), pour l'artisanat (ivoire d'éléphant, d'hippopotame, crânes de singes...) et la mode (fourrure, peaux de reptiles...).

Mais, si les méthodes des collectionneurs d'espèces rares sont plutôt simples et sans surprise, les réseaux de contrebandiers ne lésinent pas sur les moyens et font preuve d'une ingéniosité incroyable pour cacher leur précieux chargement. Un réseau spécialisé dans le marché noir d'espèces d'oiseaux très rares transportait ainsi les œufs de ces espèces cachés dans des sous-vêtements spécifiquement fabriqués, avec des petites poches intégrées ; un autre trafiquant accrochait des oiseaux groggy à ses chaussettes. Cependant, ces saisies ne sont très probablement qu'une goutte d'eau dans l'océan du trafic organisé et ne reflètent pas, selon Stéphane Ringuet, chargé de programme TRAFFIC au WWF France, la réalité et l'ampleur de ce marché noir des espèces faunistiques menacées.

Ce crime organisé, défini par l'implication d'au moins trois personnes, une activité sur du moyen et long terme et une motivation liée au seul profit, représente environ 4 à 5 milliards de dollars par an dans le monde, selon Interpol. Or ce trafic à très haute valeur ajoutée, qui suit la mode et sait s'adapter aux demandes, est sans danger ou presque. Ainsi, en février 1997, la police britannique a saisi 138 étoles en shahtoosh dans le quartier de Mayfair à Londres, cachées dans un envoi de pashminas en cachemire. Pour fabriquer ces étoles, d'une valeur totale de 473 000 dollars, les experts ont estimé qu'il avait fallu tuer pas moins de 1 000 chirus, des antilopes très rares vivant aux confins du Tibet et dont il ne subsisterait que 70 000 individus. Interpellé, le propriétaire de ces shahtoosh destinés à la vente a été jugé. Bien qu'il ait plaidé coupable, il n'a écopé que d'une amende de 1 500 livres (2 600 dollars), tout juste le sixième du prix d'une seule étole sur le marché.

Il faut savoir que la peine maximale encourue en France pour violation des réglementations du commerce d'espèces inscrites à la CITES, en application du Code de l'environnement, s'élève en général à 9 000 euros et trois mois de prison au grand maximum. Autant dire rien pour qui a l'habitude du trafic de drogue ou d'armes. Car beaucoup cumulent la contrebande de faune sauvage avec l'une ou l'autre de ces deux activités, ou font partie de réseaux d'immigaration clandestine et d'arnaques à l'adoption. Ainsi, lors de saisies, on a trouvé des défenses d'éléphant sous un chargement d'armes. Beaucoup plus habile, l'exemple de ces 312 boas listés en annexe II de la CITES mais disposant de tous leurs papiers, et dont les estomacs contenaient des préservatifs remplis chacun de 60 grammes de cocaïne. Au total, le service des douanes de Miami a saisi dans ce chargement plus de 39 kilos de drogue. À Heathrow, c'est à l'intérieur de coquilles d'escargots vivants que les douaniers en ont trouvé et, plus récemment, des trafiquants ont caché de la drogue dans un envoi de serpents venimeux et de crocodiles vivants. L'US Fish and Wildlife Service a montré ainsi que plus d'un tiers des saisies de cocaïne étaient associées à une importation illégale de faune. Ces deux types de trafics fonctionnent en parallèle et utilisent les mêmes filières, les mêmes routes. Au fait des mesures mises en place à chacune des portes d'entrée des pays transitaires ou destinataires, les trafiquants font preuve d'une grande adaptabilité et choisissent les endroits où les contrôles sont les plus faibles. Avec l'arrivée de nouveaux États membres dans l'Union européenne, ce ne sont plus trois mais sept pays qui désormais en contrôlent les frontières externes. Rien de plus simple, une fois la première frontière européenne passée, que de faire transporter son chargement d'un pays à un autre jusqu'à sa destination finale, espace Schengen oblige. Cela n'empêche pas des patrouilles volantes des douanes d'effectuer des contrôles et des saisies ! Le 8 décembre 2005, 36 kilos de caviar russe de contrebande ont été trouvés à Calais, dans un bus en provenance de Pologne, représentant une valeur de 140 000 euros – l'une des plus importantes saisies de ce produit réalisées ces dernières années. La contrebande de caviar, contrôlée par une véritable mafia, se situe au niveau 4 d'une échelle établie par TRAFFIC, qui détermine le degré d'organisation des trafics. Le cinquième, le plus élevé, concerne, lui, le bois tropical illégal, pour lequel institutions et gouvernements eux-mêmes sont impliqués, de concert avec de très puissants « barons du bois » opérant notamment en Asie du Sud-Est et en Amazonie.

Les pays expéditeurs, où la biodiversité est importante, sont très souvent des pays où règnent corruption, chaos politique et économique. À Sumatra, où vivent 100 à 250 des derniers 300 à 350 rhinocéros éponymes, la situation était catastrophique. Bien que leurs deux cornes soient minuscules, les animaux étaient piégés et abattus pour récolter quelques grammes de cet appendice réputé pour ses vertus médicinales – bien à tort, car la corne n'est que de la kératine, la même substance inerte que les poils ou les cheveux. Les destinataires : la communauté chinoise installée en Indonésie, mais aussi des trafiquants de haut vol basés en Indonésie ou en Chine, passant commande auprès de braconniers. Entre 1980 et 2000, les effectifs du grand animal avaient chuté de moitié et il fallut la création de patrouilles antibraconnage spécialisées (RPU, Rhino Protection Unit), sur l'initiative de l'International Rhino Foundation, pour enrayer ce déclin. Depuis 1997, quatre crânes de rhinocéros ont été retrouvés en forêt ainsi qu'un rhinocéros venant tout juste d'être tué et dont les cornes avaient été coupées. Un grand nombre de pièges, de fusils et de trophées de rhinocéros, de tigres et d'éléphants ont également été confisqués, ainsi que plusieurs tronçonneuses, car le RPU lutte également contre la déforestation illégale à l'intérieur des parcs nationaux, une autre cause majeure de la disparition du rhinocéros et de nombreuses autres espèces. Ces activités illicites sont très répandues en Indonésie et facilitées par une corruption ayant atteint toutes les strates officielles, de la police aux militaires en passant par les fonctionnaires de l'État. Depuis 2000 cependant, le braconnage semble avoir baissé grâce au travail du RPU et plus aucun piège ou dépouille n'a été trouvé. Mais le combat ne s'arrête pas pour autant.

De manière générale, les destinataires de ce trafic de faune sont l'Europe, les États-Unis, le Japon et bien évidemment la Chine, où la hausse du niveau de vie contribue à faire exploser les demandes en dérivés animaux pour la pharmacopée traditionnelle. En plus de la corne de rhinocéros, les os de tigre et la bile d'ours sont particulièrement recherchés, poussant les grands félins au pelage couleur de feu vers une extinction prochaine si aucune mesure de très grande ampleur n'est prise. Quant aux ursidés, sur les huit espèces présentes sur la liste de la CITES, seul le panda n'est pas chassé pour sa vésicule biliaire et, aujourd'hui, l'ours malais est petit à petit remplacé par le baribal nord-américain, plus facile à chasser. On trouve ainsi régulièrement dans les grandes forêts canadiennes des dépouilles d'ours mutilés, à qui on a enlevé la vésicule biliaire et sectionné les pattes, elles aussi fort appréciées par les Chinois. Une enquête menée par TRAFFIC dans différentes capitales d'Europe de l'Ouest, dont Paris, a montré qu'un nombre non négligeable de pharmacies offrent à la vente des poudres d'os de tigre et de corne de rhinocéros ou de la bile d'ours.

Comment enrayer les dommages causés à la biodiversité, pour certains déjà presque irréversibles ? Si, depuis quelques années, de nombreux accords et conventions ont été signés, comme la CBD (Convention sur la biodiversité), dont l'objectif est d'avoir d'ici 2010 enrayé la perte de biodiversité au niveau global, régional et national (objectif d'ores et déjà non atteint, avec une tendance, au contraire, à l'accélération de l'érosion de la biodiversité), on ne peut être que dubitatif quant aux résultats obtenus sur le terrain. « À la rapidité de la dégradation de l'environnement, les réponses politiques sont feutrées, complexes, et les moyens très mesurés, pour ne pas dire insuffisants... » note Stéphane Riguet. Bien que souvent critiquée et malmenée, seule la CITES, créée en 1973 et entrée en vigueur en 1975, peut être contraignante pour les pays signataires. Elle a même le pouvoir de bloquer le commerce domestique d'espèces inscrites sur sa liste dans un pays qui ne respecte pas les règles du jeu, comme elle a menacé de le faire récemment dans quatre États bordant la mer Caspienne (Russie, Azerbaïdjan, Kazakhstan et Turkménistan), connus pour produire d'importantes quantités de caviar de contrebande à destination des pays européens et des États-Unis. Menace mise en application avec un gel des exportations tant que ces États n'auront pas mis en place des moyens de lutte contre le trafic des précieux œufs.

« La CITES constitue également une bonne convention sur le plan intellectuel, argue Stéphane Ringuet. Les annexes II sont basées sur le principe de précaution, ainsi, lorsque les experts scientifiques émettent un doute quant à l'impact du commerce sur la survie d'une espèce, les 169 États parties ayant signé la convention peuvent décider de le restreindre via des quotas. » Reste que tout dépend ensuite de la capacité des États à faire appliquer les contrôles nécessaires et à inscrire ces questions sur leur agenda politique. Si la France fait partie du peloton de tête en matière de législation liée aux conditions d'application de la CITES, sur 20 000 douaniers en poste, seule une minorité possède l'expertise nécessaire pour l'application de cette convention complexe, nécessitant par ailleurs une bonne connaissance pratique du monde faunistique et floristique concerné. « La sensibilisation des magistrats à la CITES et à la protection de l'environnement en général est importante, pour qu'ils puissent au mieux apprécier et juger les affaires de trafic d'espèces menacées, note Stéphane Ringuet, or, à ce jour, très peu d'entre eux sont informés. » D'autre part, qui a assisté à une réunion des parties de la CITES ne peut être que scandalisé face aux pressions exercées par certains pays pour faire ouvrir ou rouvrir le commerce de certaines espèces. Ainsi, il est notoire que le Japon achète certains petits États afin qu'ils votent en faveur d'une reprise de la chasse à la baleine. D'autres méthodes de pression voire de chantage sont également utilisées pour acquérir le vote de certains représentants des parties (est « partie » à la CITES tout État ayant signé et mis en application la convention sur son territoire). Malgré tout, cette convention a le mérite d'exister, de réguler le commerce international, et même de sauver certaines espèces de l'extinction.

Mais parfois, l'inscription d'une espèce sur la liste de la CITES peut être à double tranchant : l'officialisation de sa rareté fait en effet monter sa cote auprès des trafiquants. Si les États peinent à enrayer le marché noir de faune, des ONG, à l'instar de l'International Rhino Foundation ou de LAGA luttant pour la protection de la faune sauvage et le respect des fois qui en interdisent la chasse et / ou le commerce s'acharnent à pister et à démanteler ces filières. Mais à quel prix ! Beaucoup d'écogardes ou de personnalités, comme Joan Wells Roots, une cinéaste animalière connue pour son engagement dans la protection de la faune au Kenya, y laissent la vie, assassinés pour laisser le champ libre à des mafias qui tirent profit du marasme économique et politique de pays dans lesquels la biodiversité est souvent l'une des plus grandes richesses. Ce pillage se fait au profit de quelques individus, alors qu'une exploitation durable de la biodiversité pourrait être bénéfique à un très grand nombre et aider l'économie du pays. Une autre illustration de cette tragédie des biens communs…

Après nous, le déluge…

Pollution, déforestation, désertification, pillage des océans, réchauffement climatique, biopiraterie, érosion de la diversité du vivant dans son ensemble… La planète se porte très mal. En voulant s'enrichir à tout prix et ce, quel que soit le coût environnemental et social, l'homme a hypothéqué l'avenir du vivant et le sien tout particulièrement. À tel point qu'en 2009 tout le monde s'interroge… Que se passera-t-il dans dix, vingt, cinquante ou cent ans ?

Quel sera l'état de la planète et comment vivrons-nous ? La peur de l'avenir due aux dérives de l'homme n'est pas nouvelle et a servi notamment de terreau à de nombreuses dystopies (contre-utopies) littéraires, mais aujourd'hui tout s'accélère et les mutations deviennent palpables. Le réchauffement climatique n'est plus une simple hypothèse, il est vécu au quotidien par de nombreuses personnes, devenues, du fait de la fonte des glaciers et banquises et de la hausse du niveau des mers, des réfugiés climatiques. Quant à la pollution ou à l'érosion de la biodiversité, les plaies sont désormais béantes et visibles de tous ou presque. Cependant, entre constater et agir, il est un vaste fossé encore très loin d'être comblé ; à cause notamment d'un manque de volonté au plus haut niveau des États, qui le plus souvent cache des intérêts bien peu humanistes…

III

2100 : SEULS AU MONDE ?

11

BIENVENUE DANS L'ANTHROPOCÈNE !

La chose est désormais entendue : une page de l'histoire de la terre a été tournée et nous avons définitivement quitté l'holocène, comme l'a écrit le Prix Nobel de chimie Paul Crutzen en 2002. Une nouvelle ère géologique est née, marquée par l'empreinte de plus en plus forte de l'homme sur la biosphère. C'est la seule ère géologique née non pas de l'action de forces telluriques ou de changements climatiques, mais définie par l'impact d'une seule espèce, *Homo sapiens*. Devenue dominante, cette espèce a réussi depuis le début du XIXe siècle à altérer l'état de la planète à une échelle géologique. Du jamais-vu. Il faut dire qu'en trois siècles la population humaine a explosé : de 10,6 millions de personnes en 1700, on est passé à plus de 6,5 milliards en 2000, 9 milliards prédits en 2050… et combien en 2100 ? 10, 11 milliards ? Les chiffres, même s'ils restent des estimations, font tourner la tête. Car cette explosion démographique s'accompagne bien évidemment de besoins grandissants, d'autant qu'on assiste en parallèle à d'importants changements de niveaux de vie dans divers pays, tels que la Chine, basculant dans la société consumériste et le monde dit « développé et moderne ». Une population en plein essor, cela signifie des besoins plus importants en énergie et en alimentation, en viande notamment pour une certaine frange de la population mondiale.

Dans les pays du Nord, l'homme est chaque année, chaque décennie, un peu plus carnassier, ce qui n'est pas sans effet sur notre biodiversité et sur le climat planétaire. Mais comment un steak ou une cuisse de poulet peuvent-ils contribuer à l'érosion de la biodiversité et au vaste chamboulement climatique ? Je ne m'étendrai pas sur le rôle de l'élevage bovin dans la déforestation amazonienne, dont j'ai abondamment parlé ailleurs, pour m'attarder sur l'empreinte écologique des protéines animales et l'impact de leur surconsommation sur la biodiversité plus spécifiquement. Autrefois, la viande était de ces aliments réservés aux grandes occasions et à une frange très aisée de la population européenne. Mais de grands bouleversements en ont fait passer la consommation de quelque 30 kilos par habitant et par an dans les années 1920 à plus de 100 aujourd'hui (120 aux États-Unis). Cette profonde mutation des habitudes alimentaires s'est opérée parallèlement à celle des pratiques d'agriculture et d'élevage (passage des exploitations petites et modestes à l'agro-industrie et à l'élevage industriel). La production de viande s'élève aujourd'hui à 265 millions de tonnes, selon la FAO, et passera le cap des 450 millions à l'horizon 2050. Or, pour produire une protéine animale, il faut utiliser entre 7 et 10 protéines végétales (de valeur nutritive équivalente pour notre organisme). L'équation est simple : plus nous consommons de viande, plus il faut cultiver de céréales et d'autres aliments pour nourrir veaux, vaches, cochons et poulets. Or, plus nous sommes nombreux sur terre, plus il faut aussi cultiver de céréales et autres végétaux pour satisfaire notre faim. Outre les terres consacrées aux pâturages (sur lesquelles il y aurait également beaucoup à redire), 60 % des surfaces cultivées de blé et d'orge sont destinés à l'alimentation animale, tandis que, ces dernières années, près de 90 % du soja produit notamment en Amazonie, au détriment de la forêt tropicale, soit plus de 200 millions de tonnes, étaient eux aussi consacrés à l'alimentation animale. Sachant qu'une partie importante de la population mondiale ne mange toujours pas à sa faim, cette surconsommation de chair animale dans les pays riches n'est-elle pas un immense gâchis nutritionnel et un scandale humanitaire ?

Mais quel rapport avec la biodiversité, me direz-vous ?

L'élevage industriel contribue certes au réchauffement climatique par le jeu de la déforestation intensive (conversion de forêts en zones de pâturages et de cultures pour l'alimentation animale) et le rejet massif de méthane par exemple. Mais ce n'est qu'une conséquence secondaire, un effet boule de neige…

Lorsque vous longez la côte péruvienne, vaste désert aride, vous ne pouvez manquer ces alignements de bâtiments, tous semblables. Monotones parallélépipèdes recouverts de tôle ondulée, ces verrues émergent partout sur ces terres minérales, telle une éruption d'eczéma. Si on s'approche un peu, pas de doute : ça sent la fiente de poulet. Le « *pollo* » est un incontournable des menus tropicaux et des tables d'une partie de l'Amérique latine. Une viande bon marché. En voyant ces immenses hangars où des milliers, des millions de volatiles attendent d'avoir le cou tordu pour finir en friture, je comprends en partie pourquoi. Les poulets sont entassés, serrés, n'ont pas de place pour se retourner…

Les côtes péruviennes sont baignées par le providentiel courant de Humboldt, un courant marin froid venant des profondeurs et abritant une foisonnante biodiversité et surtout une incroyable biomasse. Cette zone de courant froid est caractérisée par des upwellings côtiers, c'est-à-dire des remontées d'eaux froides riches en nutriments vers les eaux de surface, qui en font l'un des écosystèmes marins les plus productifs au monde. 15 à 20 % des prises de pêche mondiales sont faits ici, dans cette zone qui représente moins de 1 % de la surface mondiale océanique. Ici l'anchois est roi ; plusieurs millions de tonnes en sont pêchés chaque année. Paradoxalement, alors qu'il constituait un aliment de base des populations côtières jusque très récemment, désormais la majeure partie des anchois s'en va ailleurs, loin des estomacs des Péruviens. Arnaud et Sophie Bertrand, de l'IRD, me montrent au loin, sur la côte au nord de Lima, d'immenses bâtiments. Des usines dont les cheminées crachent une épaisse fumée jaunâtre. On y fabrique des farines de poisson destinées… à l'alimentation des poulets ou des porcs, mais également à l'exportation en direction de la Chine (50 % de la production), où elles nourriront d'autres poissons d'élevage, salmonidés, gadidés ou encore poissons plats. 99,9 % des anchois pêchés sont ici brûlés pour confectionner ces farines.

Au XIXe siècle et encore jusqu'en 1973, l'économie péruvienne reposait sur l'exploitation du guano, ces déjections blanches d'oiseaux marins (cormorans ou pélicans tout particulièrement) très riches en ammoniac, en nitrates et en phosphores, qui en font un excellent engrais organique. Dès les années 1960 la pêche industrielle a commencé, une décennie plus tard elle battait son plein et avait remplacé le guano dans l'économie du pays ; entre 1970 et 1973, 18 millions de tonnes d'anchois ont été pêchés, un record qui n'a plus jamais été égalé. Il était dû à un upwelling beaucoup plus fort et très proche des côtes, qui amena dans son sillage un plancton de plus grosse taille, nourrissant nombre de bonites, dorades coryphènes, sardines et anchois.

Mais désormais les stocks de poissons sont à la baisse, et même l'anchois connaît la crise. Aux abords du port de Lima, 1 400 bateaux attendent l'ouverture de la pêche ; en moins de dix jours, ils amasseront un million de tonnes de poissons dans leurs sennes tournantes. Ils sont en surcapacité et, comme me l'expliquent Sophie et Arnaud Bertrand de l'IRD, ce sont les grosses entreprises qui captent le plus de droits de pêche. Parmi lesquelles Unilever. Ce géant de l'agroalimentaire caracole en tête des plus importantes entreprises de pêche. En spéculant et en faisant monter les prix, il spolie les petits pêcheurs qui survivaient jusqu'ici grâce à l'économie locale de la pêche. Mais, si les stocks d'anchois ont toujours fluctué, selon l'alternance entre El Niño et El Niña, et s'ils se portent plutôt bien en ce moment, c'est l'arbre qui cache la forêt. Les effectifs de toutes les autres espèces ont chuté, notamment ceux des poissons pour lesquels l'anchois est une source de nourriture. Par ailleurs, nous ne sommes pas à l'abri d'une chute drastique des effectifs d'anchois, similaire à celle de 1973. D'ici 2050, prédisent les deux chercheurs, il n'y aura plus de poissons à exploiter et l'écosystème sera moribond. Les anchois, c'est une manne, ici au Pérou, mais une manne très mal gérée et qui ne profite aucunement à la population locale puisqu'elle finit dans les estomacs d'animaux d'élevage destinés en partie à l'exportation. Aujourd'hui, il est quasiment impossible pour un Péruvien d'acheter des anchois ou de les pêcher au large des côtes de son pays.

En outre, toute la biodiversité vivant au sein de cet écosystème pâtit de la surexploitation : les autres poissons carnassiers, mais également les mammifères et les oiseaux marins. Malheureusement, la consommation de protéines animales des pays riches et des pays en voie de développement ne fléchit pas. Si l'élevage et la pisciculture continuent de se goinfrer de poissons sauvages, que restera-t-il de nos océans et de leur biodiversité en 2100 ? Par ailleurs, ces pratiques produisent une pollution très importante – déchets azotés, antibiotiques et autres polluants venant souiller nappes phréatiques, rivières et océans – dont l'impact sur les écosystèmes tant terrestres qu'aquatiques est loin d'être négligeable.

L'appétit de l'homme carnassier aura-t-il raison de la biodiversité ? À ce rythme, on peut craindre que forêts, savanes, zones humides, déserts, lacs, estuaires, mers et océans ou encore prairies et montagnes aient disparu ou soient sur le point de disparaître à l'horizon 2100.

12

UNE PLANÈTE FIÉVREUSE

Un bruissement de feuilles. Soudain, une paire d'immenses cornes aplaties surgit dans le fouillis des buissons bordant l'un des méandres de la rivière Koyukuk. Un élan s'est levé et se dirige vers le cours d'eau. La séquence a été filmée en 2005 et risque fort de se transformer bientôt en images d'archives. Car les forêts de conifères et la toundra parsemée d'airelles, de myrtilles et de bouleaux nains reculent, s'effritent et s'esquivent, laissant çà et là place à d'immenses bourbiers. Tout a débuté à la fin du XXe siècle. Le réchauffement climatique est désormais un fait avéré, prouvé – le GIEC a longuement planché sur la question –, n'en déplaise aux éternels contestataires et écolo-sceptiques. Les températures ont atteint des records et, si partout les glaciers et la banquise du Grand Nord reculent, il est un phénomène qui mobilise beaucoup moins les médias et les attentions, bien que tout aussi inquiétant et lourd de conséquences : la fonte du permafrost.

Le permafrost, ou pergélisol, est cette partie du sous-sol, composée de roche ou de sédiments, qui est gelée en permanence sur plusieurs centaines de mètres, 750 dans l'Arctique canadien, 600 en Sibérie, 450 environ en Alaska, et parfois près d'un kilomètre dans certaines régions. C'est un phénomène crucial, qui contribue à la conservation d'une forte inertie thermique dans ces régions polaires, et sert de barrière contre certains polluants, comme les hydrocarbures, en les empêchant de pénétrer plus profondément dans le sol, ce qui réduit l'impact de la pollution. Le pergélisol occupe environ 25 % des surfaces de terres émergées de la planète et constitue un immense puits de carbone (quatre fois plus que l'ensemble des réserves de pétrole actuelles). Il accueille des formations végétales, comme les tourbières ou les taïgas (forêts boréales), autres puits de carbone conséquents et importants réservoirs de biodiversité arctiques.

Or, de récentes études du NCAR (National Center for Atmospheric Research) ont estimé que 50 % des zones couvertes par ce permafrost pourraient dégeler sur une profondeur d'au moins 3 mètres d'ici 2050, et jusqu'à 90 % des zones d'ici 2100. La fonte de ce pergélisol annonce la perturbation voire la disparition de certains écosystèmes nordiques et de leur biodiversité. Et alors ? répliqueront certains. Seule une petite poignée d'espèces risque de disparaître d'ici 2100… Mais ce ne sera que la partie émergée de l'iceberg. Les conséquences de la fonte du permafrost seront globales, mondiales et affecteront la biodiversité dans son ensemble ou peu s'en faut, y compris l'une de ses espèces, *Homo sapiens*. Plaçons-nous tout d'abord du côté des Nenets, des Tchouktches, des Sel'kups ou encore des Saamis, peuples nomades vivant et dépendant de l'élevage de rennes. Que se passera-t-il lorsque la toundra, amputée de son permafrost, sera devenue boue et que lichens, saules nains et autres infimes végétations ne pourront plus ancrer leurs maigres racines et pousser ? Que brouteront les rennes ? Comment survivront les hommes, déjà en proie à de nombreuses difficultés et soumis à des pressions de la part des gouvernements et des entreprises d'exploitation minière et pétrolière ?

Mais la fonte du permafrost cache un péril bien plus grand encore. Au sein de ces couches de terre gelée ont été captées et stockées de colossales quantités de méthane associé à de l'eau sous forme de cristaux d'hydrate de méthane. Les experts avancent le chiffre de 400 millions de tonnes. Or, ce méthane influe dix à vingt fois plus que le dioxyde de carbone sur le réchauffement climatique, et dans le passé il fut très certainement responsable de la plus grande crise d'extinction que la terre ait jamais connue.

Mais qui a tué les espèces ?

C'était au permien, il y a 250 millions d'années, et la terre – alors peuplée de thorapsidés, des reptiles géants qui avaient conquis la terre ferme, de gordonopsiens, de redoutables prédateurs, de dicynodons herbivores et de nombreuses espèces marines – vit plus de 95 % de ses espèces disparaître. On accusa les trappes de Sibérie, ces coulées de lave gigantesques résultant de l'éruption d'une plume tectonique, c'est-à-dire une zone de surchauffe dans le magma déversant 7 millions de kilomètres carrés de lave (aujourd'hui, ces trappes recouvrent seulement 2,5 millions de kilomètres carrés). En étudiant ces couches de quelques centimètres d'épaisseur, les scientifiques ont montré que les éruptions pouvaient effectivement se révéler catastrophiques, mais à l'échelle d'une région et dans un rayon de 1 000 kilomètres autour du volcan. Comment expliquer alors l'anéantissement de 95 % des espèces de la planète ? On proposa l'impact d'une météorite, mais très vite il apparut qu'elle aurait dû être gigantesque pour avoir de telles conséquences. De plus, aucune trace de cratère idoine. Exit donc la théorie « extraterrestre ».

C'est dans les années 1990 que Paul Wignall et son équipe mirent à jour au Groenland une couche de sédiments datant du permien épaisse de plusieurs mètres. Les fossiles enfermés dans cette couche montrèrent que la grande extinction fut en fait relativement lente : elle dura 10 000 ans. Ce furent d'abord les plantes qui disparurent, accompagnées de quelques animaux, puis l'extinction s'étendit aux océans et enfin, dans une troisième phase, se prolongea à nouveau sur la terre ferme et anéantit de nouveaux végétaux et animaux terrestres ou amphibies. Cette couche de sédiments était particulièrement riche en carbone 12, l'isotope le plus courant du carbone, généralement associé au méthane (CH_4). Parallèlement, un géologue, Gerald Dickens, travaillait sur les hydrates de méthane, un gaz gelé que l'on trouve dans d'immenses poches sous le lit des océans. Ces hydrates de méthane contiennent des quantités massives de carbone 12 et la question était de savoir si ces réservoirs de CH_4 (un composé issu de la décomposition de la matière végétale) pouvaient être à l'origine du carbone 12 trouvé dans les roches du permien, et, si oui, quel était le mécanisme responsable de cet échange entre le fond des océans et l'atmosphère. En laboratoire, il mena diverses expériences et constata que, sous l'effet d'une petite hausse de la température de l'eau, les hydrates de méthane se dissociaient très facilement et entraînaient l'expulsion du méthane et l'émission de carbone 12[1].

Avec ces résultats, Paul Wignall put reconstituer le scénario de l'extinction massive du permien. Il n'y avait pas eu un, mais deux « tueurs » d'espèces[2]. Tout commença bel et bien avec les trappes de Sibérie. Des millions de mètres cubes de lave se sont déversés à la surface de la terre, entraînant un lent mais inexorable réchauffement planétaire. Pas plus de 4 ou 5 degrés, mais cela aura suffi. Quelques espèces ont probablement succombé à cet épisode de réchauffement, mais le pire restait à venir. Petit à petit, la fièvre a gagné les mers et les océans. D'autres espèces sont mortes, puis dans les profondeurs… les hydrates de méthane ont commencé à se dissocier. Bientôt, des tonnes de méthane ont envahi l'atmosphère, accélérant le réchauffement climatique et contribuant à augmenter les températures de 5 degrés supplémentaires. Ainsi, la planète s'était réchauffée de 10 degrés, ce qui fut fatal à la majorité des espèces. Il faudra près de 100 000 ans pour que la terre se remette de ce cataclysme et reconstruise sa biodiversité. Curieusement, alors que la plupart des animaux avaient disparu, il y en eut un qui brava la chaleur et survécut. Un animal de la taille d'une vache, végétarien, le lystrosaurus, l'ancêtre de tous les mammifères et donc d'*Homo sapiens*, l'espèce qui allait un jour, à son tour, ouvrir les vannes des réservoirs cachés d'hydrates de méthane.

Un scénario qui pourrait se répéter…

En effet, le réchauffement climatique dû aux émissions anthropiques de gaz à effet de serre, CO_2 en tête, pourrait bel et bien découvrir à nouveau, dans un avenir proche, des réservoirs d'hydrates de méthane piégés dans les sédiments océaniques des talus continentaux et au cœur du permafrost. Dès lors, une partie d'entre eux pourrait se désagréger et entraîner des libérations massives de méthane dans l'atmosphère. Côté pergélisol, le scénario s'avère identique et il ne faudrait probablement qu'une hausse globale de 5 degrés pour que la zone de stockage des hydrates de méthane, située à une profondeur moyenne de 300 mètres, soit affectée. Or, les signes précurseurs d'un tel chamboulement s'étalent d'ores et déjà devant les yeux des habitants du Grand Nord : Alaska, Canada et Sibérie. Autrefois, la région de Koyukuk était parsemée de lacs. Vue du ciel, la toundra semblait être recouverte d'une myriade de miroirs reflétant le ciel. Petit à petit, un, puis deux, puis dix et plus de ces lacs ont disparu. D'un coup, comme si une main invisible avait enlevé le bouchon, toute l'eau a disparu, essentiellement engloutie sous terre alors qu'une petite partie s'est envolée sous forme de vapeur dans l'atmosphère. Le pergélisol faisait en effet office de bonde… En Sibérie, la situation est identique et de nombreux lacs ont rétréci ou ont complètement disparu. La fonte du pergélisol s'est accompagnée de nombreux glissements de terrain : les maisons se sont retrouvées à pencher dangereusement et les arbres dans les forêts, n'étant plus soutenus par le sol gelé, se maintenaient difficilement dans ce magma boueux, penchant à droite ou à gauche, comme les bâtonnets d'un mikado géant. Le dégel rapide du permafrost provoque aussi de nombreux affaissements de terrain qui donnent naissance à des cuvettes s'emplissant d'eau, que l'on nomme lacs de thermokarst. Formidable ! Cela compense donc la perte des autres lacs, pourrait-on penser. Il n'en est rien. En effet, leur formation va de pair avec la libération de CO_2 et de CH_4, auparavant piégés dans le pergélisol[3]. Ces petits lacs fleurissent désormais partout. À leur surface, on peut voir et entendre des bulles s'échapper, qui s'embrasent lorsqu'on approche une flamme, signe de la présence de méthane. Si ce phénomène n'est pas enrayé, bientôt ce seront des milliers de tonnes de méthane qui s'évaporeront dans l'atmosphère, venant nourrir l'effet de serre, accroissant et accélérant le réchauffement climatique. Une chaîne qu'il sera alors difficile de briser puisque ce réchauffement nourrira une fonte encore plus profonde du pergélisol et donc une libération encore accrue de méthane. Cette véritable bombe à retardement entraînera le décapsulage d'un autre réservoir majeur de méthane, les océans. Par ailleurs, l'augmentation de la température et la fonte du pergélisol vont s'accompagner de la reprise d'une activité microbienne intense qui à son tour générera en masse du méthane et du dioxyde de carbone. Certains parlent de véritable « mine climatique » à propos du permafrost et des océans. Allez, cela ne sera pas pour demain, diront les optimistes impénitents. Peut-être, mais, si nous continuons ainsi, ce sera sûrement pour après-demain.

Adieu manchot, krill, ours et pûpû

Que se passera-t-il alors pour la biodiversité et pour l'homme si un tel scénario se réalise ?

Le corollaire de cette hausse dramatique de température sera bien évidemment une profonde modification des écosystèmes et une perte de millions d'espèces. Exit le renard polaire, délogé par son cousin le renard roux remontant de plus en plus vers le nord, et face auquel il ne pourra décidément plus faire le poids. Disparu l'ours polaire, une fois la banquise totalement disloquée et fondue, tout comme une myriade d'autres espèces hôtes de régions qui n'auront plus de polaire que le nom, mais aussi d'espèces tempérées ou tropicales. Que sera le monde sans l'ours polaire, la forêt sans l'orang-outan, l'Antarctique sans les manchots ?

Les zones polaires, plus sensibles, sont les plus affectées et risquent d'être les premières à voir disparaître tout ou partie de leur biodiversité. Aujourd'hui déjà, les populations de certaines espèces s'effritent tragiquement – par exemple les manchots, tout particulièrement ceux qui sont inféodés à la banquise pour nidifier, manchots Adélie, manchots à jugulaire, manchots papous ou encore manchots empereurs. Il faut dire qu'en Antarctique le réchauffement est cinq fois plus rapide qu'ailleurs sur le globe et, en 2009, la banquise ne couvre déjà plus que 40 % de sa surface de 1980. Pouvons-nous laisser la situation dégénérer, serons-nous capables de nous regarder dans la glace lorsqu'en 2100 les manchots, entre autres espèces, n'existeront plus que dans des livres d'images et dans les muséums d'histoire naturelle… empaillés ?

Pourquoi épiloguer sur ces pauvres manchots, qui vivent si loin et dont beaucoup d'hommes n'ont que faire ? Comme l'ours polaire, l'orang-outan ou encore le panda, ce sont des emblèmes, des porte-drapeaux de la biodiversité dans son ensemble. Si peu de gens à l'échelle mondiale se soucient des manchots, qui donc se soucie des crevettes constituant le krill, de ces petites espèces d'escargots pûpû (*Partula sp.*) peuplant les sous-bois d'îles polynésiennes ou encore des papillons, champignons et bactéries décomposeurs de la litière ? En braquant les projecteurs sur ces ambassadeurs, nous plaidons également la cause de ces parias de la faune et de la flore, ces incompris et oubliés qui disparaissent dans l'indifférence.

Les champignons et autres membres du règne fongique par exemple. Si certains sont fortement appréciés avec ail et persil en poêlée automnale, la plupart sont des mal-aimés et surtout de grands incompris. Peut-être ne compteront-ils pas parmi les premières victimes du réchauffement climatique, ou tout du moins pas directement, mais la hausse du niveau des mers, la désertification, associées aux diverses pollutions et destructions des écosystèmes, pourraient avoir raison d'un grand nombre d'entre eux. Quelques-uns ont déjà rejoint la liste rouge de l'IUCN, comme *Erioderma pedicellatum* (hôte des forêts du Nord de l'Europe et du Canada), en danger critique d'extinction du fait de la déforestation et de la pollution atmosphérique, ou encore *Cladonia perforata*, un lichen de Floride touché par la dégradation des milieux qu'il occupe et leur transformation en terres agricoles. Que risquons-nous de perdre avec leur extinction, puisque de nombreuses espèces provoquent des maladies (rouilles…) et des moisissures gâtant nos aliments ? Nous y perdrions bien plus que ce que nous imaginons, car ces champignons, lichens, moisissures et autres membres du grand règne fongique sont essentiels au cycle de la matière. Sans racines, ni tiges, ni feuilles, ces organismes ne peuvent absorber, à l'instar des animaux, que de la matière organique. En effet, impossible pour eux de « cuisiner » directement à l'énergie solaire comme le font les plantes (via la photosynthèse), mais leur grand atout réside dans leur immense capacité de recyclage de la matière. Toutes ces touffes de champignons agrippés à de vieilles souches que l'on rencontre en forêt sont en train de dégrader le bois mort pour se nourrir, et vont rejeter dans le sol des minéraux et des nutriments indispensables aux plantes. Sans compter que bon nombre de champignons sont inscrits au menu d'animaux divers. Qu'ils disparaissent de la biodiversité, et c'est toute une partie du monde animal qui souffrira de la faim. Mais les plantes seront certainement encore plus violemment touchées. La raison : les mycorhizes. Un grand nombre de plantes (particulièrement des arbres et des arbustes) ont signé un pacte d'association mutuelle entre leurs racines et des champignons du sol. Ces derniers sont de précieux auxiliaires, car ils vont puiser, immobiliser et/ou transférer certains éléments minéraux du sol, cuivre, fer, zinc et potassium, grâce à leur réseau de filaments très étendu, tout en protégeant les plantes de certains polluants, tels que les métaux lourds qui s'accumulent notamment dans des sols acides et que ces champignons mycorhiziens vont piéger. Par ailleurs, l'épais manteau fongique entourant les racines fait office de barrière physique contre de nombreux micro-organismes pouvant se révéler pathogènes pour la plante ; ces champignons synthétisent des inhibiteurs d'autres micro-organismes présents dans le sol ainsi que des substances antibiotiques, le tout contribuant à assurer à la plante hôte une protection quasiment sans faille. La médecine et l'industrie pharmaceutique s'intéressent d'ailleurs de très près à certains de ces antibiotiques, qui pourraient être très utiles à l'homme. Au vu de ces informations, nous mesurons le déséquilibre qui pourrait être occasionné par la perte de tout ou seulement partie des représentants du règne fongique, tant au niveau des associations végétales que de l'homme, qui en dépend directement ou indirectement.

Mais revenons à nos manchots. Ces animaux à l'air bonhomme, célébrés par le film *La Marche de l'empereur* et ayant depuis accédé au panthéon des espèces connues de (presque) tous et appréciées, vivent peut-être leurs derniers instants sur la banquise et les terres gelées du pôle Sud. En 2008, des recensements ont montré que les effectifs de manchots à jugulaire avaient chuté des deux tiers. Plus de nourriture. En effet, les océans sont inexorablement vidés par les bateaux de pêche industrielle ; or la fonte de la banquise permet une lente extension des zones de pêche à des régions autrefois inaccessibles, réduisant encore un peu plus la nourriture disponible pour les manchots et pour de nombreuses autres espèces marines. Sur la même époque, les effectifs de manchots Adélie ont baissé de 65 %. Ces oiseaux ont absolument besoin d'une zone dépourvue de glace pour se reproduire. Seuls 2 % des terres antarctiques répondent à ce critère. Or, ici, la hausse de température de l'atmosphère provoque des hausses du taux de l'humidité dans l'air et la neige tombe, tombe… tombe. Tout particulièrement sur les zones de ponte des manchots Adélie, anéantissant les efforts de reproduction de l'espèce. Pour aggraver encore un peu plus la situation, si tant est que cela soit possible, la réduction de surface de la banquise entraîne un glissement temporel et territorial des habitudes des manchots papous et des manchots à jugulaire. Eux qui se reproduisent habituellement plus tard que les manchots Adélie, quand neige et banquise ont en partie fondu, viennent désormais empiéter sur les territoires des Adélies. Côté empereurs, c'est le grand déclin depuis les années 1970. La population localisée à Pointe Géologie est particulièrement touchée. Rien d'étonnant à cela, puisque c'est l'une des zones les plus chaudes de l'Antarctique. Et le réchauffement climatique a rendu la glace beaucoup plus fine. Une bourrasque de vents violents, comme il en souffle souvent, et celle-ci est brisée en morceaux, emportant sous l'eau œufs et poussins. Mais ce n'est pas tout ! Sous cette couche de glace poussent de nombreuses petites algues qui font la joie du krill, ces petites crevettes presque microscopiques, à la base de la majorité des chaînes alimentaires des mers et des océans du globe. La banquise fondant de manière irrémédiable, il y a de moins en moins d'algues à disposition et donc de moins en moins de krill…

La disparition des espèces liée au réchauffement climatique vit son prélude en Arctique et en Antarctique, mais bientôt, lorsque les températures globales afficheront plusieurs degrés de plus, nous risquons de voir tout le système amazonien – et sa biodiversité – s'effondrer à son tour, et à sa suite les autres forêts tropicales puis subtropicales et tempérées. Que se passera-t-il alors ? L'immense bassin de ce qui est aujourd'hui un fleuve tempétueux aux proportions marines, nourrissant une luxuriante sylve où cohabitent tant d'espèces que l'homme n'a encore pu toutes les répertorier et ne le pourra certainement jamais, deviendra une vaste savane semi-désertique, privée de vie ou peu s'en faut. Les premiers symptômes se sont déjà fait sentir en 2005 et dans les années qui suivirent : des sécheresses ont rendu le fleuve mythique impraticable à cause de bancs de sable affleurant qui ont empêché les bateaux de naviguer.

Membre à part entière de cette biodiversité, l'homme ne sera pas épargné par les conséquences du réchauffement climatique. La hausse du niveau des mers a d'ores et déjà provoqué des déplacements de plusieurs millions de personnes : 5,5 au Bangladesh par exemple, l'un des pays les plus touchés, selon le troisième rapport du Groupe intergouvernemental sur l'évolution du climat (GIEC). Une hausse de 45 centimètres du niveau de la mer a entraîné une perte de près de 11 % du territoire bangladais et de nombreux problèmes d'approvisionnement en denrées alimentaires et en eau douce. L'île de Bhola, abritant 1,6 million d'habitants, a déjà vu près de la moitié de sa superficie s'enfoncer en 2005 sous l'eau de l'embouchure du delta du Gange. Mais le pire reste à venir. Toute une partie du Bangladesh, située dans le delta du Gange, risque d'ici 2100 de se voir engloutie par les eaux, ce qui déplacerait des millions d'habitants et provoquerait de terribles famines, comme le craignent chercheurs et ONG. Ils ont déjà trouvé un nom pour ces hommes et femmes subissant de plein fouet les conséquences du réchauffement global : les réfugiés climatiques. Selon divers experts des Nations unies, en 2050 ils pourraient être 200 millions…

Paradoxalement, si le niveau des mers augmente, la disponibilité en eau douce, elle, se réduit comme peau de chagrin, ce qui n'est pas sans effet sur la biodiversité (et donc sur l'homme) et risque de générer une crise majeure au cours de notre siècle.

13

LA BIODIVERSITÉ JETÉE AVEC L'EAU DU BAIN

Meurtre dans un bain d'acide

Si le réchauffement climatique touche de plein fouet la banquise et les espèces qui y vivent, ainsi que divers petits îlots condamnés à être engloutis avec leur faune et leur flore par la hausse substantielle du niveau de la mer, un autre pan du grand album de la biodiversité est également menacé et pourtant bien moins médiatisé. D'ici 2100, les océans pourraient devenir si acides qu'huîtres, moules, nautiles, oursins, pétoncles, porcelaines, corail et autres créatures marines à squelette calcaire verraient leur structure se dissoudre, mettant ainsi en péril tout un équilibre sous-marin et donc les ressources alimentaires d'une partie importante de la population mondiale dépendante de la pêche. Car, si une partie du dioxyde de carbone se trouve piégée dans l'atmosphère, une autre est absorbée directement par les mers et océans du globe, qui jouent le rôle de puits de carbone. C'est près d'un tiers du CO_2 d'origine anthropique qui se dissout dans l'eau salée. Il se forme alors de l'acide carbonique H_2CO_3, une molécule peu stable qui, lorsqu'elle dépasse une certaine concentration, menace l'équilibre chimique précaire des eaux marines. Car les acides sont très gourmands et ont la propriété de dissoudre le calcaire, indispensable à la croissance de nombreux organismes.

Prenons l'exemple du corail. Le réchauffement climatique a sur lui un double effet. Une hausse de température provoque en effet une suractivité photosynthétique des zooxanthelles, ces petites algues vivant en symbiose au sein des polypes, éléments constitutifs des coraux. Si la situation perdure, les polypes expulsent tout simplement les petites algues, ce qui a pour effet d'entraîner un ralentissement ou, pire, un arrêt de la croissance et de la reproduction de la colonie corallienne, ces algues constituant la chaudière de l'édifice corail, lui apportant toute son énergie. Avec les zooxanthelles, les coraux perdent non seulement leur indispensable allié, mais également leur couleur, d'où le nom de « blanchissement » donné à ce phénomène.

Ce n'est pas fini, hélas... Car la température atmosphérique ne cesse d'augmenter et celle de l'eau de mer avec. Des collectes d'échantillons aqueux dans le Pacifique, menées durant ces huit dernières années par l'équipe de Thimothy Wootton, biologiste à l'université de Chicago, ont montré que l'acidification des océans liée à une absorption de plus en plus prononcée de CO_2 atmosphérique était près de vingt fois plus rapide que ce que les scientifiques avaient imaginé au cours de diverses modélisations, le pH ayant chuté de 0,36 en lieu et place des 0,015 attendus[1]. Or, cette chute du pH risque dans un futur très proche d'entraîner des effondrements des stocks de mollusques bivalves, tels que les moules par exemple, ou de crustacés, comme les anatifes, prélude à un immense déséquilibre de l'ensemble de l'écosystème marin (disparition de nombreuses espèces et prolifération de certaines autres). Pour la santé des récifs coralliens de la planète, l'un des écosystèmes les plus riches en diversité spécifique, nombre de scientifiques pensent qu'il est certainement déjà trop tard ; près de 90 % des récifs coralliens seraient aujourd'hui menacés[2].

Ce lent déclin du pH n'est pas aussi spectaculaire que d'autres conséquences du réchauffement climatique et peu s'en soucient ou, du moins, beaucoup pensent qu'il n'y a pas matière à sonner le tocsin. Or la machine peut s'emballer bien plus vite que prévu, et 2100 n'est guère loin…

Il était une fois la mer d'Aral…

Des traces de pas dans la poussière salée. Un horizon immobile et lointain. Rien. Juste une carcasse silencieuse de ce qui fut autrefois un bateau. Ici s'étendait autrefois une mer bleue. Désormais, c'est l'un des plus grands déserts du monde, l'un des plus hostiles aussi, privé de toute forme de vie ou presque. Sur le sol craquelé, même les rares touffes d'herbes sont réduites à quelques tiges desséchées se brisant au moindre souffle de vent. Les terres sont saturées de sel, stériles. Soixante-six mille kilomètres carrés. C'était la quatrième plus grande étendue d'eau salée intérieure du monde dans la première moitié du XXe siècle.

Une mer qui a failli disparaître une première fois et qui est aujourd'hui en survis. Au début des années 1960, les économistes soviétiques décident d'intensifier la culture du riz et surtout du coton dans les républiques d'Ouzbékistan et du Kazakhstan. La surface agricole passe ainsi de 290 000 kilomètres carrés en 1950 à 700 000 kilomètres carrés en 1992. Pour irriguer ces vastes étendues, des canaux « de dérivation » sont construits pour acheminer l'eau des deux fleuves nourrissant le lac, l'Amou-Daria et le Syr-Daria. Bientôt, les captations à la source pour les cultures sont si importantes que plus rien ne parvient jusqu'au lac. C'est le début de catastrophes en chaîne.

La mer commence à se rétracter et, en quarante ans, elle perd 50 % de sa surface, 60 % de son volume et 14 mètres de profondeur. La région qui avait tout d'une oasis fourmillant de vie se désertifie peu à peu. Plusieurs dizaines de milliers de personnes vivaient des 60 000 tonnes de poissons pêchées dans la mer intérieure, mais les carpes, brèmes, barbeaux et autres espèces disparaissent et les hommes doivent émigrer pour survivre. Les ports de pêche de Mouïnak et d'Aral'sk sont à sec ; les villages de pêcheurs se situent désormais à au moins 100 kilomètres du nouveau rivage, parfois même bien plus.

Ce n'est pas tout. L'agriculture industrielle est en plein essor et, pour maximiser les rendements du coton, des tonnes d'engrais et de pesticides sont déversées dans les champs en amont du lac, ainsi que des défoliants comme l'agent orange qui servent à défricher à moindre coût, mais aussi du DDT, pourtant interdit en Occident depuis plusieurs années. En 1995, plus d'un millier de tonnes de pesticides interdits partout ailleurs dans le monde sont encore utilisés dans cette région. Dans les dernières eaux du lac, saturées de sel et de substances toxiques, la vie s'est éteinte, les espèces ont disparu les unes après les autres, exception faite de quelques rares organismes résistants, comme des crevettes. Sur les 30 espèces de poissons, seules 2 ont survécu. C'est peu.

Toute la chaîne alimentaire s'en est trouvée bouleversée, et les hommes ont été les premières victimes de ce « crime » contre la biodiversité de la région. En s'asséchant, la mer a laissé à ciel ouvert des vastes étendues de sable salé, surnommées par les habitants de la région les « larmes sèches de l'Aral », que le vent emporte au loin, sur des milliers d'hectares de terres cultivées et sur les villages. Soixante-quinze tonnes de ce sable se répandent ainsi chaque année, empoisonnant tout sur leur passage. Quant aux pesticides et aux engrais, ils se sont immiscés dans les aliments et l'eau potable. Au tournant des années 2000, cette dernière contenait quatre fois plus de sel que la concentration recommandée par l'OMS. N'ayant d'autre choix que de la boire malgré tout et de consommer les fruits et les légumes cultivés sur les terres devenues toxiques, les habitants ont vu les maladies rénales se multiplier, mais aussi de nombreuses autres infections apparaître, comme la tuberculose, des cancers et des malformations de naissance. Bientôt, cette région a détenu le triste record du plus fort taux d'enfants malformés et handicapés dans le monde. Dans l'ancien port de Mouniak par exemple, sur les 48 000 habitants, 20 000 étaient atteints de maladies graves à la fin du XXe siècle.

Une des solutions aurait été de stopper l'agriculture intensive, mais elle fut à peine examinée par les instances politiques et internationales. Certes, de nombreux agriculteurs risquaient de perdre leur emploi, mais, à moyen et à long terme, si la mer pouvait ressusciter avec toute sa biodiversité, l'économie locale combinant pêche et agriculture (non intensive et non polluante, il va de soi) renaîtrait aussi. D'autres programmes ont été proposés. Il y eut de nombreuses promesses mais beaucoup n'ont pas été tenues, faute de moyens financiers. Et puis, l'Union soviétique s'était disloquée et l'Ouzbékistan et le Kazakhstan étaient désormais devenus des pays souverains, se partageant la mer d'Aral : une grande mer en Ouzbékistan et une petite mer au Kazakhstan. Des tensions sont nées, chacun accusant son voisin de vouloir accaparer toute l'eau restante pour « sa » mer. Par ailleurs, il était impensable pour l'Ouzbékistan d'abandonner ou même de réduire ses cultures de coton, alors qu'il était devenu le deuxième exportateur de cette fibre, sa première source de devises. Il ne s'agissait déjà plus de sauver la mer d'Aral, mais de parer au désastre social en permettant un approvisionnement en eau saine et l'amélioration des équipements sanitaires de la région.

Cependant, en 2005, un espoir est né pour la petite mer. L'eau clapote à nouveau dans des ports abandonnés depuis longtemps. Quelques bateaux ont même été remis à l'eau et certains sont repartis pêcher. C'est la construction du barrage de Kokaral et d'une série de digues destinées à éliminer l'excès de sel via des déversoirs qui a permis ce miracle. La petite Aral est passée de 30 à 38 mètres de profondeur. Ces petits 8 mètres pourraient laisser entrevoir un miracle. Quelques espèces de poisson comme la carpe ont même déjà réapparu. Une vanne sur le barrage permet de déverser le trop-plein d'eau dans la grande mer d'Aral, au sud, partagée pour la plus grande partie avec l'Ouzbékistan. La région et la mer sont-elles sauvées ? Pas tout à fait… Si, côté kazakh, la situation s'améliore, côté ouzbek, la mer ne finit pas de se tarir. De plus, d'autres menaces planent toujours sur la survie de cet écosystème : de nombreuses expérimentations nucléaires et bactériologiques effectuées pendant des années par l'Union soviétique ont laissé de profondes traces. Au début des années 1950, un laboratoire d'armes bactériologiques a été installé sur la petite île de Vozrojdenie, baignant dans la mer d'Aral. Tenue secrète, cette base effectuait divers tests en plein air sur la peste, la variole ou encore l'anthrax et fut abandonnée après la chute de l'Union soviétique, qui affirmait avoir décontaminé les lieux. Il se révéla qu'elle n'avait fait qu'enterrer les fûts contenant les armes bactériologiques, avec tous les risques que cela comporte pour la faune, pour l'environnement dans son ensemble et pour les hommes, car, avec le recul de la mer d'Aral, la petite île est devenue accessible par voie terrestre. Un accord a cependant été conclu entre l'Ouzbékistan et les États-Unis pour décontaminer les lieux. Espérons que ces diverses initiatives et ces projets puissent contribuer à redonner vie à cette mer autrefois grande et riche, un « grand miroir bleu » dont beaucoup ne se souviennent que vaguement voire pas du tout.

Sauver la mer d'Aral n'a rien d'une lubie. Cet exemple devrait nous servir d'avertissement quant à ce qui pourrait se passer à l'horizon 2100 si nous ne prenons garde à notre environnement, aux écosystèmes et à l'eau tout particulièrement. L'homme fait partie d'un tout, et sauver la biodiversité, c'est aussi se préserver lui-même. Plus de 60 000 personnes ont été directement touchées par la disparition de la mer et de ses poissons… À l'échelle de la population mondiale et de la surface terrestre, cela peut sembler anecdotique. Néanmoins, de tels scénarios sont légion, peut-être moins spectaculaires, mais, mis bout à bout, ce sont des millions, des dizaines de millions de personnes qui sont affectées par la perte de biodiversité dans le monde. Nous, habitants des pays du Nord, nous pensons certainement être bien protégés, lovés au creux d'un écrin douillet, disposant de multiples solutions technologiques à portée de main pour nous sauver. Mais sommes-nous réellement à l'abri ? Pour chaque écosystème, il existe un point de rupture, un point de non-retour. Peut-être l'homme s'est-il réveillé à temps en ce qui concerne la mer d'Aral, mais est-ce que ce sera le cas pour les forêts d'Indonésie, les océans dans leur globalité, les fleuves européens comme le Rhône ou le Rhin, les mangroves, le climat… ? Ces catastrophes écologiques s'accompagnent toutes – ne l'oublions pas – de drames humains et de crises économiques locales. Pourtant, l'exemple de la mer d'Aral n'a pas ou peu servi de leçon. Situé sur le même continent, autrefois dans le même pays, le plus ancien et le plus profond lac d'eau douce de la planète, abritant une biodiversité unique et d'une extrême richesse, le lac Baïkal, court aujourd'hui lui aussi le risque de succomber aux actions des hommes.

Le pipeline de tous les dangers

Localisé dans le sud-est de la Sibérie, ce lac atteignant un maximum de 1637 mètres de profondeur abrite la plus importante biodiversité en eaux douces de toute la planète. Sur les 1 200 espèces animales et les 1 080 espèces végétales y vivant, plus de 60 % sont endémiques à cette zone, qui comprend des formations étonnantes, comme ces récifs d'éponges où rampent, nagent et crapahutent quelque 255 espèces d'amphipodes, 147 espèces de gastéropodes ou encore le seul phoque d'eau douce, le phoque du Baïkal. Cet écosystème incroyable, qui aurait pu inspirer Darwin pour la construction de sa théorie de l'évolution tout autant que les Galapagos, est aujourd'hui blessé. Ici aussi, l'agriculture pratiquée en amont a commencé à déverser différents cocktails de pesticides et d'engrais ; mais une autre pollution pourrait d'ici peu avoir tragiquement raison d'une grande partie des espèces vivant dans le lac. Dans les années 1950, un ministre soviétique planifia et ordonna la construction d'un vaste complexe de cellulose et de pâte à papier (BPPM) sur les rives sud du lac, à Baïkalskiy. Deux cents kilomètres carrés du lac ont été pollués avec de la dioxine et d'autres poisons, à raison de 50 000 mètres cubes par an, et cette usine est également responsable d'une des plus importantes pollutions atmosphériques en Russie (20 000 tonnes de polluants rejetées annuellement dans l'atmosphère). Une seconde usine de pâte à papier fut pourtant construite sur les rives du lac, afin de bénéficier de l'eau claire et limpide disponible. Car, pour fabriquer de la pâte à papier, il faut de l'eau. Beaucoup d'eau. À partir de 2002, la situation est devenue si préoccupante que les deux usines durent, sous la pression de l'UNESCO entre autres (le lac Baïkal est inscrit au patrimoine mondial de l'humanité depuis 1996), réviser leurs façons de travailler : elles avaient le choix entre installer des cycles de l'eau fermés en leur sein et supprimer le blanchiment de la pâte à papier au chlore. Mais, au même moment, des prospections pour le pétrole et le gaz naturel étaient en cours dans le delta de la Selenga, le fleuve le plus important alimentant le lac. Un projet de pipeline de 2 400 kilomètres fut ébauché en 2003 et, malgré les protestations fusant de toute part, construit par la compagnie pétrolière russe Yukos. (Compagnie qui, à la suite de l'arrestation de son président pour raisons politiques et de diverses fusions, fut engloutie dans Transneft, la plus importante compagnie pétrolière russe, contrôlée par l'État.)

Le tracé de ce qui deviendra le plus long pipeline du monde (4 188 kilomètres) devait dans un premier temps relier Angarsk, au nord du lac Baïkal, à Datsin, en Chine, mais Transneft lui préfère Nakhodka en Sibérie comme destination finale, pour approvisionner le Japon. Dans les deux cas, le tracé rencontre divers affluents se déversant dans le lac Baïkal mais aussi d'immenses zones de taïga. Et le pipeline qui véhiculera 80 millions de tonnes de pétrole par an doit passer dans plusieurs zones à forte activité sismique, ce qui n'a pas manqué de soulever doutes et inquiétudes. Réponse de Transneft : c'est un projet de très haute technologie, le pipeline résistera à des secousses de degré 9 sur l'échelle de Richter, les accidents sont impossibles… En 2003, l'étude d'impact environnemental invalide le tracé proposé par Transneft, jugé trop proche du bassin-versant du lac Baïkal, une réserve naturelle et un réservoir essentiel d'eau douce. Transneft n'abandonne pas pour autant et compose un autre tracé, entre Talshet et la baie de Perevoznaya, non loin de Vladivostok – à un kilomètre de la réserve naturelle de Kedrovaia Pad où survivent une poignée des très rares léopards de l'Amour. Il ne contourne cependant pas le bassin-versant du lac Baïkal, comme cela avait été demandé par l'organisme étatique Rostekhnadzor, le service fédéral pour la supervision écologique, technologique et atomique. Le projet est fortement soutenu par Vladimir Poutine et son gouvernement, qui s'est dit prêt à poursuivre en justice Rostekhnadzor pour objections illégitimes au projet du pipeline si celui-ci continue à maintenir son avis négatif sur le tracé. Finalement, la baie de Kozmino sera retenue comme point d'acheminement.

Avril 2006 : Vladimir Poutine cède sous la pression populaire et annonce que le tracé passera non plus à 800 mètres du Baïkal, mais à 40 kilomètres.

Novembre 2008… la commission d'experts de Rostekhnadzor rend finalement un avis positif sur le projet du pipeline, dont la construction devrait donc débuter sous peu. Quant à la Chine, elle a accordé en novembre 2008 un prêt de 25 milliards de dollars à Transneft et à Rosneft, en échange d'un futur approvisionnement en pétrole via… le futur pipeline.

Et le lac Baïkal dans tout cela ?

Des ONG et experts ont déjà constaté en 2006 du déboisement illégal et des opérations de prospection à moins de 5 kilomètres du lac, et il est à craindre que Transneft ne construise effectivement son pipeline au cœur de l'écosystème Baïkal. L'avenir nous dira si nous avions eu raison de craindre l'accident… Que dira-t-on si, à la suite des secousses telluriques, abondantes dans la région, le pétrole s'échappe de brèches dans le pipeline et vient polluer le lac déjà malmené par les déchets des usines de pâte à papier ? Si cela devait se produire dans le siècle à venir, alors la planète se verrait privée de sa cinquième plus importante source d'eau douce et d'une biodiversité utile au bon fonctionnement de l'écosystème dans son ensemble, et à l'homme en particulier.

14

AGRO (BIO) CARBURANTS : LE DOUBLE CRIME

Le 24 février 2008, le premier vol commercial « vert » prit son envol sous les couleurs de la compagnie Virgin. En France, des pompes à essence vertes fleurissent à la périphérie des grandes agglomérations. La publicité affiche les mérites de voitures vertes, « roulant pour la planète » en brûlant des plantes. La Malaisie vante son biodiesel B5 Palm Oil, carburant vert, solution à la crise climatique… Mais, sous ses allures printanières et bucoliques, ce vert a un goût bien amer…

Les plantations de palmiers à huile, l'un des végétaux entrant dans la composition des agrocarburants, sont bénéfiques à la biodiversité, affirme l'industrie de l'huile de palme malaise dans des campagnes publicitaires poétiquement titrées : « Palm Oil – tree of life ». Pour preuve, le MPOC (Malaysian Palm Oil Council) exhibe sur son site internet cette jolie photographie montrant deux macaques à queue de cochon dans l'un de ces « arbres de vie » ; la légende nous explique que cette image de deux macaques gambadant dans le palmier est une preuve incontestable que ces plantations offrent le gîte et le couvert aux animaux. Faisons tout d'abord remarquer que ces macaques sont des espèces relativement généralistes, pouvant vivre autant dans les forêts primaires de plaine que dans les mangroves et les marécages, et qu'ils zonent souvent autour des villages et dans les cultures lorsque celles-ci sont en bordure de leur territoire ou lorsque ce dernier s'est réduit comme peau de chagrin. Par ailleurs, ces singes sont plutôt commensaux de l'homme. Ils vivent non loin de ce bipède, qui en profite parfois pour les capturer et les dresser à cueillir les noix de coco, notamment en Malaisie. À Sumatra, ces singes procèdent régulièrement à des raids dans les plantations de palmiers à huile, faute de trouver suffisamment de nourriture dans leurs forêts… qui ont disparu dans leur plus grande majorité. Sur cette photo justement, nos deux singes ne gambadent nullement, ils sont de part et d'autre du palmier et l'un d'eux se gave de noix de palme…

Mais qu'est-ce donc que ces carburants « verts » dont on nous vante sans relâche les mérites pour le climat et l'environnement ? Ils sont issus de la biomasse végétale, d'où leur premier nom (usurpé et prêtant à confusion) de « biocarburants ». Désormais baptisés plus justement « agrocarburants », ils sont en quasi-totalité issus de plantes cultivées uniquement ou presque à cet effet, alors que l'idée de départ était de transformer des déchets végétaux. Ils sont de deux types, selon la matière première et le processus de transformation utilisés. Les premiers appartiennent à la filière éthanol, sont produits par fermentation et distillation à partir de sucres et de céréales, et destinés aux véhicules à essence. Les seconds proviennent de la filière des huiles végétales et sont destinés aux véhicules diesel. Leur élaboration nécessite une réaction chimique plus complexe, nommée « transestérification », à la suite de laquelle on obtient des EMHV (éthyl méthylique d'huile végétale) qui seront mélangés à du gazole pour obtenir les « biodiesels ». Ces EMHV sont plus coûteux à produire que l'éthanol et demandent plus d'apports en énergie, mais ils sont très facilement utilisables en remplacement de gazole traditionnel car, jusqu'à une incorporation de 30 % dans le mélange, les moteurs n'ont aucunement besoin d'être modifiés (ce qui n'est pas le cas pour l'éthanol, qui ne doit pas dépasser les 5 % en volume dans un moteur traditionnel). Cependant, même l'éthanol de maïs, moins gourmand, consomme pour sa production quasiment autant d'énergies fossiles que l'éthanol classique qu'il veut remplacer – notamment utilisé dans la fabrication des pesticides et des engrais dont on arrose intensément les cultures. Un exemple : pour produire un litre de bioéthanol, il faut de 3 à 5 litres d'eau pour l'irrigation des cultures. La production de ce litre de carburant « vert » rejettera environ 10 litres d'eaux usagées, qui nécessiteront pour leur traitement un équivalent énergétique de 110 litres de gaz naturel. Vu le très fort coût énergétique, ces eaux usagées sont souvent relâchées dans la nature sans avoir été traitées, polluant un peu plus les fleuves, rivières et nappes phréatiques.

Ce qui nous intéresse ici, c'est l'impact de ces agrocarburants sur la biodiversité. Contrairement à ce qu'affirme le MPOC, il est très important. De manière indirecte via la pollution, mais aussi et surtout de manière directe. Principale culture incriminée : le palmier à huile, cet « arbre de vie » responsable en réalité de la disparition de nombreuses espèces. En 1961, 3,6 millions d'hectares de palmiers à huile étaient cultivés. En 2006, ces cultures s'étendaient sur 13,2 millions d'hectares dans 43 pays. L'Indonésie et la Malaisie totalisent à elles deux plus de 80 % de l'huile de palme mondiale. D'autres pays, comme Madagascar, la RDC, le Togo, la Colombie ou les Philippines, ont d'ores et déjà signé des accords avec des multinationales étrangères afin de développer la culture de biomasse destinée aux biocarburants, et ce, au détriment des cultures vivrières essentielles pour l'alimentation locale et donc du maintien des populations paysannes sur leurs terres.

Ces cultures sont loin d'être anodines à l'échelle mondiale : elles représentent un dixième des terres cultivées sur la planète. Si monocultures de palmiers à huile et biodiversité ne font pas bon ménage, c'est avant tout parce que l'expansion de ces vastes champs aux allures de damier ocre et vert se fait au détriment de la surface forestière. Selon les chercheurs et la FAO, entre 1990 et 2005, 55 à 59 % des nouvelles cultures en Malaisie et au moins 56 % en Indonésie se sont implantés sur des zones de forêts. En Indonésie par exemple, le palmier à huile s'est étendu sur 3,017 millions d'hectares supplémentaires, dont seuls 44 % (1,313 million d'hectares) résultent de la conversion de zones cultivables déjà existantes. La surface restante a été grignotée sur la forêt tropicale primaire ou bien sur des sylves déjà dégradées du fait de l'exploitation du bois ou des minerais.

Or, comme l'ont montré diverses études, la conversion de zones forestières en plantations de palmiers à huile entraîne une perte cruciale de biodiversité, avec la disparition de 50 à parfois plus de 70 % des espèces[1]. Les plantations de palmiers à huile abritent moins de la moitié des espèces de vertébrés rencontrées dans les forêts primaires, à peine un petit tiers des espèces d'oiseaux et moins d'un cinquième des papillons rencontrés dans les sylves voisines. Les scientifiques pointent également du doigt le fait qu'il est beaucoup plus aisé de mener des inventaires faunistiques au sein des plantations qu'au cœur des forêts primaires, écosystèmes de structure ultra-complexe avec des canopées difficilement accessibles, et qu'il faut donc prendre avec des pincettes les données sur la diversité faunistique dans les monocultures de palmiers à huile. Par ailleurs, ces lieux attirent de nombreuses espèces invasives, dont de nombreux rats. Dans les plantations de palmiers à huile malaises, les espèces de fourmis sont à 40 % des aliens (sur un total n'excédant pas la moitié de ce que l'on retrouve en forêt primaire). Mais les résultats des études scientifiques dévoilent également d'autres résultats. Contrairement à certaines idées reçues (ou véhiculées sciemment), les forêts ayant été exploitées pour leur bois, donc dégradées, abritent bien plus d'espèces que les plantations. Une forêt ayant été exploitée de manière sélective (seules certaines essences ont été coupées) peut par ailleurs retrouver 84 % de sa communauté spécifique aviaire, par exemple, en moins de trente ans. De plus, si on compare les divers types de plantations (palmier à huile, hévéa, cacao, café ou acacia pour la pâte à papier), il apparaît que c'est dans les plantations de palmiers à huile que la richesse spécifique est la plus faible : tous les autres types de cultures abritent non seulement plus d'espèces, mais plus d'espèces forestières.

Le verdict de ces différentes études est donc sans appel : l'huile de palme et la biodiversité ne font pas du tout bon ménage. Cette érosion de la biodiversité est d'autant plus critique que les espèces touchées par l'expansion frénétique du palmier à huile sont évidemment celles qui sont les plus spécialisées, dépendant d'une alimentation très spécifique, d'un type d'habitat, ou bien encore des espèces déjà très menacées et/ou endémiques à une minuscule poche forestière. On pense ici à l'un des habitants emblématiques des forêts de Bornéo et Sumatra, l'orang-outan, qui compte parmi les premières victimes de ces monocultures. L'habitat du grand singe roux, la forêt tropicale, a disparu à hauteur de 90 % sur les îles de Bornéo et de Sumatra. Au moins la moitié est imputable au palmier à huile. À cause de ce désastre, les populations ont été réduites de moitié en à peine quinze ans. Désormais, ce sont environ 5 000 de ces grands singes qui disparaissent chaque année, tués dans les plantations de palmiers où ils viennent chercher de la nourriture après avoir vu leur garde-manger naturel s'envoler en fumée.

Si les adultes sont tués, les bébés sont capturés pour alimenter un très lucratif trafic d'animaux de compagnie à destination d'une certaine élite indonésienne mais aussi d'autres pays d'Asie du Sud-Est. Ils sont achetés comme peluches vivantes, comme bébés de substitution parfois, mais également pour servir d'attraction grotesque dans des shows de type match de boxe entre grands singes, répandus en Thaïlande. Une des principales plaques tournantes de ce trafic se situe à Taïwan, où les grands singes sont particulièrement prisés pour attirer le chaland.

Habillés, affublés d'une cigarette, ils sont exposés dans les devantures de bordels et de maisons de jeu. Entre 1987 et 1990, au moins un millier (et très probablement plus du double) de jeunes orangs-outans ont été ainsi exportés en toute illégalité d'Indonésie afin d'approvisionner le marché noir. Les clients sont prêts à payer de 11 000 à 20 000 dollars pour un bébé primate. Avec l'explosion de la demande de palmier à huile liée aux objectifs européens d'incorporation des biocarburants (5,75 % pour 2010 et 10 % d'ici 2020), le nombre de jeunes orphelins rescapés du trafic et confisqués par les ONG de protection des grands singes n'a cessé d'augmenter. Certains mois, ce sont près d'une centaine d'entre eux qui débarquent dans le centre de réhabilitation de BOS (Borneo Orangutan Survival), au sud de Kalimantan, tous récupérés dans des plantations de palmiers à huile.

Mais l'orang-outan n'est pas le seul à faire les frais de la conversion de la forêt en monocultures de palmiers à huile. Les gibbons, les siamangs, les tigres de Sumatra, les ours malais, les calaos et une cohorte d'autres espèces moins médiatiques disparaissent en silence, tandis qu'en Europe les gouvernements (notamment français) nous poussent à adopter les agrocarburants. Les plébisciter, c'est se rendre complice d'un crime majeur contre cette biodiversité. Mais les agrocarburants ont aussi des conséquences sociales dramatiques : ils anéantissent la souveraineté alimentaire de nombreuses populations, souvent les plus démunies ou les plus fragiles.

En effet, pour remplir en bioéthanol le réservoir d'un 4 × 4, de ceux que l'on voit fleurir partout dans les pays du Nord, il ne faut pas moins que l'équivalent de 200 kilos de maïs, dont les calories permettraient de nourrir une personne pendant une année entière ! Or, les terres agricoles ne sont pas extensibles à l'infini ; le boom des agrocarburants a de fait induit une flambée des prix des denrées et donc une hausse de l'insécurité alimentaire. En 2006, au Mexique, le prix de la tortilla a plus que doublé à cause d'une très forte demande d'éthanol à base de maïs, émanant notamment des États-Unis. Certes, l'éthanol est fabriqué avec du maïs jaune et la tortilla avec du maïs blanc, mais cette demande accrue a entraîné une pénurie en maïs jaune et les États-Unis se sont rabattus sur le maïs blanc, laissant les Mexicains sans matière première pour leur nourriture de base. Un rapport confidentiel de la Banque mondiale publié en juillet 2008 démontre que l'expansion des agrocarburants, tout en allant de pair avec la destruction totale d'écosystèmes forestiers, allait priver de plus en plus de gens de leurs ressources alimentaires de base, entraînant au mieux des carences, au pire des famines. Pousser les pays pauvres à convertir leurs terres (voire leurs forêts) pour la production d'agrocarburants ressemble à une vaste entreprise de néocolonisation des pays pauvres. La FAO a tiré la sonnette d'alarme : des estimations montrent que le prix des denrées alimentaires de base va augmenter de 2 à 33 % d'ici 2010 et de 26 à 135 % d'ici 2020. Or, chaque fois que le coût de la nourriture augmente de seulement 1 %, environ 16 millions de personnes tombent dans l'insécurité alimentaire[2]...

Par ailleurs, l'argument de départ (ces agrocarburants seraient une solution au réchauffement climatique global) relève de la supercherie. Certes, on peut localement et sporadiquement utiliser des rebuts d'huile alimentaire de friture, par exemple, pour faire rouler quelques bus, mais, à grande échelle, ces microfilières ne sont pas viables. Pour alimenter les réservoirs des parcs automobiles européen, américain et autres, il faut d'importantes quantités de matières premières. Pour atteindre les objectifs fixés par l'Union européenne, l'Europe devrait utiliser 70 % de ses surfaces agricoles ! Comment nourrir ensuite ses habitants ? Comme l'expliquaient en 2007 Géraldine Kutas, chargée de recherche et coordinatrice de programme European Biofuels Policy (EBP), et Émilie Pons, assistante de recherche[3], à propos de l'accent mis sur le biodiesel, un problème de surface va se poser pour atteindre les objectifs européens, l'importation d'huile de palme pourrait compléter la production européenne. C'est effectivement ce qui s'est produit. De l'huile de palme a été massivement importée en Europe. Récemment, le président brésilien Lula est venu démarcher les gouvernements de l'UE afin de leur vendre son « bio »éthanol fabriqué avec de la canne à sucre[a]. Or, non seulement le bilan énergétique n'est pas favorable aux agrocarburants, tout particulièrement dans le cas de la filière des huiles végétales, mais, l'implantation de ceux-ci étant dans la plupart des cas, synonyme de déforestation, les utiliser revient à contribuer au réchauffement climatique global. Pour deux raisons. Tout d'abord parce que la forêt tropicale joue un rôle majeur dans la régulation du climat – c'est un véritable climatiseur –, mais également parce que de nombreux exploitants mettent le feu aux forêts pour nettoyer le terrain à moindres frais. 75 % des foyers allumés lors des terribles incendies ayant ravagé l'Indonésie en 1997 et 1998 étaient allumés de la main de l'homme, avec pour objectif de faire place nette pour le palmier. Depuis, si les médias prêtent moins d'attention à cette région du monde, les forêts n'ont pas pour autant cessé de brûler, année après année, dès l'avènement de la saison sèche. En 1998, entre 0,8 et 2,6 millions de tonnes de CO_2 ont été rejetés dans l'atmosphère, soit 13 à 40 % du CO_2 d'origine anthropique. Certaines de ces forêts de Bornéo en flammes sont des forêts marécageuses et, de par la constitution tourbeuse de

a. Si les vastes plantations de canne à sucre ne sont pas directement responsables de la déforestation au Brésil et de la perte de vastes réservoirs de biodiversité, elles le sont indirectement. Pour étendre les plantations de canne à sucre, les exploitants grignotent sur les surfaces dédiées au soja et, comme cette culture destinée à l'alimentation animale est elle aussi en pleine expansion, il faut trouver de nouvelles surfaces cultivables. La solution adoptée par de nombreuses multinationales exploitant le soja consiste alors à convertir de la forêt tropicale ou du *cerrado*, une forêt sèche, pour atteindre ces objectifs.

leur sol, elles représentent d'incroyables puits de carbone. Or, la combustion de 5 centimètres de ce sol tourbeux relâcherait dans l'atmosphère plus de 100 millions de tonnes de CO_2... et c'est bien ce qui est en train de se produire aujourd'hui. Une réduction de la déforestation à hauteur de 50 % d'ici 2050 a été demandée par les ONG et de nombreux chercheurs, après quoi elle devra cesser totalement. Cette réduction représenterait 12 % de l'effort global de réduction des émissions de gaz à effet de serre à réaliser d'ici 2100[4]...

15

RECHERCHE POLLINISATEUR DÉSESPÉRÉMENT

Silence dans les champs

Tendez l'oreille, vous entendez ? Écoutez bien. Non ? Rien ? Pourtant, ce long silence…

Pas de chant d'oiseau, aucun vrombissement, il n'y a plus rien, plus aucune vie dans cette prairie et ces champs. La vie animale a déserté, s'en est allée.

Fable irréelle et cruelle, scénario de pure fiction ? Peut-être pas tant que cela. À jouer les apprentis sorciers en malmenant et en détruisant notre environnement, ne risquons-nous pas, d'ici peu, de rendre ce dernier fort hostile à notre encontre ?

Tout pourrait commencer avec l'agonie des abeilles, dont les spécialistes, relayés par les médias, se font depuis quelque temps l'écho. S'il existe de très nombreuses espèces d'insectes pollinisateurs – diptères, hyménoptères et coléoptères –, l'abeille domestique (*Apis mellifera*) est probablement la plus connue de ces auxiliaires essentiels à la vie des plantes. Après un lent déclin amorcé vers la fin des années 1990, les abeilles domestiques et de nombreuses autres espèces cousines (il existe en France un millier d'espèces d'abeilles, 20 000 à l'échelle mondiale) pourraient bel et bien finir par disparaître, en entraînant dans leur sillage de nombreux autres insectes pollinisateurs moins connus, des animaux divers et variés se nourrissant notamment de ces insectes et surtout d'innombrables plantes. Les insectes permettent à plus de 80 % des espèces de plantes à fleur d'assurer leur reproduction et donc leur existence. Rien qu'en Europe, plus de 20 000 plantes dépendent de ces auxiliaires ailés. Les productions agricoles telles que pommiers, concombres, arachides, melons, tournesol, café, coton ou encore cerisiers et amandiers, totalement liées aux abeilles et autres pollinisateurs, notamment les scarabées œuvrant sous des latitudes tropicales. Si certaines comme le blé, le riz, le maïs pour les plantes cultivées, le frêne, le noisetier ou de nombreuses graminées sont anémophiles, c'est-à-dire dépendantes du vent pour la pollinisation, la majorité a scellé des pactes avec des insectes ou d'autres animaux (chauves-souris, colibris ou souris à miel par exemple) et ce, depuis parfois plusieurs millions d'années. Lorsque les abeilles s'enfoncent dans la corolle d'une fleur pour en aspirer le nectar, les petits poils recouvrant leur corps fonctionnent comme un Velcro et piègent des grains de pollen, qui seront déposés sur les organes reproducteurs de la prochaine fleur. Une fois celle-ci fécondée, le fruit va pouvoir se former.

C'est en 1997 que les premiers signes d'un dysfonctionnement dans les colonies d'abeilles domestiques sont apparus en Europe, puis ont gagné les États-Unis. Dans certaines régions, le taux de mortalité est dix fois supérieur à la normale. On parle alors de « syndrome d'effondrement des colonies ». Entre 2006 et 2007, environ 25 % du « cheptel » d'abeilles domestiques disparaissent aux États-Unis ; localement, les pertes peuvent atteindre 90 % des effectifs, notamment dans certaines régions européennes. Mais, au-delà du cas *Apis mellifera*, c'est toute la diversité des abeilles sauvages qui est touchée. Une perte de 52 % de la diversité des abeilles est enregistrée en Grande-Bretagne entre les années 1980 et 2006, un chiffre atteignant même 67 % aux Pays-Bas. Quant aux syrphes, ces petites mouches en costume de guêpe, avec laquelle on les confond souvent, leur diversité a chuté de 33 % en Grande-Bretagne. Ces autres précieux auxiliaires de la pollinisation sont moins touchés que les abeilles et se portent même plutôt bien dans certains pays comme les Pays-Bas, où de nouvelles espèces s'installent, mais sauront-elles résister longtemps au déclin de la biodiversité et à ses causes pour la plupart anthropiques ? Des chercheurs suivent à la loupe cette érosion de la diversité des pollinisateurs, qui va de concert avec une disparition progressive de plantes sauvages dans certaines régions. En 2006[1], ils notent le déclin de 75 plantes sauvages en Grande-Bretagne, toutes dépendantes des insectes pour la pollinisation. Leur disparition pourrait-elle également dans un futur proche sonner le glas d'une partie des plantes cultivées ?

La Royal Delicious, l'abeille et l'homme

Dans la région de l'Hindu-Kush, entre Inde, Chine et Népal, les pommiers représentent une source majeure de revenus pour les paysans, avec 2,2 millions de tonnes de fruits récoltés annuellement. Néanmoins, ces dernières décennies ont vu la production chuter parfois de plus de moitié à cause de la baisse de la pollinisation des fleurs, liée à une désertion des pollinisateurs naturels, mais aussi à l'appauvrissement du nombre de variétés cultivées[2]. En effet, si le pollen des pommiers est anémophile, c'est-à-dire transporté par le vent, cet auxiliaire intervient peu ou pas du tout dans la production de fruits et il faut le soutien des insectes, et tout particulièrement des abeilles, pour assurer la bonne fécondation des fleurs, prélude au développement de fruits[3]. Alors qu'on cultivait autrefois près de dix variétés de pommes, la demande a poussé les cultivateurs à se tourner quasi exclusivement vers la variété Royal Delicious, la plus rentable, mais présentant malheureusement une autostérilité et une auto-incompatibilité pollinique : le pollen d'une fleur de cette variété ne peut féconder une autre fleur de cette même variété.

L'autofécondation est impossible et le soutien d'autres variétés pour une pollinisation et une fécondation croisées est nécessaire. En Chine, on observe désormais une répugnance à planter un ratio suffisant d'arbres « pollinisateurs » (seuls 5 à 7 % sur l'ensemble des vergers, alors que 20 % au moins seraient nécessaires pour assurer une bonne fécondation croisée) afin d'augmenter au maximum les surfaces cultivées de Royal Delicious, malgré les problèmes de taux de fécondation. Pour y remédier, dans le comté du Maoxian, aux confins du Sichuan, la stratégie adoptée depuis plusieurs années pour retrouver la productivité d'antan fut celle d'une pollinisation manuelle, fastidieuse et coûteuse, mobilisant hommes, femmes et enfants sur les centaines de kilomètres de vergers s'étirant le long des vallées. Malgré le déclin général des abeilles, plusieurs apiculteurs sont actifs dans la région et pourraient apporter une solution alternative au travail manuel, mais ceux-ci répugnent à louer les services de leurs précieuses ruches, craignant pour la santé de leurs colonies d'hyménoptères : l'usage intensif de pesticides dans les vergers, avec 10 à 15 pulvérisations par saison, jusqu'au stade avancé de la floraison, est très préjudiciable voire fatal pour les abeilles[4]. De toute façon, les agriculteurs de cette région ne jurent que par la pollinisation manuelle, la seule fiable selon une enquête réalisée sur place par une équipe de chercheurs népalais[5], couplée à une utilisation massive de pesticides. Une rentabilité maximale quel qu'en soit le prix… mais pour combien de temps, car quel peut être l'avenir de telles pratiques ?

Quelques montagnes plus loin, dans l'État indien de l'Himachal Pradesh, une autre piste a été privilégiée afin de contrer la baisse de productivité. Tout d'abord, les cultivateurs ont réintroduit dans leurs vergers d'autres variétés, notamment celle baptisée « Snowdrift », sélectionnée à partir du pommier sauvage, distillant du pollen au cours d'une longue floraison de plus d'un mois… Mais ceci ne répondait qu'à un seul aspect du problème ; restait en suspens la question de la baisse des effectifs des abeilles, précieux messagers des amours de fleurs de pommier. Car, si le pollen abondait, qui allait assurer son transport d'une variété à l'autre, maintenant que les insectes avaient été décimés par une utilisation surabondante de pesticides ? Sensibilisés, les cultivateurs ont commencé à devenir plus économes, réduisant les pulvérisations à 5 ou 6 au lieu de plus de 10, seulement hors période de floraison et en usant des produits le moins toxiques possible. Les abeilles commencent à revenir, mais très prudemment. L'apiculture est encore trop sporadique dans cette zone ; la plupart des colonies sont emmenées dans les plaines pour se gorger du pollen et du nectar de tournesols et de trèfles, permettant la fabrication de miel de qualité et en quantité, et les apiculteurs rechignent à rentrer plus tôt dans les montagnes pour assister les vergers de pommiers. De plus, le Département d'horticulture ne « loue » les services que d'un très petit nombre de colonies. Le docteur Parmar, de l'Université d'horticulture et de foresterie, s'est fixé la lourde tâche de fournir des essaims gratuits aux cultivateurs de pommes, mais également de les former à l'apiculture[6].

La diversité variétale est revenue dans les vergers, les abeilles sont en train de les réinvestir et la productivité des pommiers s'en trouve petit à petit améliorée. Une solution qui n'a pas visé une rentabilité à court terme, mais qui s'inscrit dans le temps.

Sur le banc des accusés…

Les abeilles sont utiles à l'homme. L'affaire est désormais entendue, du moins pour certains : il y a et il y aura toujours des sceptiques, comme en Chine, qui préféreront toujours se voir comme l'unique espèce indispensable – et utile – à la planète, c'est-à-dire à eux-mêmes. Néanmoins, connaître et comprendre l'importance des abeilles ne suffit pas : elles continuent de disparaître par millions.

Dans les années 1960, tout allait pour le mieux chez les apiculteurs et leurs colonies d'abeilles domestiques. Les fleurs poussaient en abondance dans les prés et les bocages, et, besogneuses, les abeilles s'en allaient récolter le pollen. Chaque abeille était spécialisée dans une seule espèce de fleur, même si elle pouvait parfois se tromper, et il existait autant de sortes de pollen que de fleurs ! L'abeille ne pesait pas plus de 100 milligrammes, mais elle pouvait transporter à chaque voyage 30 milligrammes de pollen, récolté et rassemblé en pelotes au niveau de ses deux pattes arrière, ainsi que 40 milligrammes de nectar par voyage, soit plus des deux tiers de son poids ! De retour des champs de fleurs, l'abeille allait régurgiter le nectar, qu'elle avait aspiré à l'aide de sa trompe et entreposé dans son jabot, dans la bouche d'autres ouvrières. Celles-ci avaient la charge de le déposer dans les alvéoles de stockage, mais auparavant elles faisaient transiter le précieux liquide plusieurs fois entre leur bouche et leur jabot, où des substances modifiaient sa composition. Le fluide se transformait ensuite en miel dans les alvéoles scellées avec un couvercle de cire. Pour se nourrir, une colonie d'abeilles avait besoin en moyenne de 15 à 30 kilos de pollen et de 60 à 80 kilos de miel par an.

Mais les vastes cultures de céréales et d'oléagineux et les maraîchages ont peu à peu grignoté toutes les surfaces « sauvages » et cultivables et ce, à grand renfort de pesticides et d'engrais. Nous étions en pleine « révolution verte », marquée par la naissance de l'agrobusiness. Parmi les premières victimes de cette guerre chimique contre les insectes ravageurs : les abeilles. Malgré une évolution des pesticides au fil des années, les abeilles ont commencé à disparaître. Elles ne sont pas mortes dans les ruches : celles-ci ont été désertées. Il est apparu que les abeilles perdaient la mémoire spatiale, leur sens de l'orientation et, ne pouvant retrouver leur domicile, volaient jusqu'à mourir d'épuisement. Premiers suspects : le Gaucho et le Régent, deux pesticides fabriqués respectivement par Bayer et

BASF. Tous deux ont un effet systémique : le pesticide enrobant la semence va pénétrer dans la plante et, via la sève, se retrouver de la tige aux feuilles en passant par les fruits et le pollen (les pesticides dits de contact agissent sur un point précis de la plante et ne se propagent pas). L'imidaclopride, la substance active du Gaucho, n'a pas un effet foudroyant, mais des analyses ont montré qu'elle perturbe le système nerveux central de l'abeille et par là même ses capacités cognitives (ses facultés d'apprentissage et d'orientation dans l'espace), ainsi que son comportement de butinage. (Elle a également un effet important sur les vers de terre, d'autres auxiliaires nécessaires à la vie du sol.) La contamination d'une abeille se transmet très vite à toute la colonie, puisque le pollen qu'elles ont récolté est distribué aux larves et à toutes les adultes.

Le Gaucho fut donc retiré du marché français, en 1999 pour le tournesol, puis en 2004 pour le maïs. Alors qu'on constatait une légère amélioration, un autre pesticide, le Régent, dont la substance active est le fipronil et qui a les mêmes effets, provoquait un nouveau déclin des abeilles. Son utilisation fut suspendue en 2004. Du fait d'une forte rémanence (le Gaucho a une demi-vie[a] de 120 jours[7]), ces pesticides furent encore retrouvés en concentration non négligeable dans des champs ayant été traités les années passées. L'effet destructeur des pesticides sur les abeilles ne s'arrête cependant pas là : en 2008, la société Syngeta, soutenue par les lobbies agricoles, mit sur le marché le Cruiser, un neurotoxique systémique lui aussi, destiné à protéger le maïs contre le taupin, un petit coléoptère grignotant les racines. Selon des études d'écotoxicologie, la molécule active du Cruiser, le thiamethoxam, perturbe elle aussi, même à faible dose, le comportement des abeilles, ce que dément Syngeta. Par ailleurs, une dérogation fut délivrée dans certaines

a. Demi-vie : temps mis par une substance pour perdre la moitié de son activité.

régions du Sud-Ouest pour un pesticide très nocif et toxique, le Dotan, que le ministère de l'Agriculture ne souhaite désormais plus autoriser. Un autre pesticide interdit en France, le Poncho, était également utilisé.

Une lueur d'espoir ? En novembre 2008 s'engageaient au Parlement européen de vives et passionnantes discussions de fond visant la mise en place d'un « paquet pesticides » qui devait entrer en vigueur en 2009. L'un de ses volets, visant à durcir les critères d'autorisation de mise sur le marché des molécules, pourrait enfin bousculer les pratiques agricoles. Les substances cancérigènes, mutagènes, neurotoxiques, immunotoxiques et nocives pour les abeilles devraient ne plus être autorisées. L'on découvre dans la levée de boucliers (prévisible) des industriels du secteur phytosanitaire que ceux-ci estiment ces exigences inacceptables, car 40 % des substances seront concernés… 40 % des pesticides seraient donc dangereux pour la santé des consommateurs et pour l'environnement ! Par ailleurs, on apprend que des dérogations de cinq ans renouvelables pourront être accordées pour certaines molécules, même nocives, si leur interdiction et leur retrait menacent des pans de l'agriculture[8]…

Considérer les pesticides comme seuls coupables du déclin des abeilles serait néanmoins une erreur. D'autres facteurs jouent un rôle clé, et tout particulièrement la contamination par un acarien parasite, *Varroa ceranae*. De 1 à 2 millimètres de long, il vit sur le « dos » d'une abeille asiatique, *Apis ceranae*, en suçant son hémolymphe, l'équivalent du sang. Il fut importé en Europe par le biais du commerce de reines et peut-être également dans le cadre de recherches scientifiques. Surnommé « le vampire de l'abeille », l'acarien a colonisé avec succès tous les continents où vivent des abeilles ; en dehors de son hôte d'origine, aucune espèce ne peut se défendre naturellement contre lui. Il faut donc utiliser des produits chimiques pour éviter la mort des ruches d'abeilles domestiques, mais personne ne sait réellement quel impact l'acarien a eu sur toutes les populations d'espèces d'abeilles sauvages. Un avertissement n'ayant pas suffi, alors qu'un décret avait été voté en 2003 en France interdisant l'introduction dans le pays d'abeilles, de ruches et de reines de pays tiers, une poignée d'années plus tard, en 2008, en pleine crise apicole, le ministère de l'Agriculture décide d'abroger le décret et d'autoriser à nouveau les va-et-vient commerciaux d'abeilles entre pays. Une hérésie, d'autant que les scientifiques viennent de démontrer la propagation sur plusieurs continents d'autres redoutables ennemis des abeilles : le protozoaire *Nosema ceranae*[9], lui aussi transmis par l'abeille asiatique *Apis cerenae* et qui s'attaque au système digestif des butineuses, et les virus de la paralysie aiguë (IAPV). Un malheur ne venant jamais seul, une autre espèce envahissante, un frelon, a fait son apparition dès 2004 en France. *Vespa velutina nigrithorax*, un immigrant venu de Chine, probablement dans un chargement de poteries, s'est très bien acclimaté dans la partie méridionale du pays, pour ensuite gagner toute l'Europe du Sud en moins d'une décennie. S'il aime les fruits suintant le sucre, il se nourrit également d'insectes, notamment des abeilles, qu'il chasse en se tenant en embuscade aux abords des essaims et des ruches. Il peut décimer 20 à 30 % des colonies en très peu de temps.

Et si Einstein avait raison ?

Face à cette hécatombe des abeilles et au déclin de nombreux autres pollinisateurs, des voix se sont élevées, scandant ici et là une phrase prophétique et désormais célèbre, attribuée à Albert Einstein : « Le jour où l'abeille disparaîtra, l'homme n'aura plus que quatre années à vivre. » Même si le célèbre scientifique ne l'a jamais prononcée, elle n'a pour autant rien de surréaliste ou de fantaisiste.

Études à l'appui, on découvre en effet que ce déclin menace 35 % au moins de l'approvisionnement alimentaire mondial. Les bénéfices liés aux insectes pollinisateurs ont par ailleurs été estimés à 4 milliards d'euros en Europe et à 15 milliards aux États-Unis – en cette époque qui est la nôtre, il faut pouvoir donner une valeur monétaire aux choses, même à la biodiversité, afin qu'elles puissent être prises en considération.

Si les pesticides ne constituent qu'une partie du problème « abeilles et autres pollinisateurs », il n'en reste pas moins qu'ils participent au déclin. Mais comment raisonner une industrie dont les intérêts économiques sont colossaux ? Le secteur des produits phytosanitaires pour l'agriculture représente plus de 30 milliards d'euros de chiffre d'affaires. Pourquoi donc se soucier de ces insectes et suspendre l'utilisation de molécules que les différentes entreprises mettent en moyenne dix années à concevoir, avec un coût moyen de 200 millions d'euros ? Et, si ces grandes entreprises venaient à accepter de remettre en cause leurs pesticides, ce serait tout leur secteur d'activité qui serait irrémédiablement touché, avec d'immenses pertes à la clé. Car accepter la contamination des abeilles, cela implique également de s'interroger sur l'impact des pesticides sur l'homme, via les traces contenues dans les différentes parties de la plante traitée, mais aussi dans les sols ou dans l'eau…

Si ces pesticides ne sont pas seuls en cause, ils accélèrent néanmoins l'extinction des abeilles, mouches, syrphes et autres coléoptères pollinisateurs, et risquent de provoquer d'ici peu un véritable désastre.

La crise alimentaire déjà fort avancée risque de devenir majeure ; les disparités se creuseront encore plus. Doit-on attendre que les champs n'existent plus qu'artificiellement, sous des serres hautement contrôlées, et de fait terriblement fragilisés et sensibles à la moindre agression venant de l'extérieur ? Imaginez un parasite devenu ultra-résistant aux pesticides qui réussirait à braver toutes les barrières physiques isolant ces cultures d'un environnement sans abeilles, sans biodiversité... La contamination serait extrêmement rapide, facilitée par l'uniformisation des variétés de plantes cultivées, sans cette variabilité de leur patrimoine génétique capable de sauver une poignée d'individus sur lesquels le parasite n'aurait aucun effet. Comment empêcher de tels désastres, dont nous connaissons les implications pour en avoir vécu de similaires, avec le mildiou sur la pomme de terre en Irlande au siècle dernier, par exemple ?

Si seulement les pollinisateurs et leurs plantes associées pouvaient encore être là, nous dirons-nous alors...

Et si nous y pensions aujourd'hui, avant qu'il ne soit trop tard ?

16

ENFOUIS SOUS LES DÉCHETS EN TOUT GENRE

Les déchets sont naturels. Prenez une cellule. Elle absorbe de l'énergie, des nutriments, qui vont être métabolisés. Mais, un peu comme lorsque vous préparez un plat, il reste toujours des déchets dont certains peuvent même être toxiques pour la cellule ou l'organisme. Alors, ils sont rejetés vers l'extérieur. De la cellule à l'organisme puis à la communauté, il n'y a qu'un pas. À la révolution néolithique, les hommes ont commencé à former des regroupements permanents, dans des villages souvent installés aux abords de points d'eau, le long de fleuves et de rivières par exemple. Les déchets, restes alimentaires, produits de la combustion de bois et de la cuisson, ou encore déjections, sont devenus plus importants et ont été rejetés dans la terre, dans l'eau et dans l'air. La situation était peu préoccupante tant que la pression démographique restait faible et surtout que ces déchets demeuraient organiques. Tout bascula avec la deuxième révolution d'origine anthropique : l'entrée dans l'ère industrielle et l'explosion démographique de ces derniers siècles. Jusque-là, le milieu naturel était suffisamment équipé en micro-organismes de toutes sortes (un pan entier de la biodiversité souvent méprisé et oublié) pour procéder naturellement à l'élimination et au recyclage des déchets.

La population mondiale va bientôt atteindre un point critique – si ce n'est déjà fait – au-delà duquel le milieu naturel ne pourra plus assurer le traitement de ses déchets, devenus bien plus polluants et de moins en moins dégradables par l'environnement. De nombreux milieux sont d'ores et déjà si gorgés de déchets et de polluants que la vie animale, végétale et microbienne y est devenue difficile, voire impossible. Certains produits issus des activités humaines s'avèrent même toxiques pour les micro-organismes chargés de l'épuration des déchets organiques. PCB, dioxines, détergents, solvants, déchets radioactifs, pétrole et ses dérivés, arsenic, plomb, gaz à effet de serre et autres déchets industriels s'accumulent.

Si le recyclage a commencé à faire son apparition à la fin du XXe siècle, tout le monde n'a pas encore imposé cette contrainte et la planète risque de se trouver bientôt asphyxiée.

Regardez cette plage, elle est couverte de détritus plastiques et de traces de pétrole résultant de dégazages en mer. Il n'y a plus aucun animal vivant, tous ont lentement et inexorablement disparu, victimes directes ou indirectes de ces polluants et déchets. Les mers et les océans deviennent de véritables poubelles : comme me l'ont expliqué plusieurs grandes navigatrices, vous pouvez sillonner les eaux du globe en long en large et en travers, partout vous serez accompagné de plastique. Chaque année, des millions de tonnes de plastique sont produits par les hommes, dont une importante partie finit en débris véhiculés soit par le souffle d'Éole, soit par l'eau, ou bien enfouis dans le sol. Dans certaines zones battues par les vents, des milliers de sacs plastique se trouvent dispersés dans la nature et finissent accrochés dans les arbres, les recouvrant jusqu'à faire disparaître leurs branches, ou flottant dans les océans. Je ne peux m'empêcher de penser à cette photo d'une pauvre cigogne emmitouflée dans un voile de plastique meurtrier... Les premières victimes de cette orgie mondiale de plastique sont les consommateurs de méduses, tortues marines et pétrels, qui prennent ces choses transparentes pour les aliments tant convoités et s'étouffent. Des études de contenus stomacaux de fulmars (un pétrel)[1] révèlent la présence de plastique dans la grande majorité des oiseaux examinés, avec une moyenne de 4 à plus de 12 morceaux de plastique de toute taille par individu. Même les populations de fulmars de l'Arctique sont profondément affectées[2], ainsi que de nombreuses autres espèces d'oiseaux marins et divers organismes de petite taille, des filtreurs, comme les anatifes, les amphipodes et différents vers. Une autre menace, plus insidieuse et qui peut passer inaperçue, existe. Le plastique s'effrite, se brise en petits morceaux par le jeu de l'érosion marine (500 grammes de plastique se transforment en 100 000 débris dans l'océan) et, de la même manière que les coquillages calcaires se transforment en grains de sable blanc, se réduit en minuscules fragments absorbés par tous les organismes, méduses, plancton, diatomées, mollusques… En un demi-siècle d'exploitation du plastique, on n'a toujours aucun signe que cette substance peut être dégradée. Alors, ces microparticules de plastique s'accumulent.

Pire, il s'avère que le plastique exerce une irrépressible attraction chimique pour divers polluants dérivés d'hydrocarbures, comme les PCB et le DDT. Dans l'eau, par exemple, on en retrouve à un taux environ un million de fois supérieur à un taux « normal ». Lorsque l'on prélève des échantillons d'eaux de surface dans les différents océans du globe, on trouve six fois plus de plastique (en termes de poids) que de plancton. Cette pollution invisible semble préoccuper relativement peu de monde et, à l'échelle individuelle ou collective, nombreux sont ceux qui continuent à jeter leurs emballages n'importe où ou à déverser des déchets plastique industriels sans se soucier de leur destinée.

En 1999, le chercheur Charles Moore, de l'Algalita Marine Research Foundation, s'est posé la question du devenir de ces plastiques. Certes, beaucoup échouaient sur les plages, mais les autres ? Ce qu'il découvrit avait de quoi faire froid dans le dos, mais fut peu relayé par les médias. De gigantesques étendues de déchets existent au milieu des océans du globe, surnommées

« soupes ». Au nombre de sept, elles sont situées au sein des courants océaniques giratoires, tels que le grand vortex du Pacifique-Nord ou le grand vortex du Pacifique-Sud. Dans ces zones de mer relativement calmes, les courants marins amènent tous les déchets flottants et autres détritus non dégradables, comme les plastiques, polystyrènes, canettes métalliques, etc., et les concentrent sur des surfaces parfois très étendues. Dans le Pacifique-Nord, cette « soupe plastique » s'étendrait sur 700 000 à plus de 25 millions de kilomètres carrés (à titre de comparaison, le continent africain comprend 30 millions de kilomètres carrés de terres émergées). 80 % de ces déchets environ proviendraient des terres, le reste des bateaux rejetant en mer leurs poubelles.

Les étendues d'eau douce sont elles aussi envahies par les débris plastique. En Asie du Sud-Est, par exemple, certains fleuves sont presque recouverts d'une nappe d'objets flottants plastifiés. J'ai des souvenirs terrifiants de la ville sur pilotis de Banjarmasin, dans le Kalimantan, la partie indonésienne de Bornéo. Je naviguais sur une immense poubelle, où les gamins n'hésitaient pas à se baigner joyeusement, et les adultes à se laver et à boire... tout en continuant à rejeter leurs déchets au même endroit, faute de service de collecte approprié. Voilà l'effet du passage au tout plastique, là où auparavant on employait exclusivement des feuilles de palmier pour les emballages par exemple.

Ces particules gorgées de polluants sont en train d'asphyxier et d'empoisonner une grande partie de la faune et de la flore d'eaux douce, saumâtre et marine, du plancton jusqu'aux prédateurs en bout de chaîne alimentaire, tels que les ours polaires (déjà par ailleurs tellement mal en point du fait du réchauffement climatique) et les requins ayant miraculeusement survécu au trafic d'ailerons. Et alors ? Est-ce finalement si grave que quelques espèces disparaissent à cause de ces plastiques pollués ? Qu'avons-nous à craindre de ces vastes étendues perdues au cœur des océans ? À vouloir nous extirper de la nature et de notre condition animale, nous avons oublié une chose essentielle : nous faisons partie de ce monde en tant qu'éléments parmi d'autres et sommes intégrés dans les chaînes alimentaires. Les polluants organiques persistants (POP), tels que DDT, dioxines, PCB ou HAP (hydrocarbures aromatiques polycycliques, issus des gaz d'échappement des voitures, des fumées d'incinérateurs et de diverses autres combustions incomplètes), sont des molécules résistantes aux dégradations biologiques naturelles et sont de fait très persistants dans l'environnement, à la fois dans l'eau et dans l'air. Ils s'accumulent dans les tissus vivants, où leurs concentrations augmentent au fur et à mesure que l'on s'élève dans la chaîne alimentaire : plus vous êtes grand, gros, à longue durée de vie et en fin de chaîne, plus vos tissus se gorgent de ces POP. C'est exactement ce qui se produit chez l'homme. Or, ces POP détériorent le système immunitaire, affectent la physiologie de la reproduction et sont potentiellement cancérigènes…

Malheureusement, la pollution de la planète ne se limite pas à ces plastiques et POP. On peut également mentionner les antibiotiques donnés en grande quantité aux animaux d'élevage, qui agissent comme de véritables insecticides naturels : après avoir cheminé dans l'organisme des vaches, moutons et autres ovins, caprins et bovins, ils sont rejetés dans les fèces de ces animaux, tuant tout insecte à proximité. Or, dans la seule Europe, plus de 350 insectes utilisent les bouses et autres crottes de mammifères comme source d'alimentation et pour se reproduire. Ces insectes sont de véritables éboueurs naturels. Sans leur précieuse aide, les seules bouses de cinq vaches couvriraient 0,5 hectare en une année. Imaginez si ces insectes éboueurs venaient à disparaître… Les pâturages se couvriraient de bouses, à tel point que les prairies et autres étendues herbeuses seraient asphyxiées. Graminées et autres fourrages disparus, le bétail ne tarderait pas à crier famine, et il ne faudrait que quelques années pour que le cheptel mondial d'ovins, de bovins et de caprins soit réduit à néant. Qui a dit que la biodiversité n'est guère utile ?

Un monde plus rayonnant

Dans sa quête frénétique d'énergie, l'homme a tenté de dompter un phénomène naturel : la radioactivité. Il faut dire que la fission nucléaire avait de quoi susciter l'engouement : la fission d'un kilo d'uranium 235 fournit une énergie équivalente à celle issue de la combustion de 2100 tonnes de charbon. Cependant, une question subsiste : que faire des déchets radioactifs issus de la fission ? Une question qui prit une autre ampleur lorsque deux bombes atomiques A furent lancées sur le Japon durant la Seconde Guerre mondiale. Les dégâts furent colossaux. Little Boy, larguée à Hiroshima le 6 août 1945, pesait 4,5 tonnes. La température au centre du champignon atteignit 300 000 °C au moment de l'explosion, à 600 mètres d'altitude, et 3 000 °C au niveau du sol, détruisant absolument tout dans un rayon de 3 kilomètres. Soixante-dix mille personnes moururent sur le coup, mais combien d'autres furent irradiées et développèrent des cancers dans les années qui suivirent ? Dans les années 1980, le nombre total de victimes fut estimé à 245 000. Fatman, la bombe lâchée au-dessus de Nagasaki le 9 août 1945, fit près de 300 000 victimes. Quant à l'impact sur la faune et la flore environnantes…

L'homme persista cependant sur la voie du nucléaire, développant une bombe H[a], une bombe à neutrons, puis de nom-

a. Castle Bravo, larguée le 1er mars 1954 sur l'atoll de Bikini, avait une puissance de 15 mégatonnes, mille fois supérieure aux bombes A Little Boy et Fatman. Les conséquences de l'explosion de cette bombe, la plus puissante jamais testée, sur l'environnement et les populations humaines des îles voisines, furent si importantes qu'elles se font toujours dramatiquement ressentir aujourd'hui.

breuses armes de guerre, des missiles équipés de têtes nucléaires, des obus à l'uranium enrichi, et des centrales « civiles » destinées à produire de l'électricité. L'accident de Tchernobyl, le 26 avril 1986, le plus grave du XXe siècle, ne fut pas un cas isolé. Des dizaines d'accidents dits mineurs se produisirent, ainsi que plusieurs catastrophes, comme celle de Kyshtym, dans l'Oural, dont le secret fut gardé pendant plusieurs décennies malgré l'ampleur de la contamination radioactive. Citons également les accidents de Windscale en Grande-Bretagne en 1957 et de Tomsk en Sibérie. La pollution radioactive étant invisible à l'œil nu, il a été difficile d'évaluer leur impact réel sur le moyen et le long terme. Certains affirmèrent que l'accident de Tchernobyl fut en fin de compte une aubaine pour la faune : depuis la délimitation d'un périmètre d'exclusion de 30 kilomètres autour de la centrale, une sorte de paradis animalier s'est recréé. La faune est revenue en nombre et se porte bien mieux que les congénères d'à côté, en zone non ou peu irradiée. Un article paru dans la revue *American Scientist* laissa entendre que la zone interdite était devenue un sanctuaire animalier. Après tout, pourquoi pas : l'homme serait le seul et tragique perdant de cette histoire. Ça lui apprendra ! Malheureusement, ce sont des ouvriers et des habitants de la région, souvent des enfants, qui ont été les plus touchés et je doute qu'un seul d'entre eux ait été informé par les initiateurs du projet et les scientifiques, avant l'ouverture de la centrale, des risques qu'ils encouraient.

Mais rien n'est aussi simple, surtout dans le cas d'une pollution invisible et insidieuse comme la radioactivité. Ainsi, autour de Pripyat et de Tchernobyl, les cerfs gambaderaient en chœur, sous le regard mi-amusé mi-intéressé des loups, tandis que chaque printemps verrait les hirondelles revenir en gazouillant. Un recensement faunistique a noté le retour de nombreuses espèces de mammifères, dont des sangliers en pagaille, des loups, des cerfs, des élans ainsi que des renards, des castors et quelques lynx, sans oublier de nombreux oiseaux. Belle image et bel argument pour les ardents défenseurs du nucléaire, mais la réalité se situe souvent aux antipodes des images d'Épinal. La faune est certes plus abondante qu'au-delà de la frontière de la grande radioactivité, mais avant tout à cause d'une exclusion forcée, celle de l'homme. Finis chasse, exploitation forestière, agriculture et élevage : le champ est libre pour les animaux.

Intrigués, plusieurs scientifiques voulurent en avoir le cœur net et initièrent des études sur place afin de mesurer les effets des radiations sur la faune. Anders Møller, spécialiste des hirondelles basé à l'université Pierre-et-Marie-Curie (Paris-VI), fut de ceux-là. Avec Timothy Mousseau, de l'université de Caroline du Sud, il étudia plus de 1 500 oiseaux dans un rayon de 50 kilomètres autour de la centrale. Ils montrèrent que la diversité spécifique, l'abondance des individus mais aussi le nombre de reproducteurs décroissent quand on se rapproche du cœur de la zone d'exclusion et des forts taux de radioactivité[3]. Comme pour tout sujet sensible, les critiques affluèrent, se basant notamment sur le fait que l'hirondelle était l'espèce majoritairement étudiée et qu'elle est largement commensale de l'homme[4]. Or les chercheurs ont examiné plus d'une cinquantaine d'espèces… Et il faut noter que, outre ces modifications de densité, on observe un fort taux d'albinisme partiel chez cet oiseau et un taux de survie et de reproduction bien plus faible que dans des populations de contrôle. D'autres mutations sont apparues, notamment chez des populations de rongeurs, juste après l'explosion : les embryons de souris se dissolvaient dans l'utérus de leur mère ; nombre de brouteurs eurent de graves problèmes de thyroïde. Curieusement, on note peu de sérieux problèmes de ce type aujourd'hui, mais les individus atteints de graves mutations sont souvent rapidement victimes de prédateurs et ne peuvent donc pas être comptabilisés par les scientifiques. Ne pas les trouver ne signifie pas qu'ils n'existent pas !

La flore n'a pas été épargnée. Sur 400 hectares autour de la zone d'explosion, les pins ont roussi et la forêt devenue rouge est morte. De nombreuses malformations ont été observées, dans le port des arbres par exemple. La forêt rouge a été enterrée ; une décision inconsidérée car le fort taux de radioactivité absorbé par les arbres se transmet désormais au sol et aux nappes phréatiques, ce qui pollue encore plus la région.

Le devenir des déchets radioactifs… voilà un problème auquel l'homme a peu réfléchi avant de se lancer dans l'aventure nucléaire. Chaque année ce sont 13 000 tonnes de déchets hautement radioactifs qui sont produites par les plus de 400 centrales nucléaires dans le monde (sans même parler des déchets à moyenne et faible activité). Aucune solution satisfaisante n'a été trouvée pour s'en débarrasser. Qu'à cela ne tienne, l'homme les enfouit dans le sol – loin des yeux, loin des esprits –, comme il l'a fait par le passé pour d'autres déchets. Au Rocky Mountain Arsenal[a] aux États-Unis, par exemple, ou au WIPP (Waste Isolation Pilot Plan), un site censé apporter une immense sûreté pour le stockage des déchets. En 2008, des fuites de plutonium 239 étaient néanmoins déjà remarquées. Les déchets ont également été déposés en masse au fond de la mer, dans des containers en béton, au large des côtes françaises de La Hague par exemple, ou bien encore dans la mer de Barents, dans l'océan Arctique ; une technique utilisée par la France, l'Allemagne ou encore les États-Unis. Quant aux déchets dits à vie longue, ils ont été stockés dans des lieux souterrains, entre 400 et 1 000 mètres de profondeur ; d'autres furent vitrifiés. Seule une petite portion fut « retraitée ». Personne ne peut aujourd'hui prévoir le comportement de ces cuves de stockage sur cinquante, cent, cinq cents ans !

a. De nombreux pesticides, solvants, PCB, métaux lourds et autres armes chimiques de guerre furent enfouis sur ce site. Comme les puits creusés n'étaient pas étanches, on parla bientôt de site le plus pollué du monde. Sur le lac qui depuis a été asséché et réhabilité – le site est devenu une réserve de faune –, les oiseaux mouraient par centaines, de façon quasi instantanée, une fois posés sur la surface liquide hautement polluée.

Que se passera-t-il lorsque fissures et brèches apparaîtront dans certains de ces containers ? L'homme devra-t-il construire d'immenses dômes pour isoler les agglomérations de la pollution extérieure ? Devrons-nous déserter villages et campagnes devenus trop irradiés et pollués et revêtir une combinaison étanche pour sortir des dômes ? Et la biodiversité, que deviendra-t-elle en 2100, lorsque fûts, containers et autres bunkers se seront craquelés ou seront devenus poreux à leur contenu ? Les espèces réussiront-elles à s'adapter malgré les forts taux de mutation ? À quoi ressembleront la faune et la flore de ce prochain siècle ? Et, si elles ont survécu en partie, aurons-nous la même chance ?

La question est d'autant moins saugrenue que ces stockages soi-disant sécurisés ne concernent pas la totalité des déchets radioactifs produits par l'homme. Les guerres (Kosovo, Irak, Afghanistan) en sont très friandes. Afin de rendre leur arsenal de guerre plus performant, les États-Unis ont remplacé les ogives conventionnelles par des ogives en métaux lourds, pouvant percer béton et chars. Candidat de choix : le tungstène. Cher, difficile à travailler du fait de son point de fusion élevé et produit essentiellement par la Chine, il fut remplacé par des déchets nucléaires d'uranium appauvri (un sous-produit des usines d'enrichissement d'uranium, formé de trois isotopes, U234, U235 et U238)[5], extrêmement polluants, mais gratuits et dont l'utilisation résolvait en partie le problème du stockage des déchets radioactifs. Quels seront leurs effets sur les populations et sur l'environnement à court, à moyen et à long terme ? L'uranium 238, composé majoritaire d'uranium appauvri, a une demi-vie de… 4,5 milliards d'années. Faisant fi de ces questions, les États-Unis ont largué au Koweït et en Irak des centaines d'obus antichars et antibunkers et d'ogives remplis d'uranium appauvri. Lors de l'impact, ces charges explosives produisent des poussières de moins de 1,5 micron respirables par tous les organismes vivants. Aucune véritable étude d'impact environnemental et sanitaire n'a été réalisée sur place, ou bien uniquement par les organes du Pentagone, qui n'ont détecté que des problèmes mineurs. On peut s'étonner du long silence des Nations unies sur le sujet et de la disparition de rapports, rédigés par le PNUE, tirant la sonnette d'alarme sur l'utilisation d'uranium appauvri au Kosovo par exemple… Le journaliste Robert James Parsons parle de loi du silence et de « non-affaire » de l'uranium appauvri[6].

Le site de 80 hectares situé dans l'État de l'Indiana où le Pentagone effectuait ses essais de tirs d'obus utilisés par la suite dans le Golfe, au Kosovo ou en Afghanistan, a été fermé. Le service des parcs nationaux n'a pas souhaité prendre possession du terrain. Celui-ci pourrait être classé « zone nationale de sacrifice » et interdit. Le traitement des sols contaminés, trop coûteux, ne se fera pas. Qu'adviendra-t-il avec le lessivage par les eaux de pluie ? Quel sera l'impact sur l'environnement ? Car, si on réussit malgré les entraves à obtenir des bribes d'information sur l'impact sanitaire de ces armes, rien n'a évidemment été entrepris du côté environnemental. Que dire également de tous les pays où ces missiles ont été tirés ? Ce que les militaires, si fiers de leurs « frappes chirurgicales », ont commis là, c'est un vaste crime contre la biodiversité (et l'humanité), dont la facture sanitaire et environnementale risque d'être très salée.

17

SEULS AU MONDE… MAIS À QUEL PRIX !

« L'Oiseau !
Ils ont vu aussi un oiseau !
Je vous l'avais dit, les amis : nous sommes sauvés !
Le monde existe !
Le Soleil brille !
Et il y a aussi des oiseaux !
Ah ! la vie est belle !
Nous verrons tout cela un jour !
En avant la musique !! »

Paul Grimault, Jacques Prévert,
Le Roi et l'Oiseau, 1980.

L'homme a vécu le XXe siècle et le début du XXIe dans un fantasme technologique, potion magique composée de silicium, de tungstène, de fer, saupoudrée d'une pincée de gènes modifiés, chargée de pallier toutes les dégradations de l'environnement qu'il a lui-même induites. Qu'importe le réchauffement climatique, il captera le carbone pour le stocker dans des poches souterraines et sous-marines, il fera la pluie et le beau temps en envoyant de l'iodure d'argent dans les nuages, construira des digues titanesques pour contrer la montée du niveau des mers… Qu'importe la disparition de certaines espèces de faune et de flore, considérées comme inutiles : elle pourrait faire de la place sur cette planète devenue trop étriquée. Si nous n'y prenons garde, le fantasme risque d'ici 2100 de tourner à la dystopie et au cauchemar.

Nous, puis nos enfants et nos petits-enfants après nous risquons de voir ce monde, notre monde, se craqueler, se fragmenter et à terme se briser. Comme dans la cité scindée entre ville haute dévolue aux rois et ville basse pour le petit peuple, imaginée par Fritz Lang dans *Metropolis* et reprise par Paul Grimault et Jacques Prévert dans *Le Roi et l'Oiseau*, les disparités ne feront que s'accroître pour nous offrir un monde strictement et cruellement bipolaire. Perchée tout en haut de ce monde, une petite élite vivrait bien, dans d'immenses bulles faites de verre et de nouveaux matériaux composites, construites pour l'isoler du reste du monde devenu trop pollué et trop chaud, tandis qu'une masse grouillante tenterait de survivre dans un monde dévasté et privé de ressources. Ville sous cloche et vastes bidonvilles. Les ressources se réduisent et continueront de se réduire comme peau de chagrin si nous ne controns pas aujourd'hui la disparition des abeilles, des forêts, des poissons et des autres animaux marins. Se nourrir deviendra – ne l'est-il pas déjà ? – le combat permanent de la grande majorité, et si, avec la crise pétrolière et financière, nous avons en 2008 vécu les premières vastes émeutes de la faim, celles-ci risquent de devenir de plus en plus fréquentes voire communes à travers le monde.

Imaginez une terre où l'agriculture serait en berne pour cause de pollution extrême des sols et d'absence de pollinisateurs… Fruits, céréales et légumes ne seraient plus cultivés que dans de vastes serres, hors sol. Les coûts générés par cette exploitation, si peu naturelle et gourmande en pétrole devenu très rare, seraient si élevés que seule l'élite pourrait y accéder. Le reste de la population mondiale serait condamné au gruau de blé, à quelques céréales et tubercules dont la culture aurait peut-être résisté aux ravages exercés sur une planète privée de sa biodiversité. Comment, dès lors que la faim se niche au cœur des préoccupations quotidiennes du plus grand nombre, éviter violence et émeutes ? Ce scénario futuriste – malheureusement loin d'être improbable – n'offre pas aux plus riches que de joyeuses perspectives. Convoités, si convoités, peut-être devront-ils vivre dans de vastes tours ou cités-bulles isolées du reste du monde, qui les protégeraient également des radiations et des polluants atmosphériques. Cette idée pourrait paraître saugrenue, tout droit sortie d'un récit de science-fiction, or divers chercheurs ont déjà longuement planché sur ce sujet. La création d'un système autonome, en vase clos, permettrait à des plantes, à des animaux et à une petite population d'hommes de survivre sans aucun contact avec l'extérieur. C'est à la fin des années 1980 que la société privée Space Biosphere Ventures lança l'ambitieux projet Biosphere 2 en Arizona. Dans une immense serre de 1,3 hectare, un écosystème complet avait été recréé, totalement isolé du monde extérieur. Durant deux années, des bénévoles y vécurent en autarcie. Seul apport extérieur autorisé : la lumière solaire. L'objectif affiché de ce projet était de mieux comprendre les interactions entre espèces au sein d'un écosystème et de tester des modèles artificiels qui pourraient ensuite servir pour une éventuelle colonisation d'autres planètes. Cependant, très vite, de nombreux déséquilibres sont apparus. Bactéries et invertébrés proliféraient de manière incontrôlée ; il fallait réinjecter de l'oxygène en permanence, sans parler des problèmes de cohabitation entre humains. Après cet échec cuisant, Biosphere 2 a été louée à l'université d'Arizona, qui y relance des recherches sur le fonctionnement des écosystèmes.

Peut-être les recherches dans le domaine des technologies et des biotechnologies auront-elles résolu d'ici 2100 certains des problèmes rencontrés par Biosphere 2. Néanmoins, la complexité de la nature ne pourra en aucun cas être recréée à partir du néant, n'en déplaise aux admirateurs du clonage et des OGM.

À n'en pas douter, la perte de la biodiversité signera le lent déclin d'une espèce qui pendant ces derniers millénaires s'est crue supérieure aux autres… Or, tout l'enjeu de cette crise de la biodiversité se situe ici, dans ce choix bipolaire : l'avenir se conjuguera-t-il avec ou sans nous ? Faute de réconciliation avec cette nature à laquelle nous avons depuis trop longtemps tourné le dos, l'homme ne réussira pas à sauver sa peau. N'en déplaise à beaucoup, ce sera même la nature qui s'en sortira. Oh, certes, il lui faudra probablement des millénaires pour panser ses plaies et se reconstruire une biodiversité et des écosystèmes en état de fonctionner, mais elle aura le dernier mot, alors que nous, nous nous serons tus depuis longtemps, morts affamés, entretués ou asphyxiés.

Voici le prix que nous aurons à payer pour avoir fait de la planète une vaste poubelle et un cimetière d'espèces exterminées, pour avoir empoisonné fleuves, rivières, nappes phréatiques et atmosphère, détruit forêts, savanes, marécages et littoraux, chamboulé les régimes des vents et courants marins. Car l'érosion de la biodiversité se sera accompagnée d'une vaste catastrophe économique et sociale. Aux problèmes environnementaux s'ajoutera – corollaire évident si difficile à admettre pour la plupart d'entre nous – une injustice sociale de plus en plus criante conduisant à des famines, des épidémies, des émeutes, des massacres et des guerres. Ce combat perpétuel que nous menons contre la nature avec pour objectif d'exploiter au maximum ses richesses afin d'en faire commerce se transforme petit à petit en formidable odyssée autodestructrice. En 2100, après avoir fait fi de tous les avertissements que lui auront lancés moult climatologues, écologistes, biologistes, philosophes, sociologues… et même certains économistes, l'homme se retrouvera bel et bien seul au monde. Non seulement en tant qu'espèce, mais également en tant qu'individu. Il sera alors bien trop tard pour revenir en arrière. C'est aujourd'hui, au tout début du XXIe siècle, qu'il faut prendre la pleine mesure de la crise écologique qui s'annonce, bien plus ravageuse et destructrice qu'une certaine crise économique et affectant, elle, le monde dans son ensemble...

Si rien ne se passe aujourd'hui, en 2100 ne resteront à l'homme que quelques rêves de cette terre d'antan, et surtout des regrets... avant qu'il rejoigne à son tour l'interminable liste des espèces disparues. Mais personne ne sera plus là pour s'en émouvoir.

IV

CHANGER DE SCÉNARIO ?

18

EIDERS : DE L'OR POIDS PLUME

Le sujet était sensible et les négociations âpres. Des mois d'échanges d'e-mails, d'ordres et de contre-ordres. Depuis une semaine en Islande, je n'étais toujours pas assurée de pouvoir mettre le pied sur Aedey, une miette de territoire posée sur les eaux glacées d'Isafjardardjúp. Finalement, le téléphone sonna. C'était d'accord. J'avais rendez-vous le lendemain sur un ponton avec Jonas Helgason, le propriétaire de l'île d'Aedey et de la plus importante colonie nicheuse d'eiders à duvet. Toutes ces palabres pour un canard ? Surprenant ! Oui, mais l'eider n'est pas n'importe qui. Certes, le mâle aux allures de dandy vêtu d'une queue-de-pie noir et blanc est absolument irrésistible, mais c'est surtout de la femelle qu'il s'agit. Comment cela ? Cette canette à la livrée terne, aux allures de madame Tout-le-Monde ?

Tout est dans ses plumes. Un duvet gris, fin, bardé de nombreux petits crochets, les barbules, atout inestimable jouant le rôle d'un isolant de qualité optimale contre les frimas. Le meilleur qui soit au sein de la grande famille des oiseaux, et qui valu à madame eider une certaine vénération mais surtout une protection sans faille de la part des hommes. D'ailleurs, le mot édredon provient du danois « *ederdun* », qui signifie « duvet d'eider » et remonte à 1700, preuve que la relation entre le canard et l'homme s'inscrit dans l'histoire. Une fois n'est pas coutume, il semblerait même que ces deux espèces aient tissé une relation durable, basée sur un échange mutuel de services. Dans un monde où l'homme s'inscrit plutôt en destructeur d'espèces et de biodiversité, il y avait là de quoi titiller ma curiosité.

Me voici donc sur le ponton, au milieu d'une pile de bagages, à me demander si le bateau viendra. La scène a quelque chose d'insolite : un bipède échoué au milieu de nulle part, enveloppé par une nature brute sans aucune fioriture humaine, à peine une route un peu plus loin, longeant le fjord. La pluie se met à tomber, fine et froide. Heureusement, le bateau de Jonas Helgason arrive et j'embarque quelques instants plus tard. Nous pénétrons en terres vikings. La carrure de la famille Helgason me le rappelle ; je me sens lilliputienne. Cependant, en franchissant le seuil de la maison sur l'île d'Aedey, je m'aperçois qu'elle est tout à fait à ma taille, tandis que mes hôtes doivent se courber sans cesse pour passer les portes et adopter une posture oblique pour tenir debout dans les différentes pièces. J'échoue à l'étage, dans une petite chambre donnant sur la baie. C'est le solstice d'été et la nuit refuse de tomber, prisonnière du pôle Sud. Sous l'édredon en duvet, le nez collé contre la fenêtre à guillotine, j'observe les guillemots, les eiders et les macareux qui, comme mes hôtes, profitent de cette journée sans fin, oubliant même de dormir. Des géants et des plumes…

Dès le mois de mai, les eiders ont commencé à arriver sur Aedey, haut lieu de nidification accueillant plus de 6 000 couples. Si beaucoup de femelles sont désormais confortablement installées sur leurs nids douillets tapissés de duvet, les mâles continuent à courtiser sans relâche les quelques-unes restées célibataires. Rouau… rouau… Ils sont parfois une dizaine à courir après une femelle en gloussant, et il ne semble pas aisé d'échapper à cette cour pressante et passionnée. Confortablement installée sur un tapis d'herbes au bord d'une petite crique dans le nord de l'île, j'observe avec curiosité le manège de ces canards séducteurs partageant les lieux avec quelques macareux, oies cendrées et guillemots à miroir. Tout autour de moi, quasi invisibles dans le tapis herbeux, des femelles couvent leurs trois à cinq œufs avec grand soin, sous le regard attentif du mâle, jamais très loin. La densité de nids est si forte qu'il faut être extrêmement attentif en se déplaçant. En arrière-plan, la barrière rocheuse du Hornstrandir recouverte de bandes parallèles de neige témoigne des températures estivales plutôt fraîches, à quelques encablures du Cercle polaire. Cette année, nous explique Mme Helgason, il fait plutôt beau et chaud – je ne peux m'empêcher de sourire à cette affirmation, vêtue de quatre couches superposées de vêtements, sans oublier gants et bonnet. L'année dernière, durant cinq jours complets, la neige n'a cessé de tomber. Consciencieuses, les femelles n'ont pas abandonné pour autant leur précieuse couvée et on ne voyait plus que leurs têtes dépasser de l'épaisse couche de poudreuse. Parce que la neige a duré longtemps, accompagnée de bourrasques glacées, la plupart des œufs n'ont jamais éclos, malgré la dévotion des femelles.

L'eider, le plus gros canard de l'hémisphère Nord, avec un poids de 1,8 kilo, ne réside pas ici, et pour cause. L'hiver est d'une telle rudesse que la plupart des oiseaux optent pour un séjour vers des latitudes plus clémentes, aux abords des côtes britanniques ou françaises. Mais, chaque printemps, les colonies se regroupent et s'envolent pour retrouver leurs nids dans les terres austères d'Islande ou du Groenland. C'est avec une fidélité presque sans faille que chaque canette retrouve la touffe d'herbe au creux de laquelle elle va, une fois encore, aménager une petite coupelle tapissée de duvet. Les sites les plus abrités et confortables sont évidemment les plus prisés, et il arrive qu'une canette trouve son nid déjà occupé par une squatteuse, m'explique Einar Helgason.

Comme tout le reste de la famille, il vient chaque année à cette période dans la ferme de son frère pour participer à la grande récolte de duvet, et retrouve certaines canettes peu farouches pour lesquelles il entretient une grande tendresse. Le petit bateau de pêche de Jonas fait d'incessants allers-retours avec la rive du Hornstrandir et, bientôt, une dizaine de carrures vikings s'entassent dans la petite ferme du XIXe, qui semble soudain bien étriquée. Tandis que Magnus et Jonas-Kristjan, les deux fils de la maison, rassemblent sacs de toile et paniers, tout le monde se met en habit de travail. C'est parti pour plusieurs jours intenses de récolte. Point de départ, le nord de l'île. Chacun attrape deux grands sacs en toile à porter en bandoulière, un autre rempli de foin provenant d'une ferme abandonnée sur la rive du Hornstrandir, et un petit panier d'osier. Car il faut effectuer un premier tri du précieux duvet en fonction de son état. Le plus humide et entremêlé de débris, situé au fond du nid, sera placé dans le panier, à part, car il faudra de nombreuses heures de travail pour en extraire les précieuses plumes. Chaque année, la famille Helgason récolte environ 200 kilos de duvet, en deux étapes : l'une au plus fort de la période de couvaison et l'autre lorsque les oisillons abandonnent le nid pour goûter les joies de la mer. Le duvet d'eider demeure, par la structure même des plumes, le meilleur isolant qui soit pour le garnissage des vêtements et des couettes et se vend environ 800 à 900 euros le kilo. Il est donc aisé de comprendre pourquoi les canards sont si choyés et pourquoi certains hommes déploient tant de ruses pour attirer les eiders nicheurs sur leurs terres. Comme le bois flotté, ces richesses naturelles appartiennent au propriétaire des lieux. À Tananes, une autre ferme de taille beaucoup plus modeste, située sur la « grande île » islandaise, le propriétaire a fabriqué de petits abris en bois ou en pneus usagés près de sa maison afin d'inciter les volatiles à venir s'y installer.

Selon certains, la population d'eiders islandaise devrait sa dynamique et sa bonne santé – 500 000 oiseaux nicheurs – à l'intervention des hommes. À ceci, certains ardents défenseurs de la cause animale répliquent en avançant le fait que l'homme, en ôtant le duvet du nid, oblige la canette à s'arracher de nouvelles plumes, ce qui cause un certain préjudice et certainement une douleur. Cet argument a certes beaucoup circulé, mais il est faux, m'explique l'ornithologue Aevar Petersen : les plumes tombent naturellement sous l'effet d'hormones sécrétées au moment de la nidification. Seul bémol, aucune étude scientifique n'a jamais été réalisée pour mesurer l'impact potentiel de l'échange duvet contre foin sur le taux de survie des jeunes. S'il existe, il doit cependant être relativement minime, à voir les vastes colonies d'Aedey. La récolte de duvet a néanmoins amorcé une lente décroissance depuis les années 1930, probablement due à une conjonction de facteurs, notamment l'abandon de nombreuses fermes dans ces régions particulièrement rudes. Cette exploitation de la nature mériterait donc le qualificatif de durable ? Tout dépend de quel côté on se place, note Aevar Petersen. Du point de vue de l'eider à duvet, tout va pour le mieux. En effet, l'attrait pour ses plumes a entraîné plusieurs modifications de la loi datant du XIIIe siècle, qui réglemente la chasse aux eiders, pour finalement l'interdire en 1847. Il fallait préserver le capital « plume » sur le long terme. Mais, et c'est là toute l'ambiguïté, si on se place du côté des prédateurs potentiels de l'eider à duvet, le constat est tout autre. Lorsque nous pénétrons dans la ferme de Myrar située un peu plus au sud, le ton est donné d'emblée. Dans la voiture du propriétaire, plusieurs armes, dont un fusil à lunette dernier cri et un autre à visée infrarouge. Ici, l'ennemi, c'est le renard. La ferme étant située sur le « continent », aucune barrière naturelle n'empêche le canidé, prédateur naturel de l'eider, de venir chaparder quelques œufs. Et, si la femelle n'arrive pas à élever de jeunes, il y a de grandes chances pour qu'elle aille chercher un site de nidification dans une autre zone l'année suivante. Aussi, pour garder sa colonie et son revenu annuel intacts, toutes les nuits d'été Zofonias Thorvaldsson arpente inlassablement les limites de sa propriété, qu'il a par ailleurs clôturée. Cette année, il a déjà tué sept voleurs. Nous comprenons mieux les secrets de la réussite de la colonie d'Aedey. Là-bas, seuls quelques furets peuvent parfois franchir le petit bras de mer entre la péninsule et l'île. Quant aux corbeaux et aux goélands gourmands, ils sont eux aussi tués. Et les pygargues à queue blanche, pourtant grands amateurs de canard ? Hors de question de leur tirer dessus, lance Jonas Helgason, ils sont désormais protégés. Cela n'a cependant pas toujours été le cas : accusés de tuer les eiders à duvet, ils ont été victimes d'une campagne de chasse qui a failli faire disparaître l'espèce. En 1910, seuls 4 individus étaient encore en vie, alors qu'on en comptait plus de 200 au début du XIXe siècle.

La deuxième semaine de juin est entamée, les premiers canetons prennent leur bain inaugural. Désormais, ils ne quitteront plus l'élément liquide, sauf pour quelques incursions sur les berges. C'est une autre période qui débute, celle de l'apprentissage du manuel de survie du parfait petit eider. Au programme, des cours de plongeon, jusqu'à 15 mètres de profondeur, pour aller récolter crustacés, échinodermes, moules, coques, petits poissons, et des leçons de vol. Dans quelques mois, il faudra pouvoir suivre les adultes pour retrouver les aires d'hivernage, tandis que la longue nuit hivernale s'installera en Islande. En attendant le printemps et le retour des oiseaux miraculeux parés de cet or poids plume, les Helgason auront fort à faire, avec le tri et le nettoyage de centaines de kilos de plumes venant de nombreuses fermes de la région, et les renards et autres prédateurs auront quelques mois de répit.

19

ET SI LA BIODIVERSITÉ ÉTAIT UTILE ?

« Nous sommes le peuple de la forêt »

Un lourd rideau de gouttes obèses s'abat bruyamment sur la forêt. La voûte céleste, qui laissait auparavant filtrer quelques rais épars de soleil, s'est désormais parée d'un sombre voile anthracite. Ici, dans les forêts du bassin du Congo, la pluie ne connaît aucune trêve. Sur un rythme fortissimo, l'eau tambourine à la surface des feuilles gorgées de chlorophylle, devenues luisantes et dégoulinantes. Tous se sont réfugiés dans leurs moungoulous, des huttes-igloos faites de branches ployées et recouvertes de larges feuilles agencées comme des écailles. Elinga Tsonga, Eleboca Christelle et les autres jeunes filles de la communauté Baka parties à la pêche arrivent une à une, trempées, leurs petits paniers en vannerie remplis de poissons, de crabes et de crevettes accrochés à la taille et du bois mort en équilibre sur la tête. Les foyers de la quinzaine de huttes sont abondamment alimentés et, bientôt, des filets de fumée bleutée traversent les toits pour emplir la clairière, la transformant en tableau fantasmagorique, irréel. Malheureusement, cette scène fait office d'épilogue. Là, dans cette forêt du Cameroun, nous vivons les derniers instants de l'histoire et de la culture pygmée Baka. En effet, le mode de vie ancestral de ce peuple, intimement lié à l'existence de la forêt tropicale, est devenu inconciliable avec la modernité et l'exploitation forestière débridée. Cette lente érosion de son savoir fut amorcée au temps des colonies : on considérait que ces « sauvages » devaient à tout prix être « domestiqués », et ces nomades chasseurs-cueilleurs furent parqués dans des villages. « Lorsque nous sommes sortis de la forêt... » Cette phrase ponctue leurs discours, comme nous, Français, parlerions de la révolution industrielle ou de la prise de la Bastille pour signifier la cassure et le bouleversement historique qui s'en est suivi. Et c'est bien de cela qu'il s'agit, comme me l'explique Bossina Miadik Appollinaire, l'un des doyens de la communauté. La relation entre les Baka et la *bélé*, la forêt, est viscérale, intense et solidement ancrée dans leur être. « C'est notre âme, m'explique-t-il, et sans elle nous ne pouvons pas vivre, nous ne pouvons pas exister. »

Ces peuples, qu'ils soient Baka, Efe, Aka, Bagyeli, Mendjele, Mbuti, Bakola ou Mbutu, sont aujourd'hui exsangues : ils peinent à survivre face au recul de la forêt et à la disparition de la biodiversité. Or, nous aurions tant à apprendre d'eux ! Car, s'il est une chose absolument fascinante lorsque l'on partage leur quotidien, c'est cette faculté à vivre et à fabriquer ce dont ils ont besoin à partir des seuls produits de la forêt. Besoin de colle : le fruit de leka pèpè possède une pulpe gélatineuse faisant l'affaire. Oublié sa gourde : un morceau de liane à eau, et voilà la soif étanchée... Quelques exceptions cependant : le sel, les pointes de lance et les lames de machette, les Pygmées ne pratiquant pas la métallurgie. Ils échangeaient alors ces produits contre des fruits, de la viande et des chenilles auprès des populations de « grands noirs » sédentaires. Aujourd'hui, vêtements, bidons en plastique et autres produits du monde « moderne » ont envahi leur quotidien. Néanmoins, cela n'a en rien entamé leur savoir.

Nous sommes en juillet et la saison des kopo, une espèce de chenille vivant uniquement des feuilles de sapelli, est en retard. La faute au réchauffement climatique et aux perturbations qu'il engendre, très certainement. Les hommes sont allés chasser, à la lance comme de coutume, mais il faut désormais s'enfoncer toujours plus loin en forêt, le braconnage – cette activité commerciale pratiquée par les « grands noirs », dans cette région-ci les Bantous, est à distinguer de la chasse de subsistance des peuples pygmées – faisant rage au Cameroun et dans le bassin du Congo. Même pêcher est devenu difficile, à cause de la pose de nasses par les braconniers, comme le constatent les femmes qui ont gagné un bras de la rivière voisine afin de construire un petit barrage à l'aide de boue et de débris végétaux pour pouvoir ensuite déloger les poissons et crustacés dans la vase. Les proies ne font guère plus de 10 centimètres et les paniers ne sont plus jamais remplis comme auparavant. Parfois, elles passent même la journée à creuser et à fouiller le sol et les berges pour ne ramener qu'un maigre crabe ou une poignée de crevettes. Les femmes plus âgées, munies de leurs grandes hottes tressées, sont parties récolter des feuilles de salade sauvage ainsi que des noix de payo, très abondantes en cette période de l'année et qui, une fois grillées, peuvent se conserver, contrairement à la majorité des autres aliments.

La nature est utilisée non seulement pour s'alimenter, mais elle produit également une grande diversité de substances et matériaux : feuilles, fruits ou écorces à vertus médicinales, matériaux de construction pour les huttes, lianes faisant office de corde, de balançoire pour les plus jeunes ou de harnais pour récolter le miel souvent proche de la cime des arbres, feuilles et tiges utilisées dans la fabrication de divers contenants d'usage quotidien (paniers de taille et de forme diverses selon les usages, feuilles pliées utilisées pour boire ou pour façonner de petits baluchons protecteurs renfermant les aliments...), fibres servant à la confection de nattes et de costumes utilisés lors de fêtes et danses destinées à honorer les esprits de la forêt... Chez les Pygmées Baka, ce sont 650 plantes et parties de plantes qui sont utilisées. Quatre-vingt-trois sont alimentaires, 237 entrent dans la fabrication d'objets usuels et pas moins de 392 de ces plantes possèdent (parfois en plus d'autres propriétés) des vertus médicinales. Du moabi, vénérable arbre des forêts de ces régions du bassin du Congo, les Baka tirent un poison végétal qu'ils versent en amont d'un cours d'eau. Récolte exceptionnelle de poissons garantie en aval. D'autres poisons animaux ou végétaux peuvent être utilisés pour enduire les flèches des arbalètes, même si ces armes sont de moins en moins usitées désormais, certains leur préférant le coûteux fusil et d'autres, sans beaucoup de moyens, se cantonnant à l'utilisation ancestrale de la lance. S'il est une plante qui symbolise la culture matérielle de ce peuple, c'est bel et bien le ngongo. De la famille des marantacées, c'est le « couteau suisse » des Pygmées Baka. Baluchon, éventail, cylindre à tabac, pelle, petites tuiles pour moungoulou, parasol pour bébé, assiette, gobelet… Cette feuille sert à tout ! Et, avec sa tige, on tresse des paniers, des nattes, des hottes, on crée des balais, des ficelles. Ses fruits rouges deviennent bijoux sous les mains et l'imagination des femmes… En tout, on compte 23 utilisations de cette plante ; chaque objet étant recyclable. Les Baka font usage d'autres espèces, pour leurs graines, qui, grillées, deviennent un en-cas savoureux et calorique, ou encore pour leurs feuilles, tiges et racines. Les ethnologues ont ainsi dénombré près de 200 usages des 20 espèces de marantacées figurant dans la liste des « courses » Baka. En Asie, notamment chez les Penans de Bornéo, ce sont les feuilles de palmier qui jouent ce rôle multifonctions. De manière générale, pas moins de 80 % des aliments, objets et autres artefacts d'un campement pygmée proviennent de la forêt. Quand on a partagé le quotidien d'un campement Baka, aucun doute n'est plus possible quant au caractère essentiel de la forêt pour la survie de ce peuple.

Si, dans les forêts tropicales luxuriantes, la biodiversité offre une source de subsistance aux Pygmées, Penans, Papous Papasena, Aguarunas ou Kayapos, pour ne citer que quelques-uns des peuples autochtones, d'autres écosystèmes offrent les mêmes services aux hommes. Des milieux plus austères, tel le désert du Kalahari, abritent également des chasseurs-cueilleurs : les Bushmen. Dans les forêts boréales et les toundras du Nord arctique, les Innus, des chasseurs, vivent encore de manière nomade et de nombreuses autres ethnies semi-nomades vivent toujours à la fois de cueillette et de l'élevage, comme les Khanti, les Oroks ou les Nenets en Sibérie. Qu'ils soient uniquement chasseurs-cueilleurs ou dépendants en partie de l'agriculture et de l'élevage, l'existence de ces peuples est intimement liée à celle de la diversité des espèces présentes dans leur milieu de vie. Espèces et milieux qu'ils exploitent, pour leur usage et leur survie, avec parcimonie, à l'opposé du modèle de la société de surconsommation et de l'accumulation. Ces modes de vie s'accompagnent souvent de pratiques religieuses animistes, reposant sur le principe que les éléments constitutifs de la nature sont dotés d'âme et d'esprit au même titre que les hommes. Toutes ces entités (y compris *Homo sapiens*) se doivent les unes aux autres un respect mutuel, afin que l'ordre puisse être maintenu au sein de cet ensemble que forme le monde. Ceci est d'autant plus essentiel que la destruction de cet ordre est irréversible. Ce respect ne vise cependant pas à exclure la chasse des pratiques humaines, si tant est qu'elle reste une chasse de subsistance et que quelques précautions d'usage soient prises afin de ne pas froisser les esprits. Le chasseur va s'adresser à sa future victime, lui demander pardon et la remercier de fournir à son peuple de quoi se nourrir. Avant de tuer un phoque, un chasseur Inuit dépose quelques gouttes d'eau dans sa gueule afin qu'il ne souffre pas de la soif durant son dernier voyage vers le monde des esprits. Les saumons de retour de migration dans leur rivière natale sont accueillis par des cérémonies et même des discours de bienvenue chez certains Indiens d'Amérique du Nord. Quant aux Algonquins, autre peuple indien nord-américain, ils demandent pardon aux esprits avant de couper un arbre pour fabriquer une pirogue par exemple.

Mais, si la biodiversité est essentielle à ces peuples nomades ou semi-nomades, chasseurs-cueilleurs mais aussi éleveurs et agriculteurs, dans leur quotidien tant matériel que spirituel, la biodiversité est également présente dans notre quotidien à tous, que nous vivions dans les pays du Nord ou les pays du Sud, que nous soyons campagnards ou citadins.

Dans ma maison, il y a…

Des meubles en bois et en bambou, des fleurs « exotiques » et champêtres, des vêtements en coton, en chanvre, en laine, des chaussures en cuir, deux vélos et leurs pneus en caoutchouc, des médicaments, crèmes et parfums, des bijoux en graines et en pierres colorées, des livres, un panier en rotin, des fruits, des légumes, des céréales, des œufs, du fromage, du miel, quelques instruments de musique et sculptures ici et là, un téléphone portable et puis aussi, jaillissant des robinets, de l'eau… Tous ces produits – ou certains de leurs composants – et bien d'autres dont nous avons besoin ou dont nous aimons nous entourer proviennent du vivant, de la biodiversité. Regardez autour de vous et faites la liste des choses qui sont issues directement ou indirectement des plantes, animaux et autres organismes vivants. Vous constaterez qu'il est fort difficile de dresser une liste exhaustive ! Si ces biens nous ont été offerts gracieusement (et le sont encore pour certains), l'homme s'en est approprié la plus grande part et les a ensuite commercialisés. D'abord en pratiquant le troc puis le commerce et la spéculation, pour aboutir à l'économie de marché ultra-libérale actuelle, qui n'hésite pas à privatiser de nombreux biens communs qui devraient être accessibles à tous et gratuits, tels que l'eau.

La nature est une vaste bibliothèque-labyrinthe abritant des dédales d'étagères croulant sous les ouvrages. Chaque espèce est un livre, chaque écosystème un rayonnage et, régulièrement, l'homme vient emprunter l'un de ces ouvrages pour le réécrire à sa façon, s'en inspirer ou tout simplement le lire.

La biodiversité est source pour l'homme de nombreux bienfaits et plusieurs termes ont été créés pour parler de cela : on parle de « services écosystémiques » ou de « services fournis par les écosystèmes », de « services écologiques ». Ils comprennent les services dits d'approvisionnement (en nourriture, fibres, produits à valeur médicinale, eau...), les services de régulation (protection contre les aléas climatiques, les catastrophes naturelles, l'érosion, mais aussi lutte contre certains parasites ou virus, contre les ravageurs), les services de soutien, assurant le maintien de conditions favorables à la vie sur terre (fixation du carbone atmosphérique, production d'oxygène, recyclage du dioxyde de carbone et de divers gaz tels que l'ozone, formation des sols permettant à la vie de s'y installer et d'être fertiles, recyclage des déchets, cycle de l'eau et son filtrage, cycle de l'azote, création de biomes et de communautés d'espèces, production de biomasse, fourniture d'agents de pollinisation...) et enfin, souvent oubliés mais importants pour l'homme, les services dits culturels. En effet, les écosystèmes et leur biodiversité associée apportent un enrichissement spirituel à de nombreux peuples, à de nombreuses personnes, ne serait-ce qu'au travers de substances psychotropes permettant, via les transes qu'elles déclenchent, d'entrer en résonance avec la nature et la pratique du chamanisme. Les religions animistes sont très également liées à la nature. Enfin, les écosystèmes sont une source d'esthétisme, de rêve, de réflexion, de savoir, de loisirs.

Les écosystèmes fournissent gratuitement à l'humanité des services qui n'ont pas de prix. Or une partie de cette humanité malmène sans relâche cette nature, tout en étant persuadée, ou en voulant se persuader, qu'elle continuera à assurer ces innombrables services et ce, quels que soient les dommages qu'elle aura subis. Le plus bel exemple pour illustrer ceci nous vient de la ville de New York.

La biodiversité au service de l'eau potable

Depuis toujours, la Grosse Pomme était réputée pour son eau potable, gratuite, coulant limpide et pure de millions de robinets disséminés dans la ville. Cette eau prenait sa source aux confins des forêts du nord de l'État. Dès le XIXe siècle, l'explosion démographique dans la ville et l'expansion de l'agriculture aux alentours furent source de divers problèmes. En 1837 par exemple, la pollution des eaux souterraines causa diverses épidémies, dont le choléra, et les autorités municipales lancèrent la construction d'un aqueduc afin de puiser l'eau de la rivière Croton, à une soixantaine de kilomètres de là. Puis, quelques années plus tard, la population de la ville ayant augmenté, ceci ne suffisait plus et la ville alla s'approvisionner dans la rivière Esopus et dans le fleuve Delaware, à plus de 250 kilomètres, tous deux trouvant leur source dans les montagnes Catskill. Or, cette région autour du réservoir naturel des Catskills fut victime à partir du milieu du XXe siècle d'une importante extension des terres arables, au détriment des écosystèmes sauvages, forêts y compris. De plus, l'agriculture aux États-Unis se situait alors à un tournant décisif, prenant la voie de l'agro-industrie fort gourmande en pesticides chimiques divers.

En résulta à la fin des années 1990 une pollution si importante des sols et des nappes phréatiques, couplée à d'autres pollutions industrielles et domestiques, que plus personne à New York ne pouvait boire un verre d'eau au robinet. La municipalité envisagea donc, face à l'urgence de cette situation, de se doter d'une usine de traitement des eaux. Le devis s'élevait de 6 à 8 milliards de dollars de l'époque, sans oublier les quelque 300 millions de dollars de frais d'entretien annuels. Une facture bien salée pour un service qui était auparavant gratuit ! Finalement, la municipalité de New York décida d'opter pour un projet de gestion durable et de longue haleine, consistant à restaurer l'écosystème dégradé des montagnes Catskill et sa biodiversité associée puis à le préserver des pollutions futures, afin de lui permettre de jouer son rôle de filtre naturel de l'eau de pluie et des nappes.

Divers projets de préservation et de « gestion » de la forêt des Catskills et des zones alentour furent ainsi mis en place, ainsi qu'un contrôle pointu des activités agricoles de la région. L'épuration naturelle pouvait redémarrer. Cette auto-épuration de l'eau est l'œuvre à la fois de phénomènes physico-chimiques tels que la filtration ou l'oxydation faisant intervenir le substrat minéral mais également d'organismes vivants, soit directement dans l'eau soit aux abords des fleuves, rivières, lacs et autres étendues aqueuses. Les algues, les bactéries, les insectes, les plantes aquatiques et les arbres sont des acteurs majeurs de cette activité. Mais le système est fragile et chaque perturbation, une pollution excessive ou une dégradation de la diversité biologique du milieu, peut entraîner un déséquilibre, prélude à une rupture du fonctionnement de l'auto-épuration par disparition des organismes décomposeurs et filtreurs. Tout cela, la municipalité de New York l'a bien compris. Cerise sur le gâteau, l'ensemble des travaux de restauration de la biodiversité coûta moins d'un milliard de dollars aux contribuables new-yorkais... Depuis, chaque jour, les bassins versants des montagnes Catskill et le fleuve Delaware fournissent 5 milliards de litres d'eau potable de haute qualité à plus de 9 millions de personnes.

À la suite de cette formidable aventure, la ville a lancé une initiative, intitulée Forever Wild[a], consistant à préserver toutes les zones d'importance écologique au sein de ses cinq arrondissements. Dans le Bronx, une zone humide marécageuse a été classée en parc ; à Manhattan, au sein de Central Park, ce sont plusieurs secteurs comprenant différents types caractéristiques

a. « Pour toujours sauvage ».

de peuplements floristiques et faunistiques qui ont été classés ; ou encore, dans Brooklyn, deux sites abritant des marais salants et une importante biodiversité associée. En tout, le programme Forever Wild comprend 48 réserves de nature sauvage couvrant plus de 3 500 hectares de forêts, de zones humides et de prairies. Comme avec les Catskills, ce ne sont pas seulement des jolis parcs où gazouillent des oiseaux et vadrouillent des renards qui ont été préservés, mais toute une panoplie de services rendus par cette biodiversité que l'homme regarde bien trop souvent avec dédain.

En Chine, la ville de Wuhan, sur les bords du Yangtsé, a également cherché à suivre cette piste et a créé un quartier « zéro rejets » qui permet un cycle en boucle de l'eau, sans pollution aucune. Cette phytoremédiation a été intégrée à l'urbanisme de la cité nouvelle, où vivront 50 000 habitants. Dans ces jardins filtrants créés par la société française Phytorestore (qui a également installé des jardins filtrants à Honfleur et à Nanterre), les eaux usées sont collectées et traitées par diverses plantes et micro-organismes, puis réutilisées par les habitants. Des corridors de « biodiversité » ont été créés, les berges naturelles du Yangtsé ont été restaurées et, pour les diverses pompes, il a été fait appel aux énergies renouvelables (géothermie, énergie solaire, éolien). Cette initiative serait d'autant plus intéressante si elle s'étendait à l'ensemble de la ville de Wuhan, l'une des plus peuplées de Chine et qui déverse la plupart de ses eaux usées dans les lacs voisins, causant régulièrement des morts massives de poissons. Selon le Bureau de l'environnement, la moitié des 70 lacs dans la région de Wuhan seraient pollués.

Si ces initiatives faisant de la biodiversité un précieux allié sont riches de leçons, il n'en reste pas moins que de nombreux pays choisissent de ne pas suivre cet exemple, verrouillant trop souvent administrativement ces initiatives sous la pression de puissants lobbies industriels et arguant du fait que les espèces vivantes sont moins contrôlables que les produits chimiques…

Or ces exemples, et tout particulièrement celui de la ville de New York, loin d'être anecdotiques, nous démontrent on ne peut plus clairement où se situent nos intérêts. Préserver l'écosystème et sa biodiversité, c'est cotiser à une assurance sur l'avenir, une assurance sur la survie de notre espèce, et faire des économies faramineuses sur le court, le moyen et le long terme.

Ça coûte cher, les services rendus par la nature ?

Des économistes se sont d'ailleurs prêtés au jeu et ont tenté d'évaluer la valeur de ces services rendus par la biodiversité et par la nature en général. Les sommes sont colossales. Une analyse estime par exemple à près de 28 milliards d'euros depuis 2000 les pertes annuelles liées au dysfonctionnement des services rendus par les écosystèmes forestiers, à cause d'une déforestation accélérée notamment sous les Tropiques et en zone boréale. Une étude parue dans la revue *Nature*[1] a chiffré la valeur économique de 17 services différents fournis par les écosystèmes à l'échelle mondiale à 16 000 à 54 000 milliards (10^{12}) de dollars annuels, une estimation jugée très en deçà de la vérité tant il est difficile de tout appréhender et chiffrer. Pour référent, le PIB mondial (la totalité des biens et des services produits à l'échelle mondiale) en 2005 était évalué à 50 000 milliards de dollars. De plus, il faut savoir que 40 % de l'économie mondiale reposent sur des produits issus de la nature et sur des processus écologiques…

Pour évaluer les coûts de ces services écosystémiques, les chercheurs additionnent les coûts entraînés par les dommages sociaux et économiques liés au dysfonctionnement d'un de ces services, les coûts de prévention des dommages, les coûts de réparation et les conséquences économiques liées au refus, à la lenteur ou à la mauvaise volonté des décisionnaires chargés de réparer ces dommages[2]. Lors du procès de l'*Erika*, ce pétrolier qui sombra au large des côtes bretonnes le 12 décembre 1999, causant une immense marée noire qui pollua et asphyxia toute vie sur des kilomètres de côte et au plus profond des eaux marines, l'enjeu, de taille, consistait à faire reconnaître non seulement le préjudice économique, mais surtout le préjudice écologique lié à l'atteinte à l'intégrité du patrimoine naturel (marin et côtier). Ce qui fut reconnu, et Total, l'affréteur, fut condamné à la peine maximale solidairement avec Rina, la société de classification. Ils durent verser 375 000 euros d'amende chacun ainsi que 192 millions d'euros de dommages et intérêts aux différentes régions et communes. Pour la première fois en France, les dégâts causés à l'environnement avaient un prix.

Cependant, nous aurions tort de limiter les services rendus par la nature à leur seule valeur économique potentielle. Certes, l'argument économique peut faire pencher la balance lors de prises de décision concernant l'aménagement du territoire, comme ce fut le cas pour la ville de New York par exemple, mais il faut savoir que l'estimation en monnaie sonnante et trébuchante des services rendus par les écosystèmes n'est possible que jusqu'à une certaine limite. Les connaissances sur le fonctionnement de ces écosystèmes et ses différents acteurs sont encore parcellaires. Certains paramètres sont difficilement monnayables : comment oser chiffrer certains services culturels, et tout particulièrement la valeur spirituelle ou esthétique que peuvent revêtir certaines espèces ? La nature possède en outre une valeur intrinsèque qui n'est en aucun cas liée à son utilité pour l'homme ; or, peut-on considérer qu'une espèce, qu'une communauté d'espèces ou un écosystème n'ont pas de valeur uniquement sur la base qu'il/elles ne sont pas utiles et utilisés pour et par l'homme ? La protection de la biodiversité ne relève pas uniquement de questions d'ordre économique, mais également d'éthique. On ne peut donc que déplorer qu'il faille avancer des arguments chiffrés pour que la plupart d'entre nous prennent enfin conscience de la valeur de la biodiversité.

Protéger la biodiversité relève également de l'équité. En effet, les plus pauvres de ce monde sont touchés les premiers, et de plein fouet, par la perte de la biodiversité. Il n'y a rien d'étonnant à cela, puisqu'ils sont les premiers bénéficiaires des services gratuits rendus par les écosystèmes, que ce soit en termes d'eau, de nourriture, de protection contre les catastrophes naturelles… Aussi, toute catastrophe écologique aura d'immenses répercussions sociales sur cette majorité d'hommes et de femmes qui dépendent de la nature et de ses ressources pour vivre, pour survivre.

L'union fait la force…

… ou comment biodiversité rime avec productivité. Des études de grande envergure sur les prairies (nommées Biodepth), rassemblant une cinquantaine de chercheurs de huit pays différents, ont démontré que plus cet écosystème était uniforme (c'est-à-dire pauvre en nombre d'espèces), moins il était productif en termes de biomasse[3]. Or, l'agriculture extensive ne prêche que pour la monoculture et cette uniformité se répand comme une traînée de poudre à la surface de la planète.

Mais pourquoi diversité rime-t-elle avec productivité ? Le constat n'est pas nouveau : au XIXe siècle, des biologistes comme Charles Darwin avaient déjà noté cette corrélation. Cependant, la vision imposée par l'agro-industrie va dans le sens totalement opposé : une seule variété sélectionnée, accompagnée de son cortège d'engrais et de pesticides afin de décupler la productivité. Or les études Biodepth ont montré que cette productivité en prairie baisse de 80 grammes par mètre carré chaque fois que le nombre d'espèces est divisé par deux. Et, si certains groupes dits « fonctionnels » sont absents, la perte est de 100 grammes par mètre carré. Prenons l'exemple des légumineuses, ces plantes essentielles à la fixation de l'azote, qui vivent en symbiose avec des bactéries rhizobium logées dans des nodosités racinaires. Ces plantes capturent l'azote atmosphérique, produisent de la matière organique, et font baisser le taux de nitrates dans les eaux. Quel bénéfice pour la planète et pour notre espèce ! Ce qui est important dans une communauté de plantes, c'est que chaque espèce occupe une niche écologique particulière. Pour reprendre l'analogie du grand écologue Eugene P. Odum, « l'habitat, c'est l'adresse de l'organisme, tandis que la niche écologique est sa profession[4] ». Au sein d'un groupement d'espèces, il conviendra d'avoir la plus grande diversité de « professions » afin de limiter la compétition entre chacune d'elles. Au final, sur une parcelle donnée, le taux d'exploitation des ressources nutritionnelles par des organismes aux besoins différents va être beaucoup plus élevé que si elle n'est occupée que par une espèce. Cela se nomme la complémentarité. Il fallait y penser ! Et certaines espèces en aident d'autres, en leur créant de l'ombre pour germer, par exemple. Mais tout un champ d'investigation est encore en friche ; les alliances végétales et autres interactions mutualistes nous promettent bien des découvertes.

Par ailleurs, moins de diversité, c'est aussi un risque accru de maladie, la résistance d'une communauté de plantes d'une même espèce se mesurant à sa diversité génétique, véritable assurance-maladie. Les insectes phytophages ravageurs s'adaptent à l'uniformité, avec des conséquences potentiellement dramatiques, dont le bouleversement du recyclage de la matière et la transformation de la chimie des sols.

Certes, il semble impossible d'introduire de la diversité en agriculture, du fait tout particulièrement des contraintes techniques de mécanisation. Ces contraintes ont été créées dans une logique de production économique accrue ayant débuté après la Seconde Guerre mondiale. Malgré cette « révolution verte » mise en œuvre dans diverses régions du monde dans les années 1940, 1950 et 1960, le problème de l'alimentation mondiale et surtout de la sécurité alimentaire pour tous reste entier. Pire, il s'aggrave. Tout d'abord parce que la population mondiale ne cesse d'augmenter. De 2 milliards d'hommes en 1930, elle est passée à 3 milliards en 1960, 4 milliards en 1975 puis 6,5 milliards aujourd'hui. Selon les estimations, la planète devrait être peuplée de 9 milliards d'êtres humains d'ici 2050. Face à cette croissance exponentielle, un problème de fond se pose : comment nourrir 200 000 nouvelles bouches chaque jour alors qu'une partie de la population ne mange d'ores et déjà pas à sa faim ?

À la question des rendements agricoles et de la croissance démographique, la planète a répondu à la fin de la Seconde Guerre mondiale par l'utilisation massive de pesticides et d'engrais azotés issus de l'industrie pétrochimique. Un demi-siècle plus tard, le constat est sans appel : cette agriculture productiviste est dans une impasse. Pendant des décennies, elle a déversé des pesticides dans des champs toujours plus vastes. Elle a pollué les nappes phréatiques et éradiqué la petite biodiversité de proximité, celle qui peut porter secours aux plantes cultivées pour les protéger de parasites, d'insectes ravageurs et des aléas climatiques. Une biodiversité qui ne peut fonctionner qu'à petite échelle et pas sur des surfaces semblables à des océans. Les rendements ne sont plus aussi miraculeux qu'aux débuts et les coûts des pesticides et des engrais augmentent avec le prix du pétrole, jusqu'à étrangler les agriculteurs, surtout les petits. Dans les pays du Sud, la révolution verte n'est pas toujours arrivée, ou plutôt si, mais par des chemins détournés et avec des conséquences souvent dramatiques. Sur les marchés, notamment en Afrique, les maraîchers locaux ne peuvent plus rivaliser avec les produits importés d'Europe et d'autres pays du Nord. Tomates, pommes de terre et autres légumes et fruits sont vendus à l'export à des prix défiant toute concurrence. La faute à une agriculture hautement subventionnée, à la PAC européenne tout particulièrement. Les agriculteurs européens vendent leurs produits à perte ou presque, les petits maraîchers du Sud ne peuvent plus vendre leur production locale et laissent leurs champs à l'abandon. Une terrible équation qui a brisé l'autonomie alimentaire de nombreux pays, même si ce n'est pas la seule raison. Géopolitique et stratégies économiques des multinationales ont fait le reste pour sceller un peu plus cette dépendance économique des pays du Sud à l'agro-industrie du Nord.

À la question de l'insécurité alimentaire dans le monde, certains répondent désormais par les OGM. Mais, au-delà des questions d'impact sur la santé à moyen et à long terme, auxquelles personne n'a encore répondu de manière convaincante et indépendante, il reste également l'épineux dossier environnemental. Quel sera l'impact de ces chimères sur la biodiversité ? Des études ont déjà montré que l'implantation d'OGM dans des champs peut entraîner une pollution génétique des espèces sauvages voisines par pollinisation. Il faut rappeler que les OGM sont créés par des multinationales. Ce sont des « produits » fabriqués par des chercheurs qui disposent d'un droit d'auteur sur ces nouvelles créatures sorties de leurs tubes à essais. Ce point peut entraîner de nombreuses dérives, déjà à l'œuvre. Car comment être sûr de récolter ses royalties auprès des agriculteurs qui vont utiliser et planter ces nouveaux organismes ? En réponse à cette question, dès la fin des années 1980, divers travaux ont été menés sur des GURTS, c'est-à-dire des Genetic Use Restriction Technologies. Il faut cependant attendre 1998 pour que l'entreprise américaine Delta Seed dépose, conjointement avec le ministère de l'Agriculture américain (USDA), un brevet sur une technologie dénommée « Terminator ». Les plantes OGM Terminator produisent des graines stériles. Quant aux semences Traitor, elles sont plus pernicieuses. La croissance de la plante est contrôlée par une substance chimique. Sans elle, la plante végète car le gène contrôlant ce paramètre biologique ne sera pas activé par la substance de synthèse. Aussi, le paysan qui avait depuis toujours l'habitude de conserver une partie de sa récolte pour réensemencer son champ l'année suivante ou d'échanger des semences avec ses voisins devra mettre année après année la main à la poche pour obtenir de nouvelles graines. S'il le peut. Aussi, si les paysans achètent leurs semences sur le marché noir pour contourner les prix prohibitifs des multinationales, ils ne verront pousser que des plantes maigrichonnes et n'auront d'autre choix que de se tourner vers la multinationale pour obtenir le produit miracle... Près 1,5 milliard de personnes, petits agriculteurs essentiellement, dépendent de ces procédés d'échanges et de conservation des semences d'une année sur l'autre. Syngeta, BASF ou Monsanto ont d'ores et déjà acquis ces brevets Terminator ou d'autres similaires. Si, en 2000, la convention internationale sur la biodiversité a prôné un moratoire sur ces semences, cela n'a pas dissuadé l'USDA, qui a signé en 2001 un accord avec Delta & Pine Land, autorisant ces derniers à commercialiser la technologie Terminator pour le coton. Cette technologie continue d'être vendue et vantée à travers le monde pour diverses plantes comme le tabac, le coton ou le maïs, même si certains pays ont désormais voté des lois l'interdisant, comme le Brésil en 2005. Quel sera l'impact de ces semences OGM sur le reste de la biodiversité ? On peut craindre le pire, et notamment des stérilisations massives de plantes sauvages, avec des effets dévastateurs sur le moyen terme.

Résoudre la faim dans le monde et nourrir une population en pleine croissance ? C'est un défi qui ne semble pas trouver de réponse. Nous sommes pris dans une nasse. Que faut-il privilégier : avoir suffisamment à manger au risque d'empoisonner la terre et de détruire la biodiversité ? Ou sauver la biodiversité sans avoir la certitude de pouvoir nourrir la population humaine mondiale ? Il n'existe aucune solution simple.

L'homme tourne en rond ; chaque piste semble mener à une catastrophe. Humanitaire ou environnementale. Au choix.

Néanmoins, quelques pistes favorables à la biodiversité se dessinent, tout particulièrement en Afrique, où l'agriculture est encore traditionnelle. Ces pistes ont pour nom agriculture biologique et agriculture durable, diversifiée. Le maintien et la protection de la biodiversité sont essentiels à l'homme et à l'agriculture en particulier. Au Pérou, sur les hauts plateaux andins, on cultive plus de 3 000 variétés de pommes de terre. Si l'une d'elles est affectée par un parasite, une maladie, parmi les autres variétés il y en aura forcément une qui aura développé naturellement, au fil de son évolution, un système de résistance à cette pathologie précise. Si cette diversité existe, c'est aussi parce que les cultivateurs font du troc de variétés. Pas de royalties, seulement un système de réseaux traditionnels fonctionnant depuis les débuts de l'agriculture. Sur des petites parcelles encadrées de bocages, les arbres et les buissons vont abriter quantité d'espèces pollinisatrices ou bien prédatrices potentiellement portées sur la consommation d'insectes ravageurs par exemple. L'homme va utiliser les arbres bordant ses parcelles pour stabiliser le sol et planter en alternance des légumineuses pour enrichir naturellement la terre en azote. S'il possède quelques bêtes, une vache ou des poules, les déjections nourriront le compost puis le sol. Ces pistes doivent et peuvent être utilisées dans les pays du Sud afin de leur redonner une autonomie alimentaire. Une solution viable et réalisable, car il n'y a pas besoin d'argent pour acheter fertilisants, intrants, pesticides et semences. Pour les éléments de base (le champ, les quelques bêtes et les semences), le microcrédit est une solution appropriée.

Dans les pays du Nord, la situation est fort différente. La biodiversité a déjà été terriblement malmenée et il est illusoire aujourd'hui d'imaginer convertir l'agriculture au tout bio.

Impossible sur d'immenses champs s'étendant à perte de vue, dans la Beauce ou le Kansas. Et serait-ce réalisable du point de vue des rendements ? Les spécialistes de la question s'affrontent. Une étude de l'Institut de recherche pour l'agriculture biologique suisse a montré que les exploitations bio ont un rendement inférieur de 20 % à celui des exploitations agricoles conventionnelles sur une période couvrant vingt années. D'autres études sur le maïs ou le soja montrent des différences moins marquées, comme celle de Bill Liebhardt, de l'université de Californie, selon laquelle la production bio atteint 94 à 97 % de la production conventionnelle. Prenons le résultat le plus bas : il faudrait augmenter les surfaces agricoles pour combler les 20 % manquants. Or la population mondiale ne cesse d'augmenter, il faut donc encore plus de terres agricoles. Où les trouver ? En rasant encore plus de forêts, en asséchant encore plus de marécages ? Certes, il faudra aussi œuvrer à une meilleure répartition des ressources et lutter contre le gaspillage. Un rapport du PNUE a montré qu'en Europe un tiers de la nourriture achetée n'est pas consommé... Mais cela ne sera pas suffisant et la biodiversité payera le plus lourd tribut une fois encore.

Ce problème de surface se pose de toute façon aujourd'hui, quel que soit le type d'agriculture, bio ou « conventionnel ». Il est poussé à son paroxysme par le développement frénétique des agrocarburants, qui occupent une partie des terres agricoles pour tout autre chose que la production alimentaire. Pour répondre à cet engouement irresponsable et dévastateur pour les agrocarburants, les pays du Nord sont en train de faire main basse sur les terres agricoles des pays du Sud. On parle désormais de néocolonialisme agraire. La crise financière fin 2008 a accéléré ce processus, et divers états du Nord ainsi que des investisseurs privés achètent massivement des terres agricoles dans les pays du Sud, afin de sécuriser l'approvisionnement alimentaire mais aussi d'investir dans une valeur sûre dans cette période économique troublée. C'est ainsi que la compagnie sud-coréenne Daewoo a signé en juillet 2008 un accord avec le gouvernement malgache portant sur 1,3 million d'hectares de terres agricoles. La production : du maïs et de l'huile de palme destinés à la Corée du Sud uniquement. La Chine achète des terres au Mozambique, aux Philippines ou au Kazakhstan, le Japon au Brésil, les États du Golfe au Soudan, au Pakistan, en Birmanie, en Indonésie, en Ouganda, en Ukraine et au Brésil. De plus, la confiscation des terres agricoles se fait au bénéfice d'une agriculture industrielle hautement polluante et gourmande en pesticides et en dérivés de l'industrie pétrochimique ; une agro-industrie qui exacerbe l'érosion de la biodiversité dans ces pays pourtant très riches en espèces, et accentue la pollution.

Si des solutions existent, elles ne résoudront pas le problème dans son ensemble et, au dilemme « avoir assez à manger – empoisonner la terre détruire la biodiversité – sauver la biodiversité », il n'existe malheureusement aucune réponse simple. Ceci est vrai aujourd'hui, mais le piège dans lequel l'homme et la biodiversité se trouvent ne va cesser de se refermer au fil des années. Qu'en sera-t-il en 2050, en 2100 ?

Bt or not Bt

Revenons à l'agriculture et aux OGM, l'une des solutions « miracles » avancées pour résoudre le problème de la faim dans le monde. Notre alimentation dépend d'une poignée d'espèces végétales (blé, manioc, maïs, riz, pomme de terre, soja…) domestiquées par les hommes au cours d'une histoire longue de 10 000 ans. Si une grande diversité de variétés existe pour chaque espèce (la biodiversité se niche aussi au sein des espèces que l'homme a domestiquées), l'agro-industrie a poussé la monotonie et la monoculture jusqu'à leur paroxysme, en privilégiant une minuscule poignée d'entre elles, voire une seule et unique variété. On l'a vu, le risque de maladie et de destruction par des insectes est immense, ses conséquences, dramatiques. Qu'à cela ne tienne, l'agro-industrie a la solution : les biotechnologies, et tout particulièrement les OGM – on l'a vu. Il existe des solutions naturelles pour limiter l'impact des maladies et des parasites tout en assurant des rendements non négligeables. Je ne citerai qu'un seul exemple, celui du coton Bt (*Bacillus thuringiensis*). En Inde, important producteur de coton, la révolution verte des années 1960 et 1970 a entraîné les cultivateurs dans un cercle vicieux. Devenus dépendants des nouvelles variétés hybrides qui nécessitaient des pesticides, ils se sont endettés. La sensibilité aux pathogènes et aux insectes évoluant beaucoup plus vite que les nouvelles technologies développées par les firmes agro-industrielles, ils ont été obligés pour les combattre de déverser des pesticides 10, 20, parfois 30 fois par saison sur leurs champs – pesticides de plus en plus toxiques et induisant des résistances de plus en plus fortes du côté des insectes (voir la théorie de la reine rouge dans le chapitre 2).

C'est alors que Monsanto lança sur le marché le coton Bt. Celui-ci avait été génétiquement modifié par l'introduction dans son ADN de gènes de la bactérie *Bacillus thuringiensis*, produisant diverses toxines censées jouer le rôle de pesticides face aux insectes ravageurs. Le coton Bt entra sur le marché indien en 1998 (bien qu'il n'ait reçu une autorisation officielle de commercialisation qu'en 2002). Au Gurajat et dans d'autres régions, les récoltes de la première année de mise en culture du coton Bt furent relativement décevantes. De plus, il apparut que des ravageurs dits secondaires commençaient à détruire les cultures de coton Bt, malgré les toxines, notamment dans la région du Punjab. En effet, la technologie Bt ne s'applique qu'à un seul insecte, prédateur principal du coton, or de nombreuses autres espèces sont susceptibles de s'attaquer à la plante ; en éliminant le prédateur principal, on leur laisse le champ libre. Par ailleurs, des chercheurs indiens ont constaté que le coton Bt est aussi sensible à la maladie du flétrissement et que les dégâts causés peuvent être supérieurs à ceux constatés sur du coton conventionnel. Selon les années, le coton Bt peut produire en Inde plus de 30 % de moins que le coton non Bt, alors qu'il coûte au moins quatre fois plus… Face à cette situation dramatique, des centaines d'agriculteurs de coton Bt ont mis fin à leurs jours ces dernières années, ne pouvant faire face à leurs dettes.

Au début des années 2000, des tests de culture de coton Bt étaient effectués au Burkina Faso afin de convaincre le gouvernement et les cultivateurs de se lancer dans la culture de cette variété OGM, prétendument beaucoup plus productrice, moins sensible aux insectes ravageurs et trois fois moins gourmande en pesticides que le coton traditionnel. Au regard de la situation en Inde, on ne peut que douter de ces assertions. Au même moment étaient dévoilés les résultats d'autres tests de cultures de coton avec contrôle des insectes sans pesticides chimiques, et ce, dans la plus grande discrétion médiatique, comme le rapporte une enquête de l'ONG GRAIN[5]. Pourtant, en suivant le programme de Gestion intégrée de la production et des déprédateurs (GIPD), qui bannissait l'utilisation de pesticides chimiques au profit de savoirs et moyens locaux non dommageables pour l'environnement, le millier de cultivateurs qui ont participé au projet ont obtenu des rendements nettement supérieurs à ceux d'agriculteurs utilisant des pesticides chimiques. Un résultat qui devrait faire réfléchir : non seulement le cultivateur n'a pas besoin de s'endetter auprès de multinationales pour acheter des semences hybrides ou des OGM et les produits phytosanitaires associés, mais, en privilégiant des variétés adaptées, anciennes et une lutte biologique contre les insectes ravageurs ou les maladies, il contribue à la préservation de la qualité de l'environnement, de la terre.

La coccinelle, le chrysanthème et les sauvages

Face aux ravageurs et aux différentes maladies, la diversité existant à l'état sauvage peut en effet fournir de multiples solutions, telles que des résistances via des croisements entre variété cultivée et espèces ou variétés sauvages, une méthode utilisée depuis les débuts de l'agriculture. Mais elle va aussi servir de source de nourriture de réserve face aux risques environnementaux courus par les espèces cultivées. Ainsi, si une épidémie venait à éradiquer toutes les cultures de riz « domestique » de la planète, l'homme pourrait retourner aux sources, c'est-à-dire à des espèces de riz sauvage, tel *Oryza rufipogon*, espèce parente du riz cultivé. En effet, ce genre comprend un peu moins de 20 espèces, dont seules deux sont domestiquées. *Oryza sativa* fournit à elle seule plus d'un quart des céréales mondiales[a].

De telles épidémies ne sont pas improbables : la grande famine en Irlande au milieu du XIXe siècle, causée par les ravages du mildiou dans les monocultures de pommes de terre, alors l'aliment de base, en est une preuve. Tout comme l'invasion des vignobles français par le phylloxéra (un insecte cousin des pucerons) à la fin du XIXe siècle. Des vagues de sécheresse, des inondations peuvent aussi survenir, or certaines variétés et/ou espèces sauvages de plantes comestibles sont susceptibles d'avoir acquis une meilleure résistance à ces fléaux au cours de l'évolution. Les plantes cultivées subiraient de 20 à 40 % de pertes avant toute récolte et ce, du fait des maladies, des insectes et autres animaux ravageurs, mais aussi de la concurrence avec d'autres plantes sauvages et des aléas climatiques. Puis, ce sont

a. La production mondiale de riz se situe aux alentours de 422 millions de tonnes en 2007, juste derrière le maïs et le blé (tous deux supérieurs à 600 millions de tonnes, sur une production totale de céréales de 2 000 millions de tonnes). (FAO.)

encore 10 % des produits récoltés qui disparaîtraient pour les mêmes raisons. Mais comment protéger cultures et récoltes sans pour autant nuire à l'environnement ?

C'est au sein de la biodiversité que l'on peut trouver des alliés pour l'agriculture, des insecticides, des fongicides ou des « herbicides » naturels, permettant de contrôler les populations de ravageurs et de concurrents sans recours aux produits d'origine chimique et polluants.

La Bête à bon dieu est connue de tous les jardiniers en herbe et n'a d'ailleurs que des amis. Elle est plutôt jolie avec sa robe rouge à pois noirs, elle ne pique pas, ne bourdonne pas et ne grignote pas les fleurs ou les feuilles en faisant d'horribles trous qui ont le don d'accabler celui qui a patiemment soigné roses, dahlias, laitues ou scaroles. Pourtant, loin de son image douce et angélique, c'est une carnassière, une vraie *serial killer* ! Eh oui, madame la coccinelle peut dévorer plus de 100 pucerons par jour, qui sont justement les ennemis jurés des jardiniers et de nombreuses plantes, dont ils pompent la sève, tels des assoiffés, jusqu'à ruiner fleurs et bourgeons. Un commerce de la coccinelle s'est donc déployé depuis quelques années, d'abord pour les cultures sous serre puis à destination des particuliers. Très vite, les coccinelles à sept points, une de nos coccinelles locales, se sont retrouvées en sous-effectif par rapport à la demande et les jardineries et autres entreprises spécialisées ont commencé à proposer d'autres espèces à la vente, dont une certaine *Harmonia axyridis*, une immigrante venue d'Asie (Chine, Japon et Corée). D'abord importée aux États-Unis dans les années 1960, elle le fut en France par l'INRA en 1982. La petite *Harmonia axyridis* s'est tellement plu en Europe qu'elle a commencé à envahir des régions et des pays entiers et ce, au détriment de la coccinelle à sept points, pas du tout adaptée à l'arrivée de cette concurrente féroce : lorsque les pucerons viennent à manquer, cette dernière s'attaque aux larves de coccinelles à sept points. En voulant bien faire, l'homme a créé un déséquilibre écologique. Il ne suffit donc pas d'organiser la lutte biologique, mais aussi de soigneusement choisir ses auxiliaires, afin de préserver les équilibres existants au sein des écosystèmes.

Ces auxiliaires ne se limitent pas aux insectes prédateurs comme la coccinelle, le hérisson (amateur de limaces, entre autres), la chauve-souris (dévoreuse d'insectes en tous genres), l'hirondelle (elle aussi insectivore), certaines punaises carnivores ou acariens. Des champignons peuvent aussi être utilisés, car ils provoquent des maladies chez les ravageurs ou chez des espèces invasives. Ainsi, une espèce de champignon microscopique peut stopper la croissance de la striga – ou herbe aux sorcières –, une plante parasite dévastant de nombreuses cultures en Afrique.

L'aide peut aussi venir du règne végétal. Au pied des monts Karisimbi, Mikeno et Visoke, englués dans la brume, celle-là même qui a rendu célèbres une poignée de gorilles au pelage bleuté, s'étalent des cultures. Dans ce Rwanda exigu, chaque lopin de terre est cultivé : pommes de terre, haricots et de vastes étendues de pyrèthres de Dalmatie[a] aux délicates fleurs blanches ondulant au vent. Ces dernières ne sont pas cultivées pour leur beauté, mais pour des substances contenues dans leurs pétales et dans leurs capitules, les pyréthrines, agissant notamment sur le système nerveux des insectes. Ce sont des insecticides naturels, utilisés également dans les produits antipoux. En plus d'être naturelles et biodégradables, elles ont un avantage certain : elles se dégradent très vite après exposition à la lumière. Le Kenya est le plus gros producteur de fleurs de pyrètre, avec plus de 8 000 tonnes annuelles, suivi par la Tanzanie, la Papouasie-Nouvelle-Guinée et le Rwanda, pour les principaux. Autre continent, autre plante insecticide. En Inde, c'est le neem ou margousier (*Azadirachta indica*) qui remplit ce rôle : ses fruits fabriquent l'azadiractine, un insecticide ayant

a. *Tanacetum cinerariifolium*, aussi appelé chrysanthème insecticide.

pour effet de bloquer la métamorphose des insectes ainsi que leur digestion. Mais l'action de cet arbre surnommé « arbre miracle » ou « arbre aux mille vertus » ne s'arrête pas là : ses graines, écorces, racines et feuilles sont utilisées par la pharmacopée indienne traditionnelle depuis plusieurs millénaires comme dentifrice, savon, médicament contre les troubles digestifs et les maladies de peau, antiseptique – et cette liste n'est en rien exhaustive.

Dans certains cas, ces organismes sont présents naturellement et en densité suffisante pour lutter efficacement contre les maladies et/ou les ravageurs. Ceci est vrai dans des écosystèmes à forte biodiversité, d'où l'importance de les protéger. Prenons l'exemple des prairies et des bocages. Ce sont d'importants réservoirs et refuges d'espèces, pouvant jouer un rôle dans la lutte biologique non seulement dans leur écosystème propre, mais également dans les zones voisines, les cultures par exemple. Des projets comme celui de Sylvie Monnier[a] visent justement à recréer des haies, particulièrement bénéfiques pour l'agriculture biologique. En un demi-siècle, 70 % des haies ont disparu en France à cause du remembrement puis de l'instauration de la politique agricole commune[b], or elles sont essentielles à l'équilibre biologique et pourraient éviter bien des pollutions, dues aux pesticides entre autres. De même, il faut, comme cela commence à se faire, restaurer certains habitats servant d'abris à divers animaux ou plantes utiles dans la lutte biologique. Enfin, avant de penser aux réintroductions, qui peuvent se transformer en invasions si elles ne sont pas soigneusement contrôlées, il faut suivre et comprendre avec précision les cycles de vie des

a. Mission Haie-Auvergne.

b. Au sortir de la Seconde Guerre mondiale, la politique agricole commune, tout juste créée au sein de la CEE (Communauté économique européenne), était productiviste par nécessité. Elle a encouragé les agriculteurs à regrouper leurs parcelles en terrains plus vastes et à supprimer les haies afin de faciliter le travail des machines agricoles.

auxiliaires et stopper toute pulvérisation d'insecticides polluants dans l'environnement, de manière définitive ou au moins à des moments clés, comme les périodes de migration de certains auxiliaires.

La nature, une vaste armoire à pharmacie

De nombreuses plantes ont des vertus médicinales. Si la pharmacopée traditionnelle et les jardins des simples viennent de suite à l'esprit, il ne faut pas oublier que de nombreux médicaments fabriqués par l'industrie pharmaceutique sont également issus de plantes. Dans les pays industrialisés, 40 à 70 % des médicaments proviennent de substances naturelles. Une fois le principe actif isolé, les molécules identifiées, elles sont synthétisées artificiellement. C'est ainsi que la quinine fut d'abord issue de l'écorce réduite en poudre du quinquina, un petit arbre des forêts tropicales du bassin amazonien, avant que la structure moléculaire de l'alcaloïde puisse être décrite et ce dernier fabriqué en laboratoire. Parmi les médicaments issus de plantes, citons l'aspirine, un analgésique et anti-inflammatoire dont la substance active, l'acide acétylsalicilique, fut isolée pour la première fois dans l'écorce du saule ; la digitaline, utilisée dans le traitement de l'insuffisance cardiaque et issue de la digitale pourpre ; l'atropine, issue de la belladone, du datura, de la jusquiame ou de la mandragore et utilisée contre le mal des transports, comme antidote à certaines intoxications ou encore pour diminuer les tremblements dans la maladie de Parkinson ; la codéine, un analgésique contenu dans le pavot somnifère ; le taxol, issu de l'if et utilisé pour traiter les cancers ; le curare, un anesthésique extrait de la liane *Chondodendron tomentosum* utilisé par certains peuples indiens d'Amazonie comme poison pour enduire leurs flèches ; ou encore la castanospermine, contenue dans les graines du châtaignier d'Australie, dont les potentiels effets contre les rétrovirus et les nématodes sont étudiés. On peut aussi citer la pervenche de Madagascar, dont les principes actifs, la vinblastine et la vincristine, permettent la production de médicaments utilisés pour le traitement de leucémies. Si les plantes fabriquent ces substances, souvent des alcaloïdes – ayant des propriétés médicinales pour certaines, hallucinogènes (utilisation dans les pratiques chamaniques) ou gustatives (les « épices ») pour d'autres, voire cumulant plusieurs utilisations –, c'est avant tout pour se protéger des prédateurs phytophages. Quand le piment est attaqué par de nombreux insectes, la concentration en capsaïcine augmente dans ses fruits. Quant à la cannelle, la muscade ou le poivre – des épices qui à une époque étaient très rares et servaient de monnaie d'échange –, ils sont utilisés respectivement comme antiseptique/vermifuge, comme remède contre les rhumatismes et comme cicatrisant.

Une salve de cris puissants retentit dans le sous-bois. Des chimpanzés. Installé dans un grand figuier émergent, un petit groupe se gave de fruits, non sans quelques bisbilles. Depuis plusieurs années, des études menées par Mike Huffman[6] de l'université de Kyoto ont montré que ces grands singes sont non seulement d'habiles botanistes, mais également de bons pharmaciens, récoltant et consommant diverses plantes à vertus médicinales, telles que la tige très amère de *Vernonia amygdalina,* active dans la lutte contre divers parasites intestinaux, ou encore les feuilles rugueuses et poilues d'*Aspilia spp*... Ces dernières sont avalées entières par le chimpanzé, jusqu'à 56 en une seule « prise », et retrouvées intactes dans les fèces. En examinant les limbes de plus près, les chercheurs ont constaté que les aspérités à la surface de la feuille piègent divers vers parasites.

D'autres études menées par l'équipe de Sabrina Krief, du Muséum national d'histoire naturelle de Paris, dans la forêt de Kibale en Ouganda ont fait des chimpanzés de véritables guides pour la découverte de nouveaux médicaments. Ainsi, en observant un mâle répondant au nom de Makokou, fiévreux et visiblement abattu, Sabrina Krief a constaté qu'il s'était nourri quasi exclusivement de feuilles de *Trichilia rubescens*, alors qu'il ne portait pas un intérêt particulier à cette plante lorsqu'il était en bonne santé. De retour en France avec quelques échantillons de ces feuilles, Sabrina Krief a pu isoler des molécules qui se sont avérées posséder des propriétés antipaludiques, vermifuges et antitumorales. À de nombreuses reprises, les chimpanzés consommaient en parallèle de la terre. En mimant le procédé de digestion en laboratoire, les chercheurs ont constaté que cette terre amplifie l'activité antipaludéenne des feuilles de *Trichilia*[7]. Sabrina Krief s'est également penchée sur les pratiques médicinales dans les villages alentour et elle s'est aperçue que le savoir ethnobotanique des communautés locales présente plusieurs similarités avec la liste des plantes aux vertus médicinales consommées par les chimpanzés (sur les 163 espèces de plantes consommées par les chimpanzés de Kibale, au moins 35 d'entre elles figurent sur la liste des plantes médicinales traditionnelles utilisées par les populations locales). Lorsque la question de l'utilisation de certaines plantes fut posée à des tradipraticiens, ceux-ci ont répondu pour certaines d'entre elles qu'ils ne les utilisent pas parce que les chimpanzés ne les consomment jamais et que cela peut signifier qu'elles contiennent des substances nocives. Cet exemple nous montre à quel point la biodiversité est indispensable. Il est non seulement important de protéger la forêt tropicale, écrin abritant de nombreuses plantes médicinales, mais également les chimpanzés, qui nous servent de guides dans ce labyrinthe végétal.

Aujourd'hui, près de 120 médicaments issus de plantes sont couramment utilisés dans les pays du Nord. Ils représentent

25 % des médicaments modernes alors que, parallèlement, la phytothérapie revient en force, mais près de 80 % des habitants de la planète n'ont d'autres médicaments à disposition que des plantes. Une fraction infime du nombre total d'espèces de végétaux a été analysée pour juger de sa valeur pharmaceutique potentielle (5 à 15 % sur les 250 000 espèces végétales répertoriées). Avec la destruction des habitats et la disparition de certains peuples, c'est tout un savoir qui part en fumée et, avec lui, la possibilité de trouver de nouveaux remèdes à de nombreuses pathologies[a]. L'homme est en train de brûler des rayonnages entiers de la grande bibliothèque médicinale naturelle, un autodafé qui scelle son propre anéantissement.

Grenouille pot de colle et fourmi antibiotique

Les plantes ne sont pas les seules à fournir de précieuses substances aux hommes. Les micro-organismes et les animaux ne sont pas en reste. Si la sangsue *Hirudo medicinalis* est depuis très longtemps utilisée en médecine, d'autres espèces sont entrées récemment dans la longue liste des aides-soignants.

Dans la savane et les forêts de mousson de quelques îles perdues, oubliées des hommes ou presque, survit un rescapé d'une ère où les singes découvraient à peine la bipédie : le dragon de Komodo. C'est en 1910 qu'un certain lieutenant van Steyn van Hensbroek, de l'administration coloniale hollandaise, à la gâchette facile, tua le premier dragon. Il envoya photo et dépouille à Peter Ouwens, directeur du jardin botanique et du musée zoologique de Bogor, qui en fit la première description scientifique en 1912. Profilé comme un dinosaure, le varan de

a. Mais le problème de la biopiraterie, c'est-à-dire de l'utilisation indue par de grandes industries pharmaceutiques de savoirs locaux, reste d'actualité.

Komodo n'a eu de cesse d'exercer tout à la fois peur et fascination, mais ce géant, figurant au palmarès des plus gros prédateurs contemporains, est loin d'avoir livré tous ses secrets. Ce sont ses méthodes de chasse qui intriguent le plus les scientifiques. En effet, souvent le varan ne tue pas sa proie, il ne lui inflige qu'une blessure se révélant mortelle, non par sa gravité mais par l'infection qui s'ensuit. Le varan retrouvera ensuite la trace de son butin grâce à l'odeur pestilentielle dégagée par le cadavre, captée par sa longue langue jaunâtre puis amenée à l'organe de Jacobson, ou organe voméro-nasal, spécialisé dans l'identification des phéromones, pour analyse et décryptage. Dans la salive du varan, les scientifiques ont dénombré pas moins de 57 espèces de bactéries. Certes, sa toxicité était connue (une morsure de varan a des conséquences fatales), mais n'avait jamais jusqu'alors été étudiée. Après analyses, certaines des bactéries se sont révélées extrêmement virulentes, la plus intéressante répondant au nom de *Pasteurella multocida*. Il faut quelques jours aux souches « normales » pour couvrir une boîte de Pétri ; moins de huit heures pour celles issues de la salive du varan. Une virulence qui surprend et interpelle les chercheurs, d'autant plus que les varans semblent immunisés contre les morsures qu'ils s'infligent entre eux. Une équipe médicale américaine a montré que les échantillons de plasma de dragon de Komodo neutralisent cette bactérie et, aujourd'hui, ils s'affairent à tenter d'isoler la molécule antibactérienne responsable, qui pourrait servir à développer de nouveaux antibiotiques à destination des populations humaines. Sans succès pour le moment : la molécule se fait invisible… Une nouvelle étude publiée en avril 2009 remet cette hypothèse bactérienne en cause, et lui préfère celle d'un venin hautement toxique élaboré dans une glande au niveau des mandibules[8].

Les chercheurs ont eu plus de succès avec une petite grenouille fouisseuse australienne répondant au nom de *Notaden bennetti* et vivant la majeure partie de sa vie un mètre sous terre, pour ne sortir sporadiquement qu'après les pluies torrentielles. Elle s'est récemment retrouvée sous les feux des projecteurs, car cet amphibien est un vrai petit pot de colle, et pas n'importe laquelle, de la super-glu[a] [9] ! Un adhésif si puissant qu'il peut réparer des cartilages endommagés – une aubaine en médecine réparatrice du genou, ces blessures étant particulièrement difficiles à traiter. Lorsqu'elle pointe le bout de son nez dehors, la grenouille, qui vient de passer plus de neuf mois sous terre, se retrouve harcelée par divers insectes certainement attirés par sa peau douce et tendre. Même si elle vit en ermite souterrain, *Notaden* est équipée pour lutter contre ces intrus et, lorsqu'elle se sent attaquée, des glandes situées sur son dos sécrètent une protéine, un élastomère adhésif qui va coller les mandibules des insectes et les engluer sur sa peau. De plus, la grenouille change de peau comme de chemise et, une à deux fois par semaine, elle va faire un festin de son ancien costume, transformé en toast nappé de fourmis, termites et autres insectes. C'est le double effet pot de colle.

Cette glu particulièrement rapide et forte résiste à l'humidité, la grenouille ne sortant que par temps de grosses pluies. En menant des expériences sur des ménisques de mouton, le chirurgien orthopédique Georges Murrell, de l'université australienne de Nouvelle-Galles du Sud, a observé que cette glu permet la reconstruction des cartilages abîmés. La colle est flexible et supporte des étirements, mouvements et autres forces appliquées sur l'articulation, mais elle possède également une

a. Parmi les pots de colle, se trouvent également les vers velours ou péripates (*Onychophora*). De drôles d'animaux semblant tout droit sortis d'une époque lointaine – et pour cause, leurs origines datent du cambrien – qui, lorsqu'ils sont menacés ou partent chasser, projettent un jet de glu immobilisant proie et éventuels prédateurs. Au contact de l'air, cet adhésif se solidifie et se révèle étonnamment résistant, d'où l'intérêt du monde médical pour cette petite bête. Il produit également le solvant de cette super-glu, histoire de se débarrasser d'éventuelles projections qui auraient tôt fait de l'handicaper.

structure poreuse la rendant perméable aux substances gazeuses et aux nutriments. Une équipe de chercheurs a isolé la protéine adhésive et tente désormais de la synthétiser artificiellement[10].

Le vaste monde des grenouilles, crapauds et autres amphibiens recèle bien des surprises de ce genre. On peut citer les dendrobates, une famille de petites grenouilles très colorées, originaires d'Amérique tropicale, dont la peau sécrète des batrachotoxines que certaines ethnies indiennes utilisent pour enduire la pointe de leurs flèches. Une espèce appelée fort judicieusement *Phyllobates terribilis* exsude des toxines si puissantes qu'un simple contact peut se révéler mortel pour l'homme. En Équateur, *Epipedobates tricolor*, la dendrobate fantomatique, hautement toxique également, sécrète de l'épibatidine, un composé très proche de la nicotine dans sa structure et 200 fois plus efficace pour stopper la douleur que la morphine. Découverte en 1976, l'épibatidine entraînait néanmoins des effets secondaires, ce qui a limité son utilisation. Depuis, des chercheurs ont réussi à synthétiser une molécule analogue, l'ABT 594, qui est vierge de tout effet secondaire et pourrait bientôt être utilisée en milieu médical, notamment pour le soulagement de la douleur des malades atteints de cancers et dans le traitement de la maladie d'Alzheimer. De plus, contrairement à la morphine, elle n'engendre pas de dépendance.

Ces petites grenouilles ont été dénommées *« poison dart frogs »* en anglais. Mais, comme d'autres grenouilles telles les mantelles vivant à Madagascar, elles ne fabriquent pas elles-mêmes ce poison. Ces alcaloïdes proviennent des insectes dont elles se nourrissent, fourmis et mille-pattes. C'est pourquoi, lorsqu'elles sont élevées en captivité[a], elles sont totalement dépourvues de toxines.

a. Parce qu'elles sont très colorées, il existe un important trafic de dendrobates, à destination de collectionneurs privés notamment. Trafic totalement illégal puisque ces espèces sont protégées. En 2006, à l'aéroport d'Orly,

Les fourmis… Elles aussi recèlent bien des secrets, et nombreux sont les chercheurs qui s'intéressent à ces petits insectes, dont il existe plus de 12 000 espèces connues et certainement un grand nombre qui n'ont pas encore été découvertes, notamment en zone tropicale. Elles possèdent au niveau du thorax une glande unique chez les insectes, la glande métapleurale. Celle-ci fabrique des fongicides ainsi que des molécules servant de carte d'identité pour chaque colonie. Les fongicides sont particulièrement importants pour les fourmis attines, coupeuses de feuilles, cultivant un jardin de champignon sous terre (voir le chapitre 2), car ils leur assurent une protection et permettent de débarrasser les cultures de tout autre champignon compétiteur. Mais les projecteurs sont braqués sur une autre fourmi, australienne, *Myrmecia gulosa* (une « *bullet ant* » à la morsure particulièrement douloureuse, d'où son nom). Ses glandes métapleurales, situées au niveau de l'abdomen et responsables de la synthèse d'antiseptiques, présentes uniquement chez les reines et les ouvrières (au sein de la fourmilière, les mâles s'approvisionnent auprès des ouvrières et, lors de l'essaimage, ils n'en ont plus besoin puisqu'ils vont mourir), fabriquent des substances présentant une large activité antimicrobienne. Pour preuve, la surface du corps des fourmis est quasiment exempte de bactéries et de champignons, et se révèle bien plus « propre » que la peau humaine par exemple. Placées au contact de *Candida albicans*, une levure pouvant provoquer des infections fongiques graves (les candidoses), les sécrétions métapleurales tuent cette dernière[11]. L'un des antibiotiques présents dans le fluide métapleural a été breveté et est désormais utilisé comme antiseptique dans le milieu hospitalier.

sept Belges et un Français de retour de Guyane ont été appréhendés alors qu'ils transportaient en fraude 32 dendrobates adultes classés en annexe II de la CITES et de nombreux têtards cachés dans des boîtes vides de pellicules photo et dans le double fond d'une bouteille Thermos. Un cas parmi tant d'autres.

Il faut également citer les chauves-souris et plus précisément *Desmodus rotundus*, l'une des trois espèces de vampires. Buveurs de sang, les vampires communs possèdent dans leur salive un puissant anticoagulant qui pourrait bientôt servir à guérir les attaques cérébrales et autres accidents cardiovasculaires. Il fluidifie le sang des victimes à vitesse grand V et permet aux chauves-souris d'en sucer un maximum en un minimum de temps. C'est cette propriété que les chercheurs souhaitent utiliser pour détruire les caillots de sang qui peuvent se former dans notre corps et qui sont responsables des accidents cardiovasculaires. À condition qu'ils soient détectés à temps ! Découverte dans les années 1990, la substance est aujourd'hui en phase de tests cliniques, dernière étape avant son utilisation médicale.

Le milieu marin n'est pas en reste : l'AZT par exemple, utilisé pour bloquer la réplication du virus du sida dans les cellules humaines, est dérivé d'une molécule découverte dans une éponge des Caraïbes. Depuis les années 1960, avec le développement de la plongée sous-marine, les scientifiques se sont beaucoup intéressés à ces drôles d'animaux fixés sur le sol qui passent leur vie à filtrer des millions de litres d'eau. Parce qu'elles sont à la merci des prédateurs et de tous les micro-organismes en suspension dans l'eau qu'elles aspirent, les chercheurs étaient persuadés que les éponges fabriquaient des armes chimiques pour se protéger et survivre. Après avoir analysé les tissus de quantité d'espèces différentes, ils ont en effet découvert une véritable armoire à pharmacie. Ces molécules, allant de l'AZT à divers antibiotiques et anti-inflammatoires, sont fabriquées par des micro-organismes qui vivent en symbiose dans les tissus des éponges. D'autres espèces contiennent par exemple des molécules anticancéreuses ou antiparasitaires ayant un effet sur le paludisme[12].

Ce n'est pas le seul groupe d'organismes intéressant pour la pharmacopée. Avec le squelette calcaire de certaines espèces de coraux en provenance de la mer des Antilles, les chercheurs ont fabriqué une matière mimant à la perfection la structure et la porosité de l'os pour réaliser des greffes de la mâchoire et réparer la colonne vertébrale. Le plus difficile dans une greffe, c'est de faire accepter un tissu étranger par le corps humain. Avec cette matière corallienne, composée comme l'os en majorité de calcaire, l'organisme humain se laisse berner. De plus, au fur et à mesure de la reconstruction de la matière osseuse, le corail va se résorber jusqu'à totalement disparaître lorsque le bout de mâchoire ou de vertèbre sera reconstruit. Échappé des temps préhistoriques, le limule, un lointain cousin des araignées qui vit dans la mer, est lui aussi une pharmacie à lui tout seul. Depuis sa création à la fin du XIXe siècle, le laboratoire de biologie marine du Massachusetts (États-Unis) s'est intéressé à ces étranges créatures qui viennent chaque année en grand nombre se reproduire sur les plages voisines. C'était surtout leur sang, bleuissant à l'air, qui intriguait les chercheurs. Persuadés qu'il possédait des propriétés particulières, ils se sont mis à l'étudier sous toutes les coutures. Une bonne intuition, puisqu'il y ont découvert plusieurs molécules miracles, dont une désormais utilisée pour lutter contre les cancers du sein ou du sang. Elle bloque la multiplication des cellules malades et empêche le développement du cancer dans l'organisme. Les poissons ne sont pas en reste et, dans le « catalogue » des espèces étudiées, citons le fugu, si apprécié des gourmets japonais, non sans risque. En effet, ce poisson globe fabrique une toxine si puissante qu'elle peut tuer un homme mais, à faible dose, elle peut aussi l'aider à lutter contre la douleur. À partir de ce poison découvert en 1909, stocké dans le foie, la peau et les organes sexuels du poisson, les chercheurs en médecine ont fabriqué un médicament qui bloque les messages de douleur dans le système nerveux. Injecté en petite quantité, il empêche simplement ces informations de circuler mais, à forte dose, ce sont tous les messages qui sont stoppés. Privés d'instructions, les muscles et les organes vont alors s'arrêter de fonctionner. C'est la paralysie, puis la mort. Contrairement à la morphine, pas de risque d'être accro au fugu, la toxine n'induit aucun phénomène de dépendance.

Environ 1 % seulement des espèces marines connues ont été analysées dans le but d'isoler d'éventuelles molécules actives, cependant, nombreuses sont celles qui risquent de disparaître avant même d'avoir pu être étudiées.

De la peau de bête au défilé de mode

Plus futiles mais néanmoins utiles, les parfums ont été largement inspirés par la nature, voire fabriqués sur le dos de certaines bêtes et plantes. La palette du parfumeur regroupe des fleurs, un immense réservoir d'odeurs et d'inspiration pour les « nez » (rose, jasmin, oranger amer ou bigaradier, bergamote, cédrat, combava, mandarine et divers autres agrumes, ylang-ylang, tubéreuse, iris, genêt, mimosa, violette, jonquille, osmanthe, lavande, patchouli, romarin, sauge…), des « épices » (badiane, cardamome, carotte, céleri, cumin, genièvre, poivre, noix de muscade, macis, girofle, piment, fève tonka…), des « bois » tirés d'écorces (pin, cyprès, bois de rose, santal, cèdre), des graines et des « résines » (benjoin, encens, myrrhe, élémi, galbanum, baume du Pérou, ciste laudanum) ainsi que diverses autres plantes aromatiques (gingembre, cannelle, mousse de chêne, géranium, citronnelle, vanille, angélique). Racines, tiges, écorces, feuilles, graines, fruits ou fleurs, les parfums se nichent dans toutes les parties des plantes, qui peuvent être herbes, arbustes ou arbres. Aujourd'hui, le répertoire odorant constitué par l'homme comprend environ 20 000 molécules (dont certaines désormais synthétiques), mais chaque parfumeur n'en utilisera au cours de sa vie qu'un petit millier, qu'il combinera afin de créer de nouveaux parfums.

Fabriqués (et commercialisés) depuis l'Antiquité notamment chez les Sumériens ou les Égyptiens qui en faisaient une grosse consommation, les parfums acquirent leurs lettres de noblesse en Occident seulement à la Renaissance, lorsque les hommes perfectionnent le principe de distillation et commencent à utiliser l'alcool éthylique pour fixer les parfums. Car, si la nature offre de nombreuses odeurs fort agréables, il faut pouvoir les fixer afin de les conserver. C'est ici qu'entrent en scène les bêtes à parfum, cachalot, chevrotin porte-musc, castor, civette, abeille ou encore daman du Cap. Chacune de ces espèces sécrète des essences, huiles, cires, qui pour imperméabiliser sa fourrure (castor), qui pour séduire la femelle (chevrotin) ou marquer son territoire (daman du Cap, civette). Quant à la cire d'abeille, c'est un matériau de construction des alvéoles, utilisé en Occident pour fabriquer des chandelles réservées aux nobles et au clergé, tandis que le peuple se contente de suif, jusqu'à l'arrivée de l'huile extraite des cétacés et de l'électricité comme éclairage. Seul l'ambre gris n'est pas utilisé par l'animal vivant, c'est une substance grasse, excrétée par les intestins du cachalot et que l'on trouve flottant à la surface des océans. Les hommes ont commencé à l'exploiter de manière plus intensive à l'époque où la chasse à la baleine battait son plein, en l'extrayant directement des entrailles des cétacés. Ces substances, tout particulièrement le musc et la civette, sont toujours très recherchées en parfumerie « fine » mais posent d'importantes questions éthiques, car les animaux doivent soit être tués soit être élevés dans des conditions souvent déplorables (notamment en Chine pour les civettes) afin de satisfaire les besoins d'une petite minorité. Ces essences végétales et animales peuvent être désormais remplacées par des produits de synthèse, bien moins onéreux.

Bien avant de se parfumer, l'homme s'est habillé. Dans un souci de confort, il a d'abord revêtu des peaux de bêtes qui lui évitaient de grelotter l'hiver au fond de sa grotte. Puis il a découpé, assemblé, tissé, modifié ces peaux pour en faire des vêtements sur mesure, adaptés à sa silhouette. Enfin, il a commencé à regarder autour de lui, à la recherche de nouvelles matières et textures, à utiliser la laine de mouton (dès la Préhistoire), de chèvre (angora, cachemire...), de lapin (angora), de lama, d'alpaga, de guanaco, de vigogne, de chameau et de yack. Il s'est intéressé à la soie produite par le bombyx du mûrier (et ce dès 2 500 av. J.-C. en Chine), puis aux fibres végétales comme le lin, le chanvre (utilisé pour confectionner des vêtements en Chine plusieurs siècles avant notre ère et au Moyen Âge en Occident, mais également pour fabriquer du papier : Gutenberg a imprimé sa première bible sur du papier de chanvre avant d'utiliser du vélin), le sisal (utilisé également pour les cordages), divers palmiers, le kapok, le coco ou encore le coton. Si nous sommes désormais entrés dans l'ère des fibres synthétiques, de nombreuses fibres naturelles sont encore utilisées, comme la laine, le coton (ce qui n'est pas sans poser de problèmes car il est cultivé de manière très extensive, avec force pesticides, engrais et/ou OGM) ou encore certains palmiers comme le *Carludovica palmata*, matière première des célèbres chapeaux panamas. Il ne faut pas oublier les fourrures animales, qui reviennent régulièrement sur le devant de la scène des défilés de haute couture, pour le plus grand malheur des véritables « *fashion victims* » que sont la plupart des félins, les blanchons, les viverridés, les chinchillas ou encore les renards[a], et qui, s'ils ne sont pas capturés dans leur milieu naturel[b] (via un trafic illégal lorsqu'il s'agit d'espèces menacées et protégées, comme la panthère des neiges, le chinchilla ou l'ocelot, pour n'en citer que trois),

a. Pour confectionner un manteau de fourrure, il faut tuer par exemple 6 à 12 panthères des neiges, 12 à 15 lynx, entre 60 et 100 écureuils ou bien plus d'une centaine de chinchillas.

b. 15 % des animaux exploités aujourd'hui pour leur fourrure sont encore prélevés dans la nature, comme les renards, les écureuils, les castors ou les martres, notamment dans le Grand Nord américain, par des trappeurs.

sont élevés dans des conditions déplorables et souvent cruelles. À l'époque où les chapeaux et autres bibis en tous genres étaient portés par toutes les élégantes européennes, on agrémentait ces couvre-chefs de fleurs naturalisées, de plumes de paradisiers (ces oiseaux ont bien failli disparaître au début du XXe siècle : chaque année voyait le massacre de dizaine de milliers de ces oiseaux afin d'alimenter l'industrie de la mode occidentale). Quant aux corsets et aux parapluies, leurs baleines n'étaient autres que des fanons des géants des mers, remplacés depuis par des armatures métalliques.

Non content de tisser des fibres, *Homo sapiens* a commencé dès l'Antiquité à faire usage de teintures. L'indigo, bleu, extrait de l'indigotier, un arbuste tropical de la famille des fabacées, est l'une des plus anciennes connues à ce jour, dont on a retrouvé des traces sur des vêtements de l'Égypte antique. La pourpre est issue d'un coquillage, le murex. Diverses teintes de rouge sont dérivées des racines de la garance, une plante, ainsi que de cochenilles, de petits insectes parasites des végétaux ; le brun et le noir, de l'écorce de saule, du café ou du brou de noix ; le jaune, de la camomille, de l'achillée ; le vert, de la prêle ; le violet, de la fleur de rose trémière.

Lors d'une démonstration des différents us et usages gaulois au musée de la ville de Sens, une chercheuse m'expliqua avec passion l'aventure du pastel tout en expérimentant quelques teintures naturelles de son cru. *Isatis tinctoria* est une petite plante à floraison jaune, de la famille de la moutarde et du colza, dont une décoction de feuilles broyées, séchées et fermentées donne une très belle couleur bleue, d'une grande stabilité. À partir de la fin du XVIe siècle en Europe, on ajoute aux décoctions de l'indigo d'indigotiers et, lentement, la culture du pastel décline puis disparaît. Au XIXe, on assiste à la fin du règne des plantes tinctoriales et des animaux à couleurs, tous remplacés par des colorants synthétiques issus du goudron de houille.

Comme l'explique la chercheuse Dominique Cardon[13], ce bouleversement est lié à un problème crucial d'approvisionnement : en raison de la hausse de la demande, les cultures des différentes plantes commençaient à se faire au détriment des écosystèmes naturels et des cultures vivrières. Ainsi, au Bengale, en 1859, on assiste à une *Blue Mutiny*, une « révolte anti-indigo », les cultures de l'indigotier grignotant peu à peu celles du riz. La révolution industrielle fut aussi moteur de ces changements : les productions de tissus colorés changent d'échelle, le commerce s'étend grâce à l'avènement de transports routiers, ferroviaires et maritimes. De nombreuses régions du monde ont néanmoins continué à utiliser des colorants naturels pour la production de textiles traditionnels, et on observe un regain d'intérêt dans les pays du Nord pour les plantes tinctoriales. Intérêt qui n'est pas étranger à la prise de conscience des risques de pollution et des dangers pour les consommateurs liés à la production et l'utilisation des colorants synthétiques. En France, dans la Somme, un couple d'agriculteurs tente de faire revivre la waide, nom picard du pastel, une plante ayant quasiment disparu à l'état sauvage et donnant ce magnifique « bleu d'Amiens » dont le commerce, au XIIIe siècle, à destination de la Hollande et de l'Angleterre, permit aux riches négociants de financer la reconstruction de la cathédrale d'Amiens, détruite par un incendie en 1218. Ce couple compte également parmi les très rares cultivateurs de garance et teste l'implantation du murasaki ou orcanette, une plante de la famille des borraginacées dont la racine est utilisée pour produire une teinture violette.

En plus de lui emprunter matières et couleurs, l'industrie du textile s'inspire beaucoup de la nature pour les formes de vêtements et les imprimés. On peut citer les robes tulipes, les plissés savants du grand couturier japonais Issey Miyake, mimant la délicate coquille de la femelle argonaute, ou encore les imprimés Liberty ponctués de multiples fleurs minuscules.

La nature, alliée des industries

Après l'agriculture, l'alimentation, la médecine et la mode, penchons-nous sur l'intérêt de la biodiversité pour l'industrie, ou plutôt les industries. L'industrie touristique tout d'abord. En effet, si celle-ci se déploie en grande partie sur des sites archéologiques et culturels façonnés de main d'homme, l'écotourisme a, depuis quelques années, le vent en poupe. Et, sans paysages naturels ni vie sauvage, c'est toute une économie qui s'écroule. Certes, on peut questionner le fonctionnement et déceler certaines dérives de ce tourisme vert, mais ce n'est pas le propos ici. De la randonnée dans les forêts du Limousin aux treks dans la Cordillère blanche péruvienne, en passant par les rencontres avec les ours polaires au Spitzberg, les baleines en Basse-Californie, les gorilles au Rwanda, et les innombrables safaris naturalistes dans les savanes indiennes et est-africaines, l'écotourisme ou tourisme vert génère environ 9 milliards d'euros par an. Il faut désormais débourser 500 dollars pour partager durant une heure (montre en main) l'intimité d'une famille de gorilles de montagne au Rwanda ou en Ouganda. Le parc de la forêt de Bwindi, en Ouganda, rapporte chaque année plus de 2 millions de dollars, qui permettent l'emploi à plein temps de 95 personnes, et la construction d'écoles, de dispensaires et d'autres infrastructures. Au Kenya, en Tanzanie, aux Maldives, au Costa Rica et dans bien d'autres pays, la biodiversité est une véritable manne financière, grâce aux nombreux touristes de pays industrialisés en mal d'espace et de nature. Mais encore faut-il la préserver !

En termes d'applications et d'utilisations industrielles, la nature a depuis toujours offert sans compter de multiples matériaux et substances à l'homme : matériaux de construction (bois, bambou, chaume...), combustibles (bois, bouses séchées...), sources d'éclairage (huiles végétales, cire d'abeille, graisse de baleine et autres graisses animales, puis pétrole[a]). Pour l'avènement de la « haute technologie », des biotechnologies et les progrès de la chimie et de la physique, les micro-organismes, plantes et animaux se sont avérés d'excellents auxiliaires.

Prenons par exemple l'agroalimentaire. Ce secteur se heurte à l'épineuse question de la conservation des aliments. Or, au pays glacé des manchots, il est une aptitude physiologique de ces étranges oiseaux bipèdes qui n'a pas échappé aux éthologues et encore moins aux industriels : ils alternent des séjours sur la terre ferme, durant lesquels ils jeûnent, et des périodes passées en mer. À la saison de la reproduction, un unique œuf est pondu, et il est gardé au chaud dans un repli de la peau du ventre, calé sur les pieds de l'un des parents, pendant que l'autre part se nourrir au large durant une à deux semaines. Une fois l'œuf éclos, les parents vont se relayer pour nourrir le poussin : tour à tour, ils partent deux à trois semaines en mer et conservent sans le digérer du poisson dans leur estomac, pour le régurgiter une fois de retour à la pouponnière. Une équipe de chercheurs du Centre d'écologie et de physiologie énergétique a découvert que les poissons ainsi conservés contiennent des substances antimicrobiennes, dont un peptide sécrété par le manchot et baptisé sphéniscine[14], responsable de la non-dégradation des aliments en bloquant la prolifération des micro-organismes, comme les staphylocoques ou les champignons *Aspergillus*. Ce peptide pourrait servir de conservateur alimentaire, mais également être utilisé en milieu biomédical et devenir l'un de nos prochains antibiotiques.

L'étude des organismes présents dans des zones très froides a permis d'autres découvertes : des poissons vivant dans les

a. Si aujourd'hui, par une utilisation excessive, le pétrole est responsable d'une grande partie du réchauffement climatique, il ne faut pas oublier qu'il est issu d'une accumulation puis d'une dégradation de matière organique dans le sous-sol.

eaux de l'Arctique et de l'Antarctique ont développé une glycoprotéine antigel (AFGP) empêchant la formation dans leurs tissus de cristaux de glace qui auraient pour conséquence d'importantes lésions. On retrouve de telles propriétés chez des grenouilles nord-américaines et européennes, capables de survivre à des températures négatives. Ainsi *Hyla versicolor*, *Rana sylvatica* et une poignée d'autres espèces voient leur rythme cardiaque et respiratoire ralentir, leur température chuter alors que l'hiver s'installe. Bientôt, 65 % de l'eau contenue dans leurs tissus se cristallisent et se transforment lentement en glace. Leur capacité à résister à des températures avoisinant les -7 °C est liée à la présence dans leur corps de glucose à très haute dose. Lorsque le froid s'installe, les concentrations de glucose issues du glycogène stocké dans le foie juste avant la mauvaise saison peuvent être multipliées par 100 dans les organes vitaux de la grenouille. Elles agissent alors comme antigel, abaissant leur point de congélation tout en laissant la glace envahir les autres organes et les tissus moins sensibles. La compréhension de ces processus physiologiques pourrait amener le développement de nouvelles techniques médicales permettant de congeler et de garder des organes pendant une durée de temps plus longue qu'elle ne l'est à ce jour, afin de pouvoir répondre beaucoup plus facilement aux urgences et aux demandes de transplantations.

À une autre échelle, les films microbiens ou biofilms – des communautés de micro-organismes, bactéries, algues, champignons…, qui adhèrent entre elles et forment une pellicule sur une surface – sont également étudiés, pour servir notamment dans le traitement de déchets. Nul besoin par ailleurs de présenter les utilisations faites de fragments d'ADN dans le vaste champ des biotechnologies et la fabrication de clones ou de chimères.

Sans eux, le monde serait une poubelle

Revenons aux déchets. Imaginez un monde où ceux-ci ne seraient pas traités, dégradés... En Europe, plus de 350 insectes ont mis bouses, crottes et diverses déjections animales éparpillées dans la nature à leur menu, ainsi qu'à celui de leurs larves ; d'autres s'en sont fait un irrésistible lieu de rendez-vous galant. Ailleurs, il en est de même. Il existe par exemple une larve de papillon spécialisée dans la crotte de koala, une autre dans celle de paresseux et, en Afrique de l'Est, on voit des bousiers et des mouches prendre place sur la bouse de buffle avant même que celle-ci ait touché le sol. Si ces bousiers et autres arthropodes coprophages ne pouvaient jouer leur rôle d'éboueurs, la surface de la terre serait vite asphyxiée. Or, les nombreux médicaments, notamment les antibiotiques et les vermifuges (comme l'hypermectine), donnés aux animaux d'élevage agissent tels des insecticides naturels. Promenez-vous près d'un haras ou d'une ferme d'élevage et scrutez le sol : si de tels produits sont utilisés, autour des bouses vous verrez une hécatombe de petits insectes. Voici un petit exercice de calcul mental : prenez cinq vaches, placez-les dans un champ dépourvu d'éboueurs naturels. En un an, leurs bouses couvriraient un demi-hectare. Maintenant, prenez le Brésil, qui compte 164 millions de têtes de bétail pour 20 millions d'habitants, et faites le calcul : en un an, sans l'aide des insectes, 16,4 millions d'hectares seraient recouverts de bouse, soit un quart de la surface de la France... Cela laisse songeur ! Une telle catastrophe s'est déjà produite en Australie, juste après l'arrivée des colons européens accompagnés de leurs bovins. Les coprophages locaux étant spécialisés dans les crottes de marsupiaux, ils ne montraient aucun goût pour les bouses de vache. Il fallut importer des bousiers africains pour enrayer la stérilisation des pâturages par l'accumulation de bouses. Les États-Unis, quant à eux, produisent chaque année

6 milliards de tonnes de déchets organiques (provenant des humains, du bétail, de l'agriculture, de l'exploitation forestière, importante dans ce pays, de l'agroalimentaire, de l'industrie, et enfin les déchets ménagers). Toutes les espèces produisent des déchets. À la différence de toutes les autres, la nôtre en produit d'énormes quantités – voyez ces images de la ville de Naples engloutie sous une montagne d'ordures, en raison notamment de l'emprise de la Camorra sur ce secteur – et surtout une incommensurable proportion de déchets non organiques, non biodégradables et/ou toxiques pour l'environnement.

Revenons sur et sous terre : outre ces insectes éboueurs, de nombreux autres organismes assurent la dégradation puis le recyclage de la matière organique. Peu visibles, voire totalement invisibles à l'œil nu et pas sexy pour un sou, ces organismes – ver de terre, rotifères, amibes, mille-pattes, nématodes et autres mycorhizes, cohorte de bactéries – assurent un écoservice essentiel. Ils participent également à l'aération du sol et lui assurent sa fertilité et une capacité certaine de rétention de l'eau. Sans eux, les plantes ne pourraient avoir de nutriments ni d'eau pour se nourrir, fabriquer de la matière et enclencher la première étape de toute chaîne alimentaire. En un mot comme en cent, ils sont indispensables !

D'ailleurs, certains d'entre eux, des bactéries essentiellement, sont depuis peu utilisés dans l'industrie pour leur capacité à extraire certains composés minéraux du sol. Pour ce faire, deux procédés sont utilisés lors de « bioprospection minière » : la biolixiviation et la bio-oxydation. Pour la biolixiviation, on utilise des bactéries capables de désagréger des minéraux solides et de former une soupe dans laquelle le métal, ou le minerai, sera libéré de son carcan et donc facile à extraire. Au Chili, cette méthode est utilisée pour extraire le cuivre. Quant à l'or, il est souvent éparpillé sous forme de particules dans des roches, chacune étant enfermée dans une gangue minérale difficile à percer. Entrent alors en scène des bactéries capables de ronger ces enveloppes par oxydation. Les paillettes d'or sont libérées et ce sont d'autres bactéries qui vont, par biolixiviation, permettre l'extraction finale. Ces « biomineurs » sont particulièrement recherchés car il devient de plus en plus difficile de trouver certains métaux tels que l'or, les principaux gisements ayant déjà été en partie ou totalement exploités. Autre avantage et non des moindres, ces ouvriers ne réclament ni 35 heures, ni congés payés, ni même salaire. Pour toutes ces raisons, un quart de la production mondiale de cuivre est désormais exploité par des biomineurs bactériens. Des végétaux tolérants à certains métaux (zinc, cuivre, plomb, nickel...) et/ou les accumulant sont également utilisés, comme les jacinthes d'eau (une fois n'est pas coutume, elles ont le beau rôle, elles qui sont par ailleurs particulièrement invasives et asphyxient de nombreux cours d'eau, lacs et estuaires), mais également les lichens, ces organismes issus de la symbiose entre une algue et un champignon, très gourmands en uranium. Une aubaine pour *Homo sapiens*, qui, lancé dans la production d'énergie nucléaire, n'a toujours pas trouvé de solution pour dégrader les déchets sans polluer irrémédiablement la planète. Néanmoins, la biodiversité n'a pas réponse à tout, et de nombreux composés chimiques fabriqués par cet apprenti sorcier qu'est l'homme ne peuvent être dégradés : le plastique par exemple, mais aussi, et c'est plus grave, les PCB qui, s'ils font bien les délices d'une bactérie, ne peuvent être consommés en totalité tant ils sont abondants dans certaines zones, où l'homme les a enterrés sans précautions. Des fuites ici et là ont contaminé rivières et nappes phréatiques, puis la chaîne alimentaire tout entière, jusqu'à s'accumuler chez les prédateurs, comme les cachalots, les baleines, les calamars, les ours, les phoques mais aussi les humains.

Madame grenouille, quelle pollution fait-il ?

Dans l'atmosphère étouffante des galeries creusées dans les entrailles de la terre, depuis des siècles, des hommes recherchent et exploitent le charbon. Divers gaz sommeillent dans les couches de roches et parfois, sans crier gare, se libèrent dans le dédale des galeries, causant explosions et morts. Ces coups de grisou et autres épanchements de gaz toxiques sont d'autant plus dangereux qu'il est en principe impossible de les détecter, les gaz étant incolores et inodores. C'est un petit canari qui a apporté une solution aux mineurs. Lorsqu'un gaz toxique venait à s'infiltrer dans la galerie, le petit canari en cage, accompagnant les hommes au fond de la mine, était le premier à en subir les conséquences et à en mourir. En Grande-Bretagne, ils furent utilisés jusqu'en 1986, ainsi que des souris. Tous ont désormais été remplacés par des détecteurs électroniques, mais les Anglais ont immortalisé le petit passereau dans l'expression « *canary in a coal mine* », utilisée pour désigner une chose ou une personne jouant le rôle d'avertisseur, puis, par extension, dans l'expression « *climate canary* », utilisée pour toute espèce touchée avant les autres par le changement climatique, nous avertissant de fait sur ses conséquences potentielles.

Les canaris ne sont pas les seuls détecteurs au service de l'homme : les grenouilles et autres crapauds, salamandres ou tritons sont des baromètres de la santé de l'environnement[a]. En effet, ces petites bêtes respirent avec leurs poumons, mais leur peau perméable est également utilisée pour les échanges gazeux. Ce qui les rend singulièrement sensibles aux pollutions environnementales et tout particulièrement aux pesticides et aux pollutions d'origine industrielle ou pharmaceutique. DDT,

a. Ils sont pourtant bien menacés : 50 % des 5 743 espèces d'amphibiens connues sont aujourd'hui sur le fil de l'extinction.

PCB et dioxines fonctionnent comme des perturbateurs endocriniens et, comme chez d'autres espèces, entraînent des problèmes de féminisation des individus ; quant aux déchets de la combustion des produits pétroliers et HAP (hydrocarbures aromatiques polycycliques), ils peuvent entraîner diverses mutations et autres répercussions physiologiques et comportementales sur les amphibiens[15]. L'atrazine, un herbicide utilisé abondamment aux États-Unis (plus de 30 000 tonnes par an), s'accumule fréquemment dans les mares, après les épandages printaniers et au moment de la ponte des amphibiens. Or, les chercheurs ont montré que des concentrations de ce pesticide, bien en deçà des niveaux autorisés par l'Environmental Protection Agency, ont pour effet de stériliser les têtards et peuvent également être à l'origine de cancers et de perturbations importantes des systèmes endocrinien et reproducteur chez les humains. Néanmoins, malgré des plaintes déposées par différentes associations, aucune restriction n'a été imposée aux industriels par l'EPA en ce qui concerne l'utilisation de l'atrazine…

Depuis quelques années, la Grande-Bretagne fait appel à de nombreux « experts *ès* climats » recrutés parmi diverses espèces, comme les hirondelles, d'autres passereaux, les saumons, de minuscules hôtes du plancton, ainsi que quelques arbres et insectes. Elle a parallèlement listé un certain nombre de paramètres physiques, comme la hausse du niveau des mers ou la fréquence des inondations, et des facteurs socio-économiques, tels que la santé de l'industrie des sports d'hiver en Écosse ou la consommation de gaz domestique. Ces espèces et paramètres sont méticuleusement surveillés année après année et leurs évolutions fournissent de précieux indices sur l'état de l'environnement et tout particulièrement du climat. En scrutant la date d'éclosion des œufs de certains passereaux, la date de retour de migration des hirondelles, les mouvements des saumons dans les torrents et les rivières, l'abondance de différentes populations d'insectes ou encore l'état de santé du plancton, on peut suivre à la loupe l'impact du changement climatique sur la biodiversité.

En Italie, l'Institut national d'apiculture utilise depuis plusieurs années l'abeille domestique, très sensible à divers métaux lourds, dioxines, pesticides…, afin de dresser des cartes de la pollution environnementale. Au Canada, des collemboles se sont révélés de très bons bio-indicateurs de l'acidité des sols dans les érablières, car ils sont directement affectés par un changement de pH. Si le pH d'un sol est déterminé par sa composition, il peut être modifié par la pollution atmosphérique ou la coupe des arbres. En observant le taux de collemboles dans le sol, on peut donc obtenir des indices sur l'état de santé de ce dernier. Dans l'eau, douce ou salée, les organismes filtreurs, comme la moule de rivière, confrontés aux polluants renseignent l'homme sur certaines caractéristiques physico-chimiques, biologiques, microclimatiques mais aussi fonctionnelles de l'environnement dans lequel ils vivent et sur l'incidence de certaines pratiques. La disparition de lichens dans une zone peut révéler des taux élevés de dioxyde de soufre ; un réseau de surveillance de l'ozone a été mis en place dans la région Nord-Pas-de-Calais, basé sur l'état de santé des plants de tabac. Ces mesures permettent de tirer la sonnette d'alarme et d'agir, espérons-le, avant qu'il ne soit trop tard…

Biomimétisme : quand l'homme plagie la nature

Fasciné durant toute sa vie par le vol des oiseaux, Léonard de Vinci s'est largement inspiré de la structure de leurs ailes ainsi que de celles des chauves-souris pour dessiner et inventer au XVe siècle diverses machines volantes, telles que la « vis aérienne », ancêtre de l'hélicoptère, le parachute ou le deltaplane. Quatre siècles plus tard, un autre inventeur au génie particulièrement fécond étudie le vol des vautours en Algérie et, ayant compris le principe de sustentation qui permet à l'aile de s'appuyer sur l'air, fabrique un planeur recouvert de plumes d'oie. Cet engin, immortalisé par le photographe Nadar, n'est que le premier d'une longue série. Se basant par la suite sur la structure des ailes de chauves-souris, Clément Ader réalisa dans les années 1890 trois prototypes d'avion, *L'Éole*, *Le Zéphyr* et *L'Aquilon*. En octobre 1890, à bord de *L'Éole*, il devient le premier homme à s'élever dans les airs grâce à une machine autopropulsée.

De Vinci et Ader étaient sans le savoir, comme bien d'autres, des précurseurs de la biomimétique, une discipline dont la naissance ne fut officialisée qu'en 1997, avec la parution de l'ouvrage de Janine Benyus, *Biomimicry : innovation inspired by nature*[16].

Mais les technologies humaines ayant emprunté au monde du vivant ne se limitent pas à ces machines volantes. On peut citer les palmes, reproduction quasi conforme des pattes palmées des canards et des grenouilles (d'où le terme d'homme-grenouille !) ; les ailes repliables des avions de chasse F-14, basées sur le vol en piqué des fous de Bassan ; le désormais célèbre Velcro, inspiré du fruit de la bardane ; les cellules photovoltaïques des panneaux solaires, réalisées grâce à l'étude du fonctionnement des feuilles des végétaux chlorophylliens ; ou encore les winglets, ces petites ailettes placées en bout d'ailes des avions afin de limiter la formation de tourbillons et de faciliter le glissement sur l'air. Celles-ci furent mises au point par la NASA et doivent beaucoup aux rapaces, qui, lorsqu'ils planent, écartent les plumes situées à l'extrémité de leurs ailes afin d'augmenter leur portance. On peut également citer les pacemakers, inspirés du fonctionnement du cœur de la baleine à bosse ; les systèmes de climatisation basés sur le fonctionnement des termitières ; des nouvelles lampes à diode électroluminescentes (LED), calquées sur le réfléchissement de la lumière et l'émission de couleurs par les écailles des ailes de papillon ; le nouveau prototype de voiture Mercedes Benz dite bionique, moins gourmande en énergie car extrêmement bien profilée, sur le modèle des poissons-coffres coralliens, dont l'aérodynamisme exceptionnel est allié à la rigidité et à la légèreté, grâce à des écailles hexagonales offrant une résistance maximale pour un poids minimal ; ou encore ces nouvelles bottes d'astronaute encore à l'étude, imitant la structure des pattes du gecko, ce petit lézard capable de grimper sur toutes les surfaces et de tenir au plafond sans (presque) jamais tomber ; et ces textiles, toiles de tente et nappes, autonettoyants, reproduisant la structure hydrophobe des feuilles de lotus…

Un grand nombre de médicaments cités précédemment et inspirés des plantes ou d'autres organismes vivants entre également dans ce vaste catalogue biomimétique. Néanmoins, il reste beaucoup d'interrogations sur les exploits réalisés par la nature : comment un oiseau de 20 grammes, comme l'hirondelle, peut-il traverser avec si peu de réserves énergétiques le Sahara puis la Méditerranée pour rejoindre son lieu de nidification ? Et ces sternes arctiques, qui deux fois l'an parcourent plus de 12 000 kilomètres pour relier Arctique et Antarctique ? Comment les oiseaux miniatures que sont les colibris survivent-ils à 5 000 mètres dans les Andes avec une si petite chaudière et traversent-ils le golfe du Mexique deux fois l'an ? Et les fourmis, incroyables insectes qui peuvent transporter de 50 à 100 fois leur poids, quand nous peinons à transporter la moitié du nôtre ? Quant à leurs cousins, les termites, ils maîtrisent bien mieux que nous les principes de la climatisation et du chauffage naturels, dans d'immenses structures construites à l'aide de leurs seules mandibules. Que dire également des radars des dauphins, des chauves-souris, des pattes adhésives des mouches, de la luminescence des bactéries, cténophores et autres organismes marins, et de bien d'autres merveilles de la nature ? Les réponses à toutes ces questions permettront sans aucun doute à l'homme de développer de nouvelles technologies, de nouveaux outils, et, espérons-le, de privilégier les produits, technologies et processus adaptés à une vie en harmonie avec la planète, qui ne la détruisent ni ne la polluent de manière irréversible et dommageable pour les autres espèces. L'observation de la nature nous permet de développer des énergies durables et des matériaux biodégradables : copions-la pour moins la piller et mieux la respecter !

Prenons un exemple peut-être éculé et parfois controversé : les cellules photovoltaïques actuelles, dites de deuxième génération, doivent fonctionner cinq années avant de compenser l'énergie qui a été utilisée pour leur fabrication, mais elles affichent une durée de vie de trente ans !

Il fut une époque où la planète était inhabitée et inhabitable. Un cocktail de méthane, de CO_2, de sulfures d'hydrogène et d'ammoniac rendait l'atmosphère, bombardée d'UV, invivable. Seule solution : se carapater au fin fond des océans, même si nager dans ces eaux acides n'avait rien d'une balade dominicale. Mais la vie s'y est développée, diversifiée. Puis que s'est-il passé ? Probablement une pénurie de sulfure d'hydrogène, qui a poussé la vie à innover, à inventer une nouvelle façon de se perpétuer. C'était il y a environ 3 milliards d'années. Certaines bactéries se sont mises à utiliser l'énergie solaire pour briser les molécules d'eau en lieu et place du sulfure d'hydrogène, libérant de l'oxygène, une molécule alors hautement toxique. Mais cette voie était vouée au succès que l'on connaît et, bientôt, tout un cortège d'organismes adopta ce processus créateur de matière, et donc d'énergie, qui se nomme la photosynthèse aérobie. La voie était ouverte pour l'évolution d'un grand groupe : les végétaux autotrophes. Dans leurs cellules : de petits organites prénommés chloroplastes. Ce sont eux, et plus particulièrement la chlorophylle qu'ils contiennent, qui sont chargés de capter l'énergie solaire, telles de petites antennes, puis d'envoyer celle-ci cisailler les molécules d'H_2O et de CO_2 pour, à partir des divers éléments, cuisiner de la matière organique carbonée. L'invention relève du génie car la source d'énergie solaire est, à moyen et à long terme (n'excédant pas une poignée de milliards d'années cependant, date à laquelle l'étoile Soleil devrait s'éteindre), une source inépuisable.

Cette photosynthèse a prouvé son efficacité et sa durabilité puisqu'elle est encore aujourd'hui à la base de toutes (ou presque) les chaînes alimentaires. C'est sur ce constat, tout biomimétique dans son approche, que des chercheurs, parmi lesquels on peut citer Thomas et Ana Moore ou encore Deven Gust, se sont attelés à reproduire les mécanismes de la photosynthèse afin de développer des cellules photovoltaïques de troisième génération, très peu gourmandes en énergie pour leur fabrication et hautement durables dans leur utilisation. Le modèle : la feuille, véritable panneau solaire hautement efficace. En recréant et en comprenant la structure de la chlorophylle, notamment le rôle du magnésium au sein du complexe moléculaire, les chercheurs espèrent être en mesure de fabriquer une cellule photovoltaïque miniature, batterie solaire miniaturisée, de la taille d'une molécule de chlorophylle environ, et qui imiterait le processus de la photosynthèse. Une énergie renouvelable et non productrice de déchets. Voilà l'une des réponses tant à la crise énergétique qu'au réchauffement climatique.

Citons un second exemple, souvent utilisé par Janine Beynus pour appuyer son propos sur l'intérêt du biomimétisme : les gilets pare-balles. Qu'avons-nous fait jusqu'ici ? Inventé le kevlar, une matière révolutionnaire car ultra-résistante et solide. Mais, si nous nous penchons sur le processus de fabrication de ce nouveau matériau high-tech, qu'en ressort-il ? C'est un dérivé de la pétrochimie. Il a fallu porter des molécules à très hautes pression et température pour les polymériser en compagnie d'acide sulfurique et obtenir ce résultat. Or un tel processus est extrêmement gourmand en énergie et produits des déchets toxiques pour l'environnement. De telles technologies, de telles pistes de recherche n'ont absolument rien de durable.

Penchons-nous maintenant sur les solutions développées par la nature pour obtenir des matériaux résistants. La soie de diverses chenilles mais aussi des araignées est l'un d'eux. Les araignées peuvent fabriquer jusqu'à neuf qualités de fils différentes ; celui de trame, utilisé pour descendre à vitesse grand V, et celui utilisé pour la structure en rayon de la toile sont les plus résistants. Or, en étudiant la structure de cette soie produite par certaines araignées (notamment *Araneus diadematus* et *Nephila clavipes*), les chercheurs ont constaté que sa résistance et son élasticité sont comparables voire supérieures à celles du kevlar et qu'elle est environ cinq fois plus solide que l'acier. Pour l'araignée, nul besoin de pétrole, de hautes pressions ni de températures élevées. Elle tisse ses fils de soie à température ambiante. Petite pirouette historique, les ancêtres des gilets pare-balles, portés par les guerriers d'Asie médiévale, étaient faits de soie...

Hélas, contrairement aux vers à soie (dont les fibres sont bien moins résistantes), il est impossible d'élever des araignées, car elles sont très agressives et vont jusqu'à se dévorer entre elles. Qu'à cela ne tienne, pourquoi ne pas faire synthétiser la soie par un autre organisme ? Les essais avec des bactéries s'avérèrent décevants. Puis, les chercheurs d'une compagnie de biotechnologies canadienne, Nexia, découvrirent de grandes similitudes entre les glandes séricigènes des araignées et les glandes mammaires des chèvres, et tentèrent avec succès l'implantation des deux gènes codant pour les protéines de soie. Désormais, Willow, Arnold, Webster et Pete, des chèvres transgéniques, produisent du « lait d'araignée » duquel Nexia extrait le Biosteel® destiné à l'industrie médicale (des fibres pour sutures), électronique mais également à l'industrie de l'armement. Si l'utilisation de la soie d'araignée relève bel et bien du biomimétisme, on peut néanmoins s'interroger sur les méthodes utilisées pour obtenir ce matériau. D'un côté, le biomimétisme prône un plus grand respect d'une nature qui a tant à nous apprendre, de l'autre, on transforme des animaux en machines à fabriquer de la soie. Une phrase prononcée par le président de Nexia, Jeffrey D. Turner, et rapportée par le journaliste Lawrence Osborne du *New York Times* souligne tout ce paradoxe : « *In the future, animals will be our factories, very cheap factories*[17]. » (« Les animaux seront nos usines du futur. Des usines très économiques. ») N'a-t-on pas ici totalement détourné la conception du biomimétisme énoncée par Janine Beynus ?

Une autre solution existe : fabriquer cette soie de manière artificielle, en observant et en comprenant le processus de filage des araignées. C'est sur cette voie que se sont engagés le chercheur Fritz Vollrath et son équipe de l'université d'Oxford[18]. Ils ont notamment découvert que les propriétés des soies dépendent non seulement du type de processus de filage (en douceur pour une soie flexible et élastique utilisée ensuite dans le tissage d'un cocon par exemple, ou plus rapidement pour une fibre compacte et solide, idéale pour la structure de la toile), mais également de la concentration dans le liquide de base d'un acide aminé particulier, la proline. Plus la concentration de proline est importante, plus la soie sera flexible, car cet acide aminé fonctionne comme un briseur des structures rigides de la soie. C'est un assouplisseur[19]. Une fois la synthèse artificielle d'une soie la plus proche possible de celle de la néphile réalisée, de nombreuses applications seront possibles, du fameux gilet pare-balles jusqu'aux câbles pour ponts suspendus, en passant par des fils pour les sutures médicales.

Le biomimétisme, cette nouvelle branche apparue « officiellement » dans le grand arbre de la science, ne se limite pas à ce que l'étymologie de son nom nous révèle. La nature ne fournit pas seulement des modèles de formes, de matériaux ou d'organisations sociales dont l'homme peut s'inspirer, s'il ne les plagie pas purement et simplement, afin de résoudre des problèmes propres à son espèce (conquête des airs, utilisation de l'énergie solaire...). Elle est aussi un formidable baromètre de ce qui fonctionne et de ce qui sera voué à l'échec, ainsi qu'un « mentor », une vraie conseillère sage et expérimentée, capable de nous aider à retrouver notre raison et notre place en son sein. Encore faut-il redevenir humble et réapprendre à l'observer dans ses moindres détails. Quelle plus belle preuve de réussite en effet que des milliers, des millions d'années d'évolution ! La nature nous offre un inventaire des stratégies, des adaptations, des procédés qui fonctionnent et qui ont passé l'épreuve du temps et de la sélection naturelle.

Comme l'énonce Janine Beynus, la nature nous donne une incroyable leçon d'humilité et d'ingéniosité :

> « La nature fonctionne à l'énergie solaire.
> La nature n'utilise que la quantité d'énergie dont elle a besoin.
> La nature adapte la forme à la fonction.
> La nature recycle tout.
> La nature récompense la coopération.
> La nature parie sur la diversité.
> La nature travaille à partir des expertises locales.
> La nature limite les excès de l'intérieur.
> La nature utilise les contraintes comme une source de créativité[20]. »

Le biomimétisme, c'est également une nouvelle façon de voir le monde, et surtout d'évaluer la valeur de la nature qui nous entoure. Cette source d'inspiration est infinie et de fait il est impossible de chiffrer les bénéfices qu'elle peut générer. L'évaluation pécuniaire des dommages dus à la perte de la biodiversité se situe également au-delà des frontières de ce qu'il est possible d'imaginer. Et ce, d'autant plus que la valeur d'un ensemble, d'un écosystème, ne peut être réduite à la somme des valeurs de ses composants (si tant est que leur valeur puisse être estimée). Les interactions entre ces différentes entités sont également précieuses et la vraie richesse réside dans ce « tout », dans cet imbroglio difficilement dissociable.

Désormais, il ne s'agit plus de penser à ce que nous pouvons extraire de la nature, mais à ce que nous pouvons apprendre d'elle. C'est une véritable révolution que cette biomimétique. Elle prend le contre-pied de la révolution industrielle, qui nous a entraînés au bord d'un précipice sans fond. Cependant, pour apprendre, il faut observer et, pour cela, il faut protéger cette nature fragilisée par notre espèce. C'est là que réside également tout le combat de nombreux biologistes et protecteurs de l'environnement.

Conclusion

LA VRAIE RÉVOLUTION VERTE (ET BLEUE)

Émeutes de la faim aux quatre coins de la planète, crise climatique, crise énergétique (pétrolière tout particulièrement), crise des matières premières, crise géopolitique mais aussi crise économique : nous nous dirigeons tout droit vers un choc écologique majeur. Le premier d'une longue série, à n'en pas douter, vu l'état dans lequel se trouve déjà la planète et l'envergure des défis écologiques et sociaux que devront relever les générations futures. Si l'espèce humaine ne fait pas preuve d'humilité, elle risque de se retrouver face à face avec elle-même, dans une grande solitude. Car le scénario de la fin de notre monde anthropocentré risque fort de ne pas être celui que l'on croit. Point de planète bleue volant en éclats dans quelques millions d'années à la suite d'un choc d'astéroïde ou encore de l'explosion du soleil... Non, l'homme est bel et bien en train de programmer sa propre mort en faisant table rase de la biodiversité qui l'a pourtant créé, façonné. Mais, dans cette destruction irraisonnée du vivant, ne doit-on pas voir la réaction d'une espèce chétive, dépourvue d'armes naturelles, sans crocs ni griffes pour se défendre face à un monde hostile ? Désarmé, transi de peur face à cette nature qu'il ne connaît ni ne comprend, l'homme pense se protéger en la détruisant. C'est une réponse de cerveau reptilien, et non celle d'un être doué de raison. C'est l'instinct de survie qui parle dans ces actions de destruction. Mais cette pulsion de destruction doit être contenue si *Homo sapiens sapiens* veut ajouter de nombreux autres chapitres à son histoire. Pour survivre, il doit réfléchir, analyser, et faire en sorte que la fin des espèces, des animaux, des plantes et de la nature tout entière ne se produise pas. Car ce serait irrémédiablement la sienne, la nôtre. Le vivant dans son ensemble survivra, comme il l'a toujours fait par le passé. Il faudra certes des milliers, des millions d'années pour que l'évolution reconstruise des communautés d'espèces, repeuple la terre, répare ses blessures, mais elle le fera. Sans nous.

La biodiversité est un joyau. Lovée dans son écrin, elle reste cependant invisible à qui ne sait observer, à qui ne sait chercher avec un regard exercé dans la nature qui l'entoure. La biodiversité, tout le monde en parle mais peu ont conscience de la véritable valeur qu'elle cache en son sein. Ce livre se veut un plaidoyer pour prendre conscience de cette richesse qui nous entoure, une richesse dont nous, *Homo sapiens*, sommes le produit. Non seulement cette biodiversité nous accompagne dans notre quotidien, mais elle nous a façonnés, nous a construits, et notre destin est totalement lié au sien. Nous sommes à la fois le fruit de cette biodiversité et son gardien. Or, depuis plusieurs siècles, nous avons failli à cette tâche, pire, nous nous sommes transformés en ouvriers de la destruction de cet édifice que l'évolution a mis des millions d'années à bâtir. Une destruction qui ne cesse de s'accélérer depuis la révolution industrielle.

Or, la biodiversité remplit un rôle crucial sur la terre. Pour nous et pour la planète dans son ensemble. Nous devons réaliser qu'elle est le garant d'un équilibre qui nous est indispensable. Elle l'a démontré par le passé, elle le montre au présent, et elle continuera à le faire dans le futur si nous lui en laissons le temps, si nous arrêtons de la détruire, un peu par inconscience, beaucoup par cynisme.

Si Janine Beynus prône, comme beaucoup d'autres, une révolution biomimétique, arguant du fait que la nature a encore tant à nous apprendre, il faut néanmoins se garder de ne penser la nature qu'en termes d'utilité pour l'homme. Quid des espèces qui ne semblent pas utiles à notre espèce ? Aurions-nous le droit de les négliger, voire de les détruire ? Au contraire, l'écosystème est un tout et chacun y a sa place. J. Beynus ne se prive pas de le dire et bien d'autres avec elle. Mais qui écoute ? Qui comprend ce que cela implique ? La disparition d'une espèce peut avoir des conséquences infinies sur l'équilibre dans son ensemble. Il n'y a pas d'espèces utiles ou inutiles, seulement un ensemble d'espèces peuplant cette terre, une terre qui ne nous appartient pas, pas plus qu'elle n'appartient aux tatous, aux méduses, aux galathées, aux virus ou aux séquoias. C'est un bien commun que nous nous devons de respecter et de transmettre en l'état.

La tâche n'est pas aisée, car cette révolution « verte » que nous devons embrasser va bien au-delà d'un changement de pratiques écologiques. Avant toute chose, il s'agit de repenser notre rapport à la nature qui nous entoure, mais également notre place en son sein. Économie et religions (monothéistes tout particulièrement) doivent réviser leurs copies : l'homme n'est pas né pour utiliser la nature ni pour s'enrichir sur son dos... Il suffit de regarder où cette vision du monde nous mène : vers une grande solitude qui sera le prélude à notre propre disparition. L'homme doit faire la paix avec le vivant, avec cet inconnu qu'il a appris à haïr toujours un peu plus au fil de son histoire jusqu'à le rejeter totalement. Si le vivant suscite autant de haine, c'est parce qu'il peut, à travers son armée de virus, de prédateurs et de bactéries, nous atteindre, nous affaiblir, et nous tuer. Désormais, les rôles se sont inversés : pétris de haine et d'angoisse face à ce monde inconnu, nous avons lancé une campagne de destruction massive du vivant.

Aujourd'hui, indéniablement, la biodiversité est en crise. La planète dans son ensemble se porte très mal. Néanmoins, des chemins de traverse existent toujours. Sauver le vivant, ce n'est pas faire preuve d'angélisme ou de naïveté face à des espèces et à des espaces sauvages qui peuvent nous émouvoir, nous toucher, nous séduire. Sauver le vivant, c'est cotiser à une assurance-vie pour le futur. C'est protéger notre héritage. Si nous ne souhaitons pas finir seuls au monde, face à face avec nous-mêmes et sans autre avenir que la mort de notre espèce à très court terme, il est encore temps de choisir le scénario…

Alors, avec ou sans biodiversité ?

REMERCIEMENTS

J'ai commencé à côtoyer la biodiversité alors que je n'étais pas plus haute que trois pommes, en compagnie de mes grands-parents, dans la campagne icaunaise. Le nez dans l'herbe, je passais des heures à observer fourmis, coccinelles, sauterelles, puis, levant les yeux, à suivre les hirondelles, rouges-gorges, troglodytes et autres oiseaux, avec la plus grande joie, au fil des saisons.

J'ai grandi, mais j'ai toujours le nez dans l'herbe et les yeux tournés vers la cime des arbres, à l'affût du moindre bruissement d'aile. Mes reportages et enquêtes m'ont emmenée à la rencontre d'autres plantes, d'autres animaux, sous des latitudes et des climats variés, du désert à la haute montagne en passant par les luxuriantes forêts tropicales. Certains articles issus de ce travail, notamment ceux sur le Pérou et sur l'eider à duvet que j'ai repris ici, ont été réalisés pour et grâce au magazine *Terre sauvage*, dont je tiens à remercier ici toute l'équipe pour ces années de collaboration et de partage. Un grand merci également au TFT et tout particulièrement à Bastien Sachet pour avoir permis cette rencontre avec le peuple de l'éphémère, qui m'a tant appris sur la forêt.

Il serait difficile de remercier toutes les personnes qui m'ont aidée, soutenue, conseillée, nourrie de leurs expériences et abreuvée de leurs passionnantes recherches et réflexions. En faire la liste exhaustive reviendrait à dresser un inventaire complet de la biodiversité de notre planète ! Néanmoins, je souhaite tout particulièrement remercier Renaud Fulconis, Hélène Collongues et Carlos Palomino, Alison

Jolly, Dominique Hennequin, Sabrina et Jean-Michel Krief, Laurent Tarnaud, Gilberto et Maria-Rosa Rojas, Chanee, Tetsuro Matsuzawa, Claude Batout, Arnaud et Sophie Bertrand, Jeffrey Mangel, Tim Jessop, Aevar Petersen, Claude Miaud, Jérome Lewis et la communauté Baka d'Otoumkang. Que ceux que j'aurais malencontreusement oubliés dans cette brève liste me pardonnent mon étourderie.

Mes plus profonds remerciements à Cyril Ruoso, compagnon de tous les instants pour cette grande épopée livresque, dans les bons moments comme dans ceux de profonds doutes et de questionnements, infatigable lecteur des innombrables versions de chacun des chapitres, traquant la coquille, les contresens ou les oublis. Un grand merci également à mes parents pour leur relecture et pour accepter de prendre soin de ma charmante petite Garance à chacun de mes déplacements pour de longues semaines, et parfois mois, sur le terrain.

Enfin, cet essai n'aurait jamais pu voir le jour sans la confiance, les remarques et les critiques constructives de mon éditeur, Ronald Blunden, que je remercie vivement pour cette passionnante aventure, ainsi qu'Hélène Kloeckner pour sa minutieuse relecture et l'ensemble des personnes qui ont suivi la réalisation de ce livre chez Calmann-Lévy.

NOTES

Chapitre 2

1. John Maynard Smith, Eörs Szathmáry, *The Major Transitions in Evolution*, Oxford, Oxford University Press, 1995.

2. François Jacob, *Le Jeu des possibles. Essai sur la diversité du vivant*, Paris, Fayard, 1981.

3. D. Fournier *et al.*, « Clonal reproduction by males and females in the little fire ant », *Nature*, n° 435, 30 juin 2005.

4. Lewis Carroll, *Alice au pays des merveilles. De l'autre côté du miroir*, traduction de J. Papy, Paris, Gallimard, « Folio classique », 1994.

Chapitre 3

1. P. Hebert, S. Ratnasingham, J. de Waard, « Barcoding animal life : cytochrome c oxydase subunite 1 divergences among closely related species », *Proceedings Biological Sciences*, vol. 270, suppl. 1, 2003.

2. T.L. Erwin, « Tropical forests : their richness in coleoptera and other arthropod species », *The Coleopterists Bulletin*, vol. 36, n° 1, mars 1982.

Chapitre 4

1. N. Myers *et al.*, « Biodiversity hotspots for conservation priorities », *Nature*, n° 403, 24 février 2000.

2. A. Whinnett *et al.*, « Strikingly variable divergence times inferred across an Amazonian butterfly "suture zone" », *Proceedings Biological Sciences*, vol. 272, n° 1580, 2005.

Chapitre 5

1. Charles Elton, *Animal Ecology and Evolution*, Oxford, Clarendon Press, 1930.

2. O. Gilg, I. Hanski, B. Sittler, « Cyclic dynamics in a simple vertebrate predator-prey community », *Science*, vol. 302, n° 5646, 31 octobre 2003.

3. Isabelle Stengers, « Gaïa la chatouilleuse », *La Recherche*, hors-série n° 11, 2003.

Chapitre 6

1. Henri Gourdin, *Le Grand Pingouin. Biographie,* Arles, Actes Sud, 2008.

2. *Ecosystems and Human Well-being. Synthesis*, Millenium Ecosystem Assessment, Washington D.C., Island Press, 2005.

Chapitre 8

1. Dale Guthrie, « New carbon dates link climatic change with human colonization and Pleistocene extinctions », *Nature*, n° 441, mai 2006.

2. D.W. Steadman *et al.*, « Asynchronous extinction of late Quaternary sloths on continents and islands », *PNAS*, vol. 102, n° 33, 16 août 2005.

3. R.P. Duncan, T.M. Blackburn, T.H. Worthy, « Prehistoric bird extinctions and human hunting », *Proceedings Biological Sciences*, vol. 269, n° 1490, 2002.

4. R.M. Pringle, « The origins of the Nile perch in Lake Victoria », *Bioscience*, vol. 55, n° 9, 2005.

5. L.J. Chapman *et al.*, « Hypoxia tolerance in twelve species of East African cichlids : Potential for low oxygen refugia in Lake Victoria », *Conservation Biology*, vol. 9, n° 5, 1995.

L.J. Chapman *et al.*, « Physiological refugia : swamps, hypoxia tolerance and maintenance of fish diversity in the Lake Victoria region », *Comparative Biochemistry and Physiology*, Part A, vol. 133, n° 2, 2002.

6. James Martin, « La vie anoxique », *En Tête*, vol. 3, n° 1, 2008.

Chapitre 10

1. *Certifying the Incredible. The Australian Forest Standard. Barely Legal and not Sustainable*, rapport de l'ONG The Wilderness Society, 2005. *The Truth Behind Tasmanian Forest Destruction and the Japanese Industry*, rapport de Rainforest Action Network, 2007.

2. Tasmanian Regional Forest Agreement, novembre 1997, http ://www.daff.gov.au/__data/assets/pdf_file/0003/49278/tas_rfa.pdf

3. *1080 in Tasmania*, http ://www.tct.org.au/1080b.htm

4. *Tasmanian Community Forest Agreement. Second stage communications strategy*, http ://www.amisdelaterre.org/IMG/pdf/PEFC_document_secret.pdf

5. *The Truth Behind Tasmanian Forest Destruction and the Japanese Industry*, *op. cit.*

6. *Certifying the incredible. The Australian Forest Standart. Barely Legal and not Sustainable*, *op. cit.*

7. *Race for the Last Bluefin*, WWF Mediterranean, 2008.

8. *Le Thon rouge : une espèce surexploitée*, IFREMER, 2006.

9. *Mais où est donc passé le thon rouge de Méditerranée ? Comment la pratique de l'engraissement, les dérives des armateurs et la pêche*

pirate sont en train de tuer un des trésors communs à 21 pays, rapport de Greenpeace, 2006.

10. The Last Great Ape Organization, Cameroon. www.laga-enforcement.org

Chapitre 12

1. G.R. Dickens *et al.*, « Dissociation of oceanic methane hydrate as a cause of the carbon isotope excursion at the end of the paleocene », *Paleoceanography*, vol. 10, n° 6, 1995. Voir aussi l'article de Q. Schiermeier, « Rapid climate change : gas leak ! », *Nature*, n° 423, 12 juin 2003.

2. P.B. Wignall, R.J. Twitchett, « Extent, duration and nature of the Permian-Triassic superanoxic event », in C. Koeberl, K.C. MacLeod, *Catastrophic Events and Mass Extinctions : Impacts and Beyond*, Geological Society of America, Special Paper 356, 2002.

3. K.M. Walter, M. Edwards, G. Grosse, S.A. Zimov, F. Stuart Chapin, « Thermokarst lakes as a source of atmospheric CH4 during the last deglaciation », *Science*, vol. 318, n° 5850, 26 octobre 2007.

Chapitre 13

1. J.T. Wootton *et al.*, « Dynamic patterns and ecological impacts of declining ocean pH in a high-resolution multi-year dataset », *PNAS*, vol. 105, n° 48, 2 décembre 2008.

2. J. Orr *et al.*, « Anthropogenic ocean acidification over the twenty-first century and its impact on calcifying organisms », *Nature*, n° 437, 29 septembre 2005.

Chapitre 14

1. L.P. Koh, D.S. Wilcove, « Is oil palm agriculture really destroying tropical biodiversity ? », *Conservation Letters*, vol. 1, n° 2, 15 mai 2008. E.B. Fitzherbert *et al.*, « How will oil palm expansion affect biodiversity ? », *Trends in Ecology & Evolution*, vol. 23, n° 10, octobre 2008.

2. A. Chakrabortty, « Secret report : biofuel caused food crisis. Internal World Bank study delivers blow to plant energy drive », *The Guardian*, 4 juillet 2008.

3. Conférence disponible sur le site http ://gem.sciences-po.fr.

4. R.E. Gullison *et al.*, « Tropical forests and climate policy », *Science*, vol. 316, n° 5827, 18 mai 2007. J.G. Canadell, M.R. Raupach, « Managing forests for climate change mitigation », *Science*, vol. 320, n° 5882, 13 juin 2008.

Chapitre 15

1. J.C. Biesmeijer *et al.*, « Parallel declines in pollinators and insect-pollinated plants in Britain and the Netherlands », *Science*, vol. 313, n° 5795, 21 juillet 2006.

2. U.M.A. Partap, T.E.J. Partap, « Apple pollination issues in the Hindu Kush-Himalayan region », *Acta Horticulturae (ISHS)*, n° 662, 2004.

3. J.B. Free, « Comparison of the importance of insect and wind pollination of apple trees », *Nature*, n° 201, 15 février 1964.

4. U.M.A. Partap, T.E.J. Partap, H.E. Yonghua, « Pollination failure in apple crop and farmers'management strategies in Hengduan mountains, China », *Acta Horticulturae (ISHS)*, n° 561, 2001.

5. *Ibid.*

6. U.M.A. Partap, « Farmers in the Himalayas go to great lengths to ensure pollination of their apple crops », *Bees for Development Journal*, n° 48, 1998. U.M.A. Partap, T.E.J. Partap, *Warning Signals From the Apple Valleys of the Hindu Kush-Himalayas : Productivity*

Concerns and Pollination Problems, Kathmandu, International Centre for Integrated Mountain Development, 2002.

7. S. Suchail, L.P. Belzunces, B.E. Vaissière, « Toxicité aiguë de l'imidaclopride et de ses métabolites chez l'abeille domestique "Apis mellifera" », *Abeilles et Fleurs*, n° 643, octobre 2003.

8. G. Dupont, « Réduire les pesticides, un défi pour l'agriculture », *Le Monde*, 27 novembre 2008. Voir aussi le site de l'Union européenne www.ue.2008.fr pour le suivi de la mise en place du « paquet pesticides ».

9. R.J. Paxton, J. Klee, S. Korpela, I. Fries, « Nosema ceranae has infected Apis mellifera in Europe since at least 1998 and may be more virulent than Nosema apis », *Apidologie*, vol. 38, n° 6, 2007.

Chapitre 16

1. J.A. van Franeker, « Plastic ingestion in the North Atlantic fulmar », *Marine Pollution Bulletin*, vol. 16, n° 9, 1985. G.C. Cadée, « Seabirds and floating plastic debris », *Marine Pollution Bulletin*, vol. 44, n° 11, 2002.

2. M.L. Mallory, « Marine plastic debris in northern fulmars from the Canadian high Arctic », *Marine Pollution Bulletin*, vol. 56, n° 8, 2008.

3. A.P. Møller, T.A. Mousseau, « Species richness and abundance of forest birds in relation to radiation at Chernobyl », *Biology Letters*, vol. 3, n° 5, 22 octobre 2007.

4. http ://www.nature.com/news/2007/071127/full/news.2007.293.html#B1

5. R.J. Parsons, « La loi du silence sur l'uranium appauvri », *Le Monde diplomatique*, février 2001. R.J. Parsons, « Le grand mensonge des "guerres propres". De la réalité des armes à l'uranium appauvri », *Le Monde diplomatique*, mars 2002.

6. *Ibid.*

Chapitre 19

1. R. Costanza *et al.*, « The value of the world's ecosystem services and natural capital », *Nature*, n° 387, 1997.

2. Pour plus de détails méthodologiques : www.ecosystemvaluation.org

3. A. Hector *et al.*, « Plant diversity and productivity experiments in European grasslands », *Science*, vol. 286, n° 5442, 5 novembre 1999.

4. Eugene P. Odum, *Fundamentals of Ecology*, Philadephie, WB Saunders Co., 1959.

5. http ://www.grain.org/seedling/ ?id=475#_ftn12

6. M.A. Huffmann, « Self-medicative behavior in the African Great Apes. An evolutionary perspective into the origins of human traditional medicine », *BioScience*, vol. 51, n° 8, 2001.

7. N. Klein, F.Fröhlich, S. Krief, « Geophagy : soil consumption enhances the bioactivities of plants eaten by chimpanzees », *Naturwissenschaften*, vol. 95, n° 4, avril 2008.

8. Bryan G. Fry *et al.*, « A central role for venom in predation by *Varanus komodoensis* (Komodo Dragon) and the extinct giant *Varanus (Meagalania) priscus* », *PNAS*, 2009.

9. O. Betz, G. Kölsch, « The role of adhesion in prey capture and predator defence in arthropods », *Arthropod Structure & Development*, n° 33, 2004.

10. L.D. Graham *et al.*, « Characterization of a protein-based adhesive elastomer secreted by the australian frog *Notaden bennetti* », *Biomacromolecules*, vol. 6, n° 6, 2005.

11. J.A. Mackintosh *et al.*, « Antimicrobial mode of action of secretions from the metapleural gland of Myrmecia gulosa (Australian bull ant) », *Canadian Journal of Microbiology*, vol. 41, n° 2, 1995.

12. G. Vogel, « The inner lives of sponges », *Science*, vol. 320, n° 5879, 23 mai 2008

13. « Les plantes tinctoriales : un monde de couleurs », *in* Francis Hallé (dir.), *Aux origines des plantes*, t. II, *Des plantes et des hommes*, Paris, Fayard, 2008.

14. C. Thouzeau *et al.*, « Spheniscins, Avian-defensins in preserved stomach contents of the king penguin, Aptenodytes patagonicus », *Journal of Biological Chemistry*, vol. 278, n° 51, 2003.

15. O. Marquis *et al.*, « Toxicity of PAHs and jelly protection of eggs in the common frog Rana temporaria », *Amphibia-Reptilia*, vol. 27, n° 3, 2006.

16. Janine M. Benyus, *Biomimicry : Innovation Inspired by Nature*, New York, Morrow, 1997.

17. L. Osborne, « Got Silk », *The New York Times*, juin 2002.

18. C.A. Holland, F.V. Vollrath, « Biomimetic principles of spider silk for high performance fibres » *in* M.S. Ellison, A.G. Abbott, *Biologically Inspired Textiles*, Cambridge, Woodhead Publishing, 2008.

19. Y. Liu, A. Sponner, D. Porter, F.Vollrath, « Proline and processing of spider silks », *Biomacromolecules*, vol. 9, n° 1, 2008.

20. Janine M. Benyus, *Biomimicry : Innovation Inspired by Nature, op.cit.*

TABLE

III

2100 : SEULS AU MONDE ?

IV

CHANGER DE SCÉNARIO ?

Photocomposition PCA

Impression réalisée par

CPI
BRODARD & TAUPIN

La Flèche

pour le compte des Éditions Calmann-Lévy
31, rue de Fleurus 75006 Paris
en février 2010

N° d'éditeur : 14805/01
N° d'impression : 56456
Dépôt légal : mars 2010
Imprimé en France